“十二五”职业教育国家规划教材
经全国职业教育教材审定委员会审定

高等职业教育药学类与食品药品类专业第四轮教材

# GMP实务教程 第4版

（供药学类、生物技术类、药品与医疗器械类和
化工技术类专业用）

主　编　何思煌　罗文华
副主编　景大为　张立婷　侯安源　陈　刚
编　者　（以姓氏笔画为序）

马　娟（广东食品药品职业学院）
刘小芬（益阳医学高等专科学校）
刘莉兰（广东省食品药品职业技术学校）
何思煌（广东食品药品职业学院）
张立婷（辽宁医药职业学院）
陈　刚（广州致卓工程有限公司）
罗文华（浙江医药高等专科学校）
侯安源（湖南食品药品职业学院）
耿国平（山东药品食品职业学院）
党　莉（山西药科职业学院）
景大为（山东药品食品职业学院）

中国健康传媒集团
中国医药科技出版社·北京

## 内 容 提 要

本教材是"高等职业教育药学类与食品药品类专业第四轮教材"之一，系依据教育部颁布的《国家职业教育改革实施方案》（国发〔2019〕4号）文件要求，结合我国现行的行政法规、技术规范、标准、药品生产行业的发展脉搏与职业教育发展需求编写而成。

全书分14个项目，介绍了药品生产质量管理规范（GMP）的基本知识、应用及体系的管理。本书突出职业能力培养，岗位针对性强，充实和完善了药品生产适用的质量风险管理方法、自动化及控制系统、智能化仪表、产品数据追溯、确认与验证的引用标准、PID划界、影响性分析及实例等内容。每个项目设有"实例分析""即学即练"等栏目。本教材为书网融合教材，即纸质教材有机融合电子教材、教学配套资源（PPT、微课、视频、图片等）、题库系统、数字化教学服务（在线教学、在线作业、在线考试）。

本教材供全国高等职业院校药学类、生物技术类、药品与医疗器械类、化工技术类及相关专业使用，还可供医药行业从业人员继续教育和培训使用。

**图书在版编目（CIP）数据**

GMP实务教程/何思煌，罗文华主编．—4版．—北京：中国医药科技出版社，2021．8（2025．8重印）．
高等职业教育药学类与食品药品类专业第四轮教材
ISBN 978－7－5214－2558－1

Ⅰ．①G… Ⅱ．①何…②罗… Ⅲ．①制药工业—质量管理体系—中国—高等职业教育—教材 Ⅳ．①F426．7

中国版本图书馆CIP数据核字（2021）第145230号

**美术编辑** 陈君杞
**版式设计** 友全图文

出版 **中国健康传媒集团**｜中国医药科技出版社
地址 北京市海淀区文慧园北路甲22号
邮编 100082
电话 发行：010－62227427 邮购：010－62236938
网址 www.cmstp.com
规格 889×1194mm 1/16
印张 14
字数 386千字
初版 2008年7月第1版
版次 2021年8月第4版
印次 2025年8月第7次印刷
印刷 北京印刷集团有限责任公司
经销 全国各地新华书店
书号 ISBN 978－7－5214－2558－1
**定价 45.00元**



获取新书信息、投稿、为图书纠错，请扫码联系我们。

# 出版说明

“全国高职高专院校药学类与食品药品类专业‘十三五’规划教材”于2017年初由中国医药科技出版社出版，是针对全国高等职业教育药学类、食品药品类专业教学需求和人才培养目标要求而编写的第三轮教材，自出版以来得到了广大教师和学生的好评。为了贯彻党的十九大精神，落实国务院《国家职业教育改革实施方案》，将“落实立德树人根本任务，发展素质教育”的战略部署要求贯穿教材编写全过程，中国医药科技出版社在院校调研的基础上，广泛征求各有关院校及专家的意见，于2020年9月正式启动第四轮教材的修订编写工作。

党的二十大报告指出，要办好人民满意的教育，全面贯彻党的教育方针，落实立德树人根本任务，培养德智体美劳全面发展的社会主义建设者和接班人。教材是教学的载体，高质量教材在传播知识和技能的同时，对于践行社会主义核心价值观，深化爱国主义、集体主义、社会主义教育，着力培养担当民族复兴大任的时代新人发挥巨大作用。在教育部、国家药品监督管理局的领导和指导下，在本套教材建设指导委员会专家的指导和顶层设计下，依据教育部《职业教育专业目录（2021年）》要求，中国医药科技出版社组织全国高职高专院校及相关单位和企业具有丰富教学与实践经验的专家、教师进行了精心编撰。

本套教材共计66种，全部配套“医药大学堂”在线学习平台，主要供高职高专院校药学类、药品与医疗器械类、食品类及相关专业（即药学、中药学、中药制药、中药材生产与加工、制药设备应用技术、药品生产技术、化学制药、药品质量与安全、药品经营与管理、生物制药专业等）师生教学使用，也可供医药卫生行业从业人员继续教育和培训使用。

本套教材定位清晰，特点鲜明，主要体现在如下几个方面。

### 1. 落实立德树人，体现课程思政

教材内容将价值塑造、知识传授和能力培养三者融为一体，在教材专业内容中渗透我国药学事业人才必备的职业素养要求，潜移默化，让学生能够在学习知识同时养成优秀的职业素养。进一步优化“实例分析/岗位情景模拟”内容，同时保持“学习引导”“知识链接”“目标检测”或“思考题”模块的先进性，体现课程思政。

### 2. 坚持职教精神，明确教材定位

坚持现代职教改革方向，体现高职教育特点，根据《高等职业学校专业教学标准》要求，以岗位需求为目标，以就业为导向，以能力培养为核心，培养满足岗位需求、教学需求和社会需求的高素质技能型人才，做到科学规划、有序衔接、准确定位。

### 3. 体现行业发展，更新教材内容

紧密结合《中国药典》（2020年版）和我国《药品管理法》（2019年修订）、《疫苗管理法》（2019

年）、《药品生产监督管理办法》（2020年版）、《药品注册管理办法》（2020年版）以及现行相关法规与标准，根据行业发展要求调整结构、更新内容。构建教材内容紧密结合当前国家药品监督管理法规、标准要求，体现全国卫生类（药学）专业技术资格考试、国家执业药师职业资格考试的有关新精神、新动向和新要求，保证教育教学适应医药卫生事业发展要求。

**4.体现工学结合，强化技能培养**

专业核心课程吸纳具有丰富经验的医疗机构、药品监管部门、药品生产企业、经营企业人员参与编写，保证教材内容能体现行业的新技术、新方法，体现岗位用人的素质要求，与岗位紧密衔接。

**5. 建设立体教材，丰富教学资源**

搭建与教材配套的“医药大学堂”（包括数字教材、教学课件、图片、视频、动画及习题库等），丰富多样化、立体化教学资源，并提升教学手段，促进师生互动，满足教学管理需要，为提高教育教学水平和质量提供支撑。

**6.体现教材创新，鼓励活页教材**

新型活页式、工作手册式教材全流程体现产教融合、校企合作，实现理论知识与企业岗位标准、技能要求的高度融合，为培养技术技能型人才提供支撑。本套教材部分建设为活页式、工作手册式教材。

编写出版本套高质量教材，得到了全国药品职业教育教学指导委员会和全国卫生职业教育教学指导委员会有关专家以及全国各相关院校领导与编者的大力支持，在此一并表示衷心感谢。出版发行本套教材，希望得到广大师生的欢迎，对促进我国高等职业教育药学类与食品药品类相关专业教学改革和人才培养作出积极贡献。希望广大师生在教学中积极使用本套教材并提出宝贵意见，以便修订完善，共同打造精品教材。

# 数字化教材编委会


**主　编**　何思煌　罗文华

**副主编**　刘莉兰　景大为　张立婷　侯安源

**编　者**　（以姓氏笔画为序）

马　娟（广东食品药品职业学院）
王健明（广东食品药品职业学院）
刘小芬（益阳医学高等专科学校）
刘莉兰（广东省食品药品职业技术学校）
李宗伟（广东食品药品职业学院）
何思煌（广东食品药品职业学院）
张立婷（辽宁医药职业学院）
陈　刚（广州致卓工程有限公司）
罗文华（浙江医药高等专科学校）
侯安源（湖南食品药品职业学院）
耿国平（山东药品食品职业学院）
党　莉（山西药科职业学院）
景大为（山东药品食品职业学院）

# 前言《

药品生产是一个复杂而又严格的过程，也是影响和决定药品质量的关键环节，需要完善和严谨的质量管理体系来支撑。原卫生部颁布的《药品生产质量管理规范（2010 年修订）》（以下简称 GMP），作为药品生产管理和质量控制的基本要求，也为药品生产企业建立自身的质量管理体系提供了指导依据。GMP 是一把标尺，既可以规范药品生产和质量管理，同时也可以衡量药品生产企业的技术水平，更是学生必须掌握的专业知识。

为提升《GMP 实务教程》实用价值，真正做到有用、好用，在第 4 版修订之初，编写团队核心成员进行了多方调研、走访、座谈，参与企业实践，积累了经验，收集了大量素材。综合编委成员的生产企业实践经历和药学类、生物技术类、药品与医疗器械类、化工技术类等专业学生的实习和工作的亲身感受，企业实施 GMP 过程中遇到的难点和对有关生产、质量控制等技术人才的要求，并咨询请教药品监督管理部门的专家、负责人，最后确定本教材的架构和基本内容。全书分 4 个模块 14 个项目，介绍了 GMP 内涵、机构与人员、厂房与设施、设备、物料与产品、文件管理、生产管理、产品销售发运与召回和自检管理等。根据颁布的 GMP 及其附录内容，增补了质量风险管理失效模式的影响分析法、包含计算机化系统的药品生产自动化及控制系统、智能仪表及其电子记录、冷链储运、确认与验证的可接受标准引用依据、工艺/管道和仪表图划界、影响性分析及实施实例、药品生产的固体废物销毁、产品数据追溯、委托生产与委托检验的新增要求、药品生产行政检查模式及企业的受检义务等管理内容。各项目设有相关的学习引导、学习目标、实例分析和即学即练，设置 5 个实训项目，包括培训计划文案编制、设备性能确认方案编制、操作规程的编制、批生产记录表格的编制、学生以行政管理主体和管理相对人身份分组就药品生产违规拟处罚及申诉编写报告，旨在使学生灵活应用所学知识，培养其检索技术标准和技术文件编制技能。配套的“医药大学堂”在线学习平台，使教材内容更加形象化、生动化、立体化。

本教材主要供全国高职高专院校药学类、生物技术类、药品与医疗器械类、化工技术类专业教学使用，也适用于制药工程技术人员，化学药品、中药、生物制品等原料药及制剂从业人员，药品生产相关的标准化、计量、质量和认证工程技术人员参考学习。

由于编者水平所限，本书难免存在一些疏漏，同时由于药品生产的法律、法规和技术标准不断更新，恳请读者指正和根据新的法规标准提出需更新调整的内容。

编　者

2021 年 6 月

# 目录
CONTENTS

## 模块四 质量体系的监控

# 模块一

# 管理体系的构建

# 项目一　认知 GMP

PPT

## 学习引导

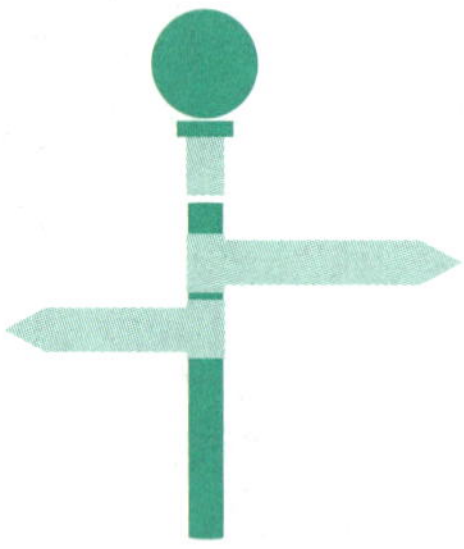

20 世纪，世界各国医药领域科学技术突飞猛进，任何新药的研制和应用都具有划时代的意义，同时也可能会因不良反应让人们付出惨痛的代价，最典型的就是“反应停”事件，美国借此事件修订了法案并创立 GMP，开创了药品生产规范管理的先河。那么“反应停”事件本来是新药研制缺陷造成的药害事件，与生产和质量无关，怎么会促成了 GMP 的诞生呢？

本项目主要介绍 GMP 的术语释义、由来、发展、类型、特点、构成要素、实施的意义和原则。

## 学习目标

1. 掌握　GMP 带“★”的条款要点；以美国为代表的药品上市销售的具体要求。
2. 熟悉　GMP 带“▲”的条款要点；GMP 的类型、构成要素、特点和原则。
3. 了解　GMP 的由来与发展、意义。

## GMP

## 第一章　总　则

**★第一条**　为规范药品生产质量管理，根据《中华人民共和国药品管理法》《中华人民共和国药品管理法实施条例》，制定本规范。

**▲第二条**　企业应当建立药品质量管理体系。该体系应当涵盖影响药品质量的所有因素，包括确保药品质量符合预定用途的有组织、有计划的全部活动。

**★第三条**　本规范作为质量管理体系的一部分，是药品生产管理和质量控制的基本要求，旨在最大限度地降低药品生产过程中污染、交叉污染以及混淆、差错等风险，确保持续稳定地生产出符合预定用途和注册要求的药品。

**第四条**　企业应当严格执行本规范，坚持诚实守信，禁止任何虚假、欺骗行为。

## 任务一　GMP 的诞生、发展和推广

### 一、GMP 的诞生 微课

GMP 是英文“good manufacturing practices for drugs”的缩写，直译为“良好的药品生产实践”。在

我国，GMP 被称为药品生产质量管理规范。

“规”的本义是指有法度的正圆之器，如圆规，衍义引申指法则、章程、标准。“范”的本义是指制作器物的模型、模子，衍义引申指典范、示范或者模式。规范即为标准模式，如 GB 51042—2014 医药工业废弃物处理设施工程技术规范。

### 实例分析

**实例**　一些药品因研制和生产过程中存在安全隐患和质量问题，导致药害事件发生。如最典型的“反应停”事件，造成了 14000 余例胎儿畸形，英国、德国、日本、加拿大等 28 国受害，但美国幸免于难。

**问题**　美国为何能躲过“反应停”事件？又是谁让美国躲过劫难？

答案解析

1963 年，世界上第一部 GMP 由美国政府最先制定而诞生，在实施中经受了考验而获得发展，并在世界范围内得到了推广和应用。GMP 获得认可和广泛应用绝非偶然，而是被逼无奈，是人类在多次药害事件中用血泪和生命换来的警惕和智慧，也可以说是药害催生了 GMP。

20 世纪，世界各国医药领域科学技术突飞猛进，新药的研制和应用都具有划时代的意义，同时也因不良反应付出了惨痛的代价。

1879 年到 1905 年之间，美国有多达 190 项与食品、药品立法相关的议案，但均未获得国会通过。后来，美国的一位作家在一本杂志上发表了连载小说《屠场》，并于 1906 年出版。该小说详细描述了芝加哥肉类罐头工厂令人作呕的加工过程，引起了强烈的民愤，也得到了国会和政府的高度重视。

1906 年，美国国会通过了《1906 纯净食品和药品法案》。这是美国第一部针对食品、药品的法案，由当时的美国农业部化学物质局负责执行。法案明令禁止制售有毒有害、掺假、假冒或滥用标识的食品、酒类、药品，禁止滥用添加剂以及使用或添加肮脏、腐败或腐臭物质的行为。该法案获得通过，开创了美国药政管理的一个重要里程碑。1930 年，美国食品药品管理局（以下简称 FDA）的名称正式在法案中出现并使用。

1933 年，减肥药二硝基酚在美国上市销售，1935 年至 1937 年期间，消费者因服用二硝基酚减肥而引发白内障和骨髓抑制炎症，导致 177 人死亡。

1935 年，德国一生物学家发现磺胺在人体内具有抑菌作用。1937 年 6 月，美国一药师为方便小儿服药，用二甘醇代替乙醇做助溶剂，将磺胺配制成色香味俱全的口服液体制剂，称为磺胺酏剂，用于治疗感染性疾病。因当时的美国法律没有新药临床试验的要求，美国田纳西州的马森基尔公司顺利将该产品投产上市。至同年 10 月，美国南部地区发现大量服用该产品的患者出现了肾功能衰竭，多达 358 人，造成 107 人死亡，其中多为儿童，这成为 20 世纪影响最大的药害事件之一。究其原因，是二甘醇在体内被氧化成了草酸。

惨痛的教训引起了一些国家对药品安全的重视。1938 年，美国国会对现行法案进行了修正，通过了《联邦食品药品化妆品法案》。新法案规定所有药品上市前须通过安全性审查，禁止厂商在药品标签上做虚假医疗声明等，同时扩大了 FDA 的监管权限。

1955 年，治疗阿米巴痢疾的药物氯碘喹啉在日本上市，被用于治疗肠炎。该药引发了严重损伤脊髓和视神经系统的炎症，共出现 78965 例，造成 1 万多人瘫痪、失明，500 多人死亡。

1956 年，原联邦德国格仑南苏制药厂生产了一种镇静药沙利度胺，英文名为 Thalidomide，商品名为反应停，用于治疗和减轻孕妇妊娠反应，上市后在 28 个国家销售。该药导致严重的胎儿畸形，临床应用期间，发现多达 14000 余例患儿出现先天性心脏和胃肠道畸形，无肢、短肢或手直接连在躯体上，或肢体畸形、肢间有蹼，表现为类似海豹的肢体，故称海豹肢体畸形。该药导致约一半畸形婴儿死亡，目前尚有数千人存活，给受害者及其家庭造成了极大伤害和痛苦，也给社会带来了很大负担。该厂商也因“反应停”事件而声名狼藉，直至 2012 年 8 月，才首度向受害者道歉。目前，沙利度胺临床应用主要是控制瘤型麻风反应症。

当时的美国 FDA 吸取了“磺胺酏剂”事件的教训，加之法律赋予的权力，审查“反应停”在美国上市销售申请时，因厂商缺乏足够的临床数据和安全信息资料而拒绝批准其在美国上市销售。同时，此药由经销商向医生分发做初步临床试验，由于此试验不受 FDA 的监管，造成了 17 例畸形婴儿出生，但数量远低于其他受害国家。

1959 年，美国的一位参议员组织了多次听证会，对制药厂商的某些行为表示关注，其中包括药品疗效无法确证，试图通过新法案再扩大 FDA 的管理权限，但提议遭到强烈反对，“反应停”事件的引证获得了支持，由此促成了 GMP 的诞生。

### 知识链接

**“反应停”事件美国巾帼英雄**

弗朗西丝·奥尔德姆·凯尔西（Frances Oldham Kelsey），1914 年出生于加拿大，就读于芝加哥大学，获得药学和医学博士学位并留校任教。1960 年成为 FDA 雇员，入职仅 1 个月就接到了反应停在美国的上市申请，她多次要求厂商提供更多的动物实验和临床数据资料，证明该药安全才可批准。由于厂商屡屡未能提供足够的资料，在承受着各方面压力下她仍坚持拒绝批准反应停在美国上市销售，美国因此逃过劫难。

1962 年，凯尔西被美国政府授予专门颁给政府官员和雇员的“联邦杰出公众服务总统奖（President's Award for Distinguished Federal Civilian Service）”。

1962 年，美国 FDA 组织了美国坦普尔大学（Temple University）6 名教授制定编写 GMP，经过 FDA 官员多次讨论和修改后定稿。

同年，美国国会对《联邦食品药品化妆品法案》做出了重大修正，赋予 FDA 更大的监管权限，对在美国上市销售药品的制药厂商做出了具体要求：①证明该上市药品有效；②证明该上市药品安全；③向FDA 报告该上市药品的不良反应；④实施药品生产质量管理规范。

1963 年，美国国会第一次颁布了 GMP 法令，FDA 通过监督实施，收到了实效。此后，FDA 对 GMP 进行了数次修订，并在不同领域不断充实完善，使 GMP 成为美国法律体系的一个重要组成部分。

## 二、GMP 的发展和推广

1972 年，美国政府规定：凡是外国制药厂商以及美国境内的制药厂商，在美国上市销售药品必须向 FDA 注册，要求制药厂商能够符合美国的 GMP。

1976 年，FDA 又对 GMP 进行了修订。1979 年，美国 GMP 的修订本增加了包括验证在内的一些新概念与要求。目前美国实施的是 cGMP，体现了美国药品生产质量管理的最新水平。

1969 年，在第 22 届世界卫生大会上，世界卫生组织（以下简称 WHO）建议各个成员国药品生产采用 GMP 制度，以确保药品质量并参加“国际贸易药品质量签证体制”。这标志着 GMP 的理论和实践从一个国家走向世界。

1975 年 11 月，WHO 颁布了 GMP。1977 年，在第 28 届世界卫生大会上，WHO 再次向各个成员国推荐 GMP，并把 GMP 确定为 WHO 的法规。

此后大多数欧洲国家开始认识、起草、宣传本国的 GMP，原欧共体也颁布了欧洲的 GMP。

1973 年，日本制药工业协会提出了本国的 GMP，1974 年由日本政府颁布并指导推行，1980 年正式实施 GMP。

到 1980 年，有 63 个国家颁布了 GMP，而到目前为止已经有 100 多个国家实行了 GMP。

## 三、我国 GMP 的发展历程

我国推行 GMP 是在 20 世纪 80 年代初。

1982 年，中国医药工业公司参照美国的 GMP，制定了《药品生产管理规范（试行稿）》，开始在一些制药企业试行。一些化学原料药生产企业为了促进化学原料药出口，打进国际市场，也引用了美国的 GMP 并开始向美国 FDA 申请 GMP 检查和接受 FDA 的 GMP 现场检查，以得到 FDA 和采购商的认可。

1984 年，我国颁布的《中华人民共和国药品管理法》（以下简称《药品管理法》）中，首次立法提出了药品生产质量管理规范，要求生产企业制定和执行保证药品质量的规章制度和卫生要求。

1985 年经修改，国家医药管理局修订了《药品生产管理规范》并颁布，由中国医药工业公司编写了《药品生产管理规范实施指南（1985 年版）》，于 1985 年 12 月发布。

1988 年，依据《药品管理法》的规定，原卫生部颁布了我国第一部《药品生产质量管理规范（1988 年版）》，作为规章正式执行。

1991 年，根据药品管理法实施办法的规定，国家医药管理局成立了推行 GMP、GSP 委员会，协助国家医药管理局组织医药行业实施 GMP 和 GSP 的工作。

1992 年，原卫生部对《药品生产质量管理规范（1988 年版）》进行了修订。

1995 年 7 月，中国药品认证委员会成立并开展 GMP 的认证工作。

1998 年，新成立的国家药品监督管理局总结了几年来实施 GMP 的情况，对 GMP 进行了再次修订，于 1999 年 6 月颁布了《药品生产质量管理规范（1998 年修订）》并实施。

2010 年 10 月，原卫生部审议通过了《药品生产质量管理规范（2010 年修订）》，于 2011 年 2 月颁布实施，后期又发布了 13 个附录。至此，我国的 GMP 更加趋向国际化，逐步向国际水平靠拢。

2019 年 8 月，修订的《药品管理法》删除了 GMP 的认证条款，改为应当遵守药品生产质量管理规范，建立健全药品生产质量管理体系，保证药品生产全过程持续符合法定要求。

2021 年 5 月，国家药品监督管理局印发了《药品检查管理办法（试行）》，并同时宣布废止《药品生产质量管理规范认证管理办法》。

这些举措始终把人民群众的生命安全、身体健康和药品质量放在首位，在理论和实践上与时俱进，不断创新，为我国医药生产行业的规范管理、均衡发展和稳步提升树立了自信心。

# 任务二　GMP 的类型、特点、检查与认证

## 一、GMP 的类型

按适用范围划分，GMP 的类型分为：

### （一）国际范围适用的 GMP

1. WHO 的 GMP。
2. 欧盟的 GMP。
3. 药品检查合作计划（PIC/S）的 GMP。
4. 东盟的 GMP。

### （二）国家制定国家内部适用的 GMP

如我国原卫生部制定的 GMP、美国 FDA 制定的 GMP。

### （三）工业组织制定的成员组织适用的 GMP

如美国制药工业联合会制定的 GMP，标准不低于美国政府制定的 GMP，中国医药工业公司制定的 GMP 及实施指南，甚至还包括制药厂商自己制定的 GMP。

## 二、GMP 的特点

尽管 GMP 在各行业应用不同，但全面质量管理和预防为主的核心理念是一致的，均有以下共同特点：①融合机构、人员、硬件、软件，构建完善的体系；②注重关键人员特别是受权人的资历、经验与职责；③生产和质量管理的事务程序化、标准化，并有记录可追溯；④实施全面质量管理；⑤强调确认和验证；⑥有风险控制要求；⑦生产过程有中间控制和防止污染、交叉污染、混淆、差错的应对措施要求；⑧实施严格的审批、审查、审计以及调查；⑨有采取经验证的纠正预防偏差措施和改进变更措施的要求。

## 三、GMP 的检查与认证

**1. 我国的 GMP 检查**　2019 年 8 月修订的《药品管理法》删除了 GMP 认证条款，改变了一直沿用的 GMP 认证，采用了 GMP 检查方法。GMP 检查是药品监督管理部门对药品生产环节执行法律法规、生产质量管理规范、技术标准等情况进行调查处理的行政行为。包括药品生产的许可检查和常规检查、有因检查、延伸检查等。具体见项目十四的内容。

**2. 美国的 cGMP 检查**　美国 FDA 的 cGMP 检查也就是我们国内所理解的 FDA 认证。实际上美国 FDA 没有 GMP 认证的说法。美国 FDA 对药品在美国上市销售前进行包括产品研制和生产两部分的审查。生产审查即 cGMP 审查，厂商须先通过 FDA 的 cGMP 现场检查，在美国联邦法规的第 210 和 211 条中有关于 cGMP 的具体规定。产品研制审查就是含有新成分的处方药或非处方药或者是复杂的医疗器械注册审查，须申请新药或新产品许可，FDA 对产品做出肯定的评估结果，厂商会收到 FDA 局长就此产品签署的批准文书，产品就可以在美国上市销售了。

**3. 欧盟的 GMP 认证**　根据欧盟人用药品第 2001/83/EC 号法令，认证由欧盟的 GMP 审计署完成，通过其认证，产品可以在欧盟成员国流通。欧盟的 GMP 审计署针对中国药品生产企业 GMP 认证现场检查有其特别要求：①要求厂家参照欧盟的 GMP 指导进行自检；②所有质量管理文件、操作规程，各种生产管理表格、标牌、标签和生产记录，都应当具备中英文对照，方便审阅；③要求对全部员工开展欧盟的 GMP 培训，了解并适应国外检查的特点。

**4. PIC/S 的 GMP 认证**　PIC/S 成立于 1995 年，在全球享有较高声誉。目前 PIC/S 拥有 28 个成员国，其内部检查人员均来自各成员国的相关专业权威人士，其颁发的证书在 PIC/S 成员国之间相互认可。

**5. WHO 的 GMP 认证**　向 WHO 提出申请，按 WHO 的要求进行 GMP 认证。

**6. 东盟的 GMP 认证**　东盟的 GMP 认证证书在文莱、柬埔寨、印度尼西亚、老挝、马来西亚、缅甸、菲律宾、新加坡、泰国、越南这些东盟成员国通用。

**即学即练**

答案解析

最佳选择题

GMP 的特点为（　　）。

A. 实施全面质量管理　　B. 有风险控制要求

C. 强调确认和验证　　D. 以上都是

# 任务三　GMP 的要素

GMP 的要素主要包括人员、硬件、软件，构成药品生产质量体系。

## 一、人员

人员是关键。药品生产企业根据经营理念及管理模式，确立机构与人员的职能和职责，制定规程和标准。厂房、设施和设备的设计、安装、调试、运行，原材料的准备，工艺过程的控制和完成，质量的控制和保证，这些都是通过人员来实现的，因此人员是关键要素。

## 二、硬件

硬件是基础。良好的生产环境、完善先进的厂房设施、精良的设备和仪器、品质优良的原料是生产合格优质药品的基础。许多采用先进工艺技术或新型原材料生产的药品还须使用先进的设施设备。制药工业的发展促进了制药机械的更新换代，硬件系统是企业的实力在采购商进行质量体系的审核或 GMP 检查的时候能够凸显的部分。

## 三、软件

软件是保障。软件是药品生产企业机构与人员的职能与职责、工艺、标准、程序、过程控制要求和结果的记录。完善实用的管理系统是药品生产质量的保障，GMP 要求的药品生产管理系统与 ISO 国际标准化管理系统有异曲同工之处。

知识链接

**连续式薄膜包衣机**

薄膜包衣机按操作方式分为间歇式和连续式；按包衣滚筒有无孔，又分为有孔包衣机和无孔包衣机两种。

间歇式薄膜包衣机进料和出料共用一个料口，只能单次间断进行一定量的包衣操作。

连续式薄膜包衣机类似加装外壳的滚筒干燥器，型体长大，一端为进料口，另一端为出料口，包衣剂分段喷洒，可长时间连续进行薄膜包衣操作，产能大，节省操作时间，效率高。

有孔包衣机更具强对流交换性能，效率高，主要用于大粒径制剂的薄膜包衣。无孔包衣机热交换效率较低，常用于制剂糖衣包制和小粒径制剂薄膜包衣。

薄膜包衣机由于密闭、低污染、防爆性能好，取代了大部分的非密闭操作的荸荠式包衣机，更符合 GMP 的防尘洁净要求。

# 任务四　GMP 的意义和原则

## 一、GMP 的意义

**1. 有利于企业提高质量管理水平**　药品生产企业实施 GMP，就是完善企业质量体系，推行全面质量管理和前瞻性预防为主的风险管理，确保生产出符合注册要求的药品，对提高企业整体质量管理水平有着积极的作用。

**2. 有利于标准化管理**　药品生产企业推行 GMP，对全岗位、全员性、全过程实施标准化管理，有利于生产过程遵循统一的规范标准。

**3. 有利于药品生产质量管理与国际规范接轨**　GMP 的基本框架与内容，采用欧盟的 GMP 文本，与美国 cGMP 相近。因此 GMP 的实施，对我国制药企业的质量管理体系与产品质量被国际所认可，将起着非常重要的作用。

**4. 有利于提高产品的竞争力**　药品质量有赖于企业的技术能力和管理水平，企业实施 GMP，并经得起采购商进行质量体系的审核和药品监督管理部门的监督检查，就是获得企业信誉和产品质量信誉的一个佐证，是企业形象的重要标志。

**5. 有利于保护消费者的利益**　企业肩负着保护人民生命和健康的重大使命和社会责任，推行 GMP 是医药企业保证药品质量和用药安全的体现。

## 二、GMP 的原则

为正确贯彻实施 GMP，增强质量意识、管理意识、标准意识、风险意识，倡导守诺、守时、有序、自律、不苟，知行融汇，营造规范的管理氛围，应遵循下列原则。

（1）明确机构、岗位人员的工作职责并加强培训，注重关键人员特别是质量受权人的资历、经验和职责。

（2）严格按照程序化、标准化要求处理所有与生产和质量管理有关的事务，并实施全面质量管理。

（3）开展确认和验证工作，确保有文件证明硬件、软件和过程的正确性、有效性及可靠性。

（4）根据管理要求和验证结果制定和修订详细的规程，提供准确的行为指导。

（5）强化风险控制，消除体系隐患。

（6）厂房、设施和设备的设计、安装和使用，应注重工艺、质量和安全要求。

（7）对厂区环境、厂房、设施和设备进行足够的维护，以保证处于完好状态。

（8）严格控制原辅料及包装材料的质量。

（9）严格遵守批准的书面规程，防止污染、交叉污染、混淆和差错。

（10）完善卫生和清洁管理，防止造成污染。

（11）有管理要求的事务及过程应及时、准确地记录并归档，以保证可追溯性。

（12）实施严格的审批、审查、审计以及调查。

（13）采取经验证的纠正预防措施、偏差处理措施和变更措施。

（14）加强委托生产和委托检验的管理。

（15）定期进行有计划的自检。

答案解析

## 目标检测

### 一、最佳选择题（每道题的备选项中，只有一个最佳答案）

1. GMP 制定的依据为（　　）。

A. 药品管理法实施条例　　B. 药品生产监督管理办法

C. 药品流通监督管理办法　　D. 药品不良反应报告和监测管理办法

2. 截至 2020 年底，我国发布的《药品生产质量管理规范（2010 年修订）》的附录数量为（　　）。

A. 4 个　　B. 8 个　　C. 10 个　　D. 12 个

### 二、配伍选择题（一组题目对应同一组备选项，备选项可重复选用，也可不选用，每道题只有一个最佳答案）

[1 ~ 2]

A. 政策　　B. 硬件　　C. 软件　　D. 宗旨

1. 确保持续稳定地生产出符合预定用途的药品，是 GMP 的（　　）。

2. 以 GMP 作为药品生产管理和质量控制的最低要求，是 GMP 的（　　）。

### 三、综合分析选择题（一个背景信息和 2 ~ 4 道试题为一组，每道题有独立备选项，且只有一个最佳答案）

[1 ~ 2]

**实例**　“反应停”事件给多个国家造成了极大伤害，但美国幸免于难，这归功于凯尔西博士。美国国会于 1963 年修正了法案，推行实施了 GMP。此后，多个国家也开始推行 GMP。

1. 下列备选的 GMP 类型中，我国原卫生部颁布的 GMP 归属于（　　）。

A. 国际范围适用的 GMP　　B. 国家制定的国内适用的 GMP

C. 欧盟的 GMP　　D. 工业组织制定的成员组织适用的 GMP

2. GMP 的要素为（　　）。

A. 人员　　B. 硬件　　C. 软件　　D. 以上都是

**四、多项选择题**（每道题的备选项中，至少有两个正确答案，多选、少选、错选或不选均不得分）

1. GMP 的特点包括（　　）。

A. 生产过程采取预防污染、交叉污染以及混淆、差错的措施

B. 生产过程强调中间控制和风险控制

C. 注重关键人员特别是受权人的学历、资历与经验

D. 实施严格的审批、审查、审计以及调查

2. 药品生产企业应遵循的 GMP 原则包括（　　）。

A. 强调确认和验证　　B. 严格控制原辅料及包装材料的质量

C. 进行不定期的自检　　D. 强化风险控制，消除体系隐患

**五、判断正误题**（判断下列题目说法的正误，正确的填写 T，错误的填写 F）

1. 实施 GMP 的意义，其中之一为有利于企业提高质量管理水平。（　　）

2. 药品生产企业应遵循的 GMP 原则，其中之一为做好清洁和清场工作，防止产品污染。（　　）

**书网融合……**

知识回顾　　微课　　习题

（何思煌）

# 项目二　质量管理

PPT

## 学习引导

自从有了商品生产以来，就开始了以检验为主的质量管理方法。质量是企业的生命，质量管理经历了四个阶段，管理内容和方式也日趋完善，如 ISO 和 GMP。随之而来的，就是质量风险管理方法的应用。问题是海恩法则在质量风险管理中关注什么？

本项目主要介绍质量管理的术语释义，质量管理与 ISO 的发展历史，质量保证系统、生产管理和质量控制的要求，质量风险管理。

## 学习目标

1. **掌握**　GMP 带“★”的条款要点；术语释义；质量风险识别、分析、评估的内容和方法。

2. **熟悉**　GMP 带“▲”的条款要点；QA 与 QC、GMP 与 ISO 的相似之处；风险指数的计算方法；风险控制的方法；质量风险管理的目的、特点、原则、沟通和审核；海恩法则。

3. **了解**　全面质量管理的核心；质量风险管理的意义。

## GMP
## 第二章　质量管理

### 第一节　原　则

**★第五条**　企业应当建立符合药品质量管理要求的质量目标，将药品注册的有关安全、有效和质量可控的所有要求，系统地贯彻到药品生产、控制及产品放行、储存、发运的全过程中，确保所生产的药品符合预定用途和注册要求。

**第六条**　企业高层管理人员应当确保实现既定的质量目标，不同层次的人员以及供应商、经销商应当共同参与并承担各自的责任。

**▲第七条**　企业应当配备足够的、符合要求的人员、厂房、设施和设备，为实现质量目标提供必要的条件。

### 第二节　质量保证

**▲第八条**　质量保证是质量管理体系的一部分。企业必须建立质量保证系统，同时建立完整的文件体系，以保证系统有效运行。

**★第九条**　质量保证系统应当确保：

（一）药品的设计与研发体现本规范的要求；

（二）生产管理和质量控制活动符合本规范的要求；

（三）管理职责明确；

（四）采购和使用的原辅料和包装材料正确无误；

（五）中间产品得到有效控制；

（六）确认、验证的实施；

（七）严格按照规程进行生产、检查、检验和复核；

（八）每批产品经质量受权人批准后方可放行；

（九）在储存、发运和随后的各种操作过程中有保证药品质量的适当措施；

（十）按照自检操作规程，定期检查评估质量保证系统的有效性和适用性。

**★第十条** 药品生产质量管理的基本要求：

（一）制定生产工艺，系统地回顾并证明其可持续稳定地生产出符合要求的产品；

（二）生产工艺及其重大变更均经过验证；

（三）配备所需的资源，至少包括：

1. 具有适当的资质并经培训合格的人员；

2. 足够的厂房和空间；

3. 适用的设备和维修保障；

4. 正确的原辅料、包装材料和标签；

5. 经批准的工艺规程和操作规程；

6. 适当的储存条件。

（四）应当使用准确、易懂的语言制定操作规程；

（五）操作人员经过培训，能够按照操作规程正确操作；

（六）生产全过程应当有记录，偏差均经过调查并记录；

（七）批记录和发运记录应当能够追溯批产品的完整历史，并妥善保存、便于查阅；

（八）降低药品发运过程中的质量风险；

（九）建立药品召回系统，确保能够召回任何一批已发运销售的产品；

（十）调查导致药品投诉和质量缺陷的原因，并采取措施，防止类似质量缺陷再次发生。

## 第三节　质量控制

**▲第十一条** 质量控制包括相应的组织机构、文件系统以及取样、检验等，确保物料或产品在放行前完成必要的检验，确认其质量符合要求。

**▲第十二条** 质量控制的基本要求：

（一）应当配备适当的设施、设备、仪器和经过培训的人员，有效、可靠地完成所有质量控制的相关活动；

（二）应当有批准的操作规程，用于原辅料、包装材料、中间产品、待包装产品和成品的取样、检查、检验以及产品的稳定性考察，必要时进行环境监测，以确保符合本规范的要求；

（三）由经授权的人员按照规定的方法对原辅料、包装材料、中间产品、待包装产品和成品取样；

（四）检验方法应当经过验证或确认；

（五）取样、检查、检验应当有记录，偏差应当经过调查并记录；

（六）物料、中间产品、待包装产品和成品必须按照质量标准进行检查和检验，并有记录；

（七）物料和最终包装的成品应当有足够的留样，以备必要的检查或检验；除最终包装容器过大的成品外，成品的留样包装应当与最终包装相同。

### 第四节　质量风险管理

**★第十三条**　质量风险管理是在整个产品生命周期中采用前瞻或回顾的方式，对质量风险进行评估、控制、沟通、审核的系统过程。

**第十四条**　应当根据科学知识及经验对质量风险进行评估，以保证产品质量。

**第十五条**　质量风险管理过程所采用的方法、措施、形式及形成的文件应当与存在风险的级别相适应。

# 任务一　认知质量管理

## 一、质量管理的术语

**1. 质量**　系产品、过程或服务满足规定要求或潜在需要的固有特性的程度。质量包括产品质量和工作质量。

**2. 绩效**　涉及活动、过程、产品、服务、体系或组织的管理，可测量的定量或定性的结果。

**3. 质量管理**　指质量方面指挥和控制组织的协调活动，包括制定质量方针、质量目标、质量策划、质量控制、质量保证和质量改进。

**4. 质量方针**　由组织最高管理者正式发布的关于质量方面的全部意图和方向。

**5. 质量目标**　在质量方面要求实现的结果。

**6. 质量策划**　致力于制定质量目标，规定必要的运行过程并提供相关的资源以实现质量目标。

**7. 质量保证**　致力于提供质量要求会得到满足的信任，英文为 quality assurance，简称 QA。

**8. 质量控制**　致力于满足质量要求，英文为 quality control，简称 QC。

**9. 质量改进**　致力于增强满足质量要求的能力。

**10. 质量管理体系**　指组织建立方针和目标及其实现过程的相互关联或影响的因素。

QA 是通过建立和维持质量管理体系，来保证整个过程满足产品质量要求，控制范围包括企业内部和外部。QC 也可称为品质控制，是为使产品满足质量要求所采取的作业技术和活动，包括检验等，只有合格的产品才能交付给客户，因此 QC 的控制范围主要是在企业内部。

GMP 明确要求企业应当建立质量保证系统，也就是质量管理体系。从管理学角度来看，管理体系涉及人、事、物的所有要素。

美国 FDA 将制药厂商的整体质量体系概括为六大系统，主要包括质量保证系统、质量控制实验室系统、生产系统、设施和设备系统、原辅料系统、包装材料和贴签系统。在后续的项目中逐个学习。

## 二、质量管理的发展历史

质量管理的产生及发展经历了漫长的过程，可以说是源远流长。人类历史上，自从有了商品生产以来，就开始了以商品检验为主的质量管理方法。

### （一）质量管理发展的四个阶段

**1. 传统质量管理阶段** 从产生质量管理开始，一直到 19 世纪末，西方国家工业企业生产中产品质量主要依靠工匠的实际操作经验，依靠感官估计和简单的度量衡器测量而定。

**2. 质量检验管理阶段** 西方国家工业革命成功之后，产生了企业管理和质量检验管理。检验工作是这一阶段执行质量职能的主要内容，质量检验所使用的手段是多种检测设备和仪表，它的方式是严格把关，进行百分之百的检验。

**3. 统计质量管理阶段** 一些国家的企业采取质量控制的统计方法。一般是运用数理统计原理，采取预防产出废品检验产品质量的方法，由专职检验人员负责的工作转交给专业的质量控制工程师承担。这标志着将事后检验的管理方法改变为预测质量事故发生的管理方法。

**4. 现代质量管理阶段** 从 20 世纪 60 年代开始，许多企业开始实施全面质量管理以及标准化管理，在企业内部建立完善的质量体系，质量管理也转变为全工序、全员性、全过程的管理，注重标准、职责和程序的管理。

进入 21 世纪后，自动化技术的广泛应用，也给质量管理的理念带来了转变。在线检测和人工智能控制等自动化控制技术的广泛应用，特别是物联网、大数据、云计算的应用，将产品生产的事后质量控制转为事中控制，即中间控制。从现场管理发展到远程控制的计算机化系统管理，避免了混淆和差错，更提高了产品的合格率，这标志着质量管理步入科学规范的新时代。例如在生产线的输送带或管道上安装在线金属探测器、X 光机、除铁器等设备，即时检测剔除金属等异物及含金属元素杂质异物。

### （二）全面质量管理的提出

美国通用电气公司的质量经理菲根堡姆最早提出了“全面质量管理（TQC）”的概念。全面质量管理的基本核心为：以质量为中心，以全员参与为基础，提高人员的素质，让顾客满意，让组织内部所有成员及社会受益。

企业全体人员都应具有质量意识、管理意识、标准意识、风险意识，并承担质量责任，提高所有人员的素质，调动人员的积极性，做好本职工作，抓好工作质量以保证和提高产品质量，从而实现企业目标，达到成功。

## 三、国际标准化

### （一）国际标准化的产生及发展

19 世纪后期，已出现了跨国的标准化活动，主要在欧洲国家的通信网、铁路网、电力网等，并附带政府之间业务的协调工作，主要包括度量衡、货币、银行、公共管理等。

最早的国际标准化活动是从电工领域的计量单位、材料性能与试验方法起步的，并于 1906 年成立了国际电工委员会（IEC）。

1926 年，大多数已经成立 IEC 的国家级标准化机构，创建了国家标准化协会国际联合会（ISA）。

1946 年，IEC 与 ISA 合并成立了国际标准化组织（International Organization for Standardization，ISO）。ISO 的成立，使国际标准随着社会科技进步与经济发展而逐步发展起来，标准范围也从基础标准如术语标准、符号标准、试验方法标准，逐步扩展到产品标准，从技术标准延展到质量管理体系标准。如 ISO9000 族标准和 ISO14000 族标准等，采用国际标准已成为各国标准化的基本方法与政策。1976 年，

IEC 又从 ISO 中分立出来。

ISO14000 族标准侧重于活动、产品、服务的环境影响，既要考虑满足质量得到客户信任的要求，还要指导企业在生产的全过程中实施环境标准，这有利于满足顾客需求以外的多方面的利益。

**（二）GMP 与 ISO9000 族标准的交织**

GMP 与 ISO9000 族标准是质量管理发展到全面质量管理后的产物，本质上都是全面质量管理的深入和系统体现，理念和理论体系都是一致的，有异曲同工之处。我国 GMP 的一些内容如质量风险管理、确认、偏差处理、纠正和预防措施等规定也都是 ISO 使用的元素和模式，这说明 GMP 和 ISO 已经开始有了越来越多的共同语言。药品生产企业在批准物料供应厂商前，对其实施 ISO9000 族标准管理模式的质量体系评估审核时就显而易见，但是在推行的法律效力和侧重点上有所不同。

**即学即练**

答案解析

配伍选择题

[1 ~2]

A. 质量保证　　B. 质量管理　　C. 质量控制　　D. 质量改进

1. 致力于增强满足质量要求的能力是（　　）。

2. 致力于满足质量要求的是（　　）。

# 任务二　质量风险管理

**实例分析**

**实例**　子曰："防祸于先而不至于后伤情。知而慎行，君子不立于危墙之下，焉可等闲视之"。可见古人对风险已有认识，参考知识链接的海恩法则进行讨论。

**问题**　海恩法则在风险管理中关注什么？

答案解析

## 一、质量风险管理的术语

**1. 质量风险管理**　是在整个产品生命周期中，采用前瞻或回顾的方式对质量风险进行评估、控制、沟通、审核的系统过程。

**2. 质量风险**　是指可能影响产品质量的不确定性。

在药品生产的质量管理中，有效的质量风险管理可使决策更加全面、合理，具有前瞻性，同时能向监管部门证明企业处理风险的能力。

## 二、质量风险管理的目的

质量风险管理的目的，旨在为识别风险提供证据信息，为消除和降低风险提供有效的方法，达到可接受水平。主要包括：①认识风险及其对药品生产管理与质量控制的潜在影响；②识别引发风险的主要因素，发现系统及企业的薄弱环节；③为决策者提供信息；④建立优先控制风险的处理顺序；⑤提供消除和降低风险的应对措施；⑥通过调查为防范采取纠正和预防偏差的措施；⑦符合监管要求。

## 三、质量风险管理的意义

实施质量风险管理，对企业的生存和发展具有深远的意义，主要包括以下几点：①提高风险管理的意识，能有效配置和使用风险管理的资源；②实施主动性、前瞻性的风险管理，能改善内部管理和控制；③能改进对威胁和机会的识别；④可促使企业的生产管理和质量控制达到合规性、严谨性；⑤可避免或减少损失，改善资金状况和财务报告；⑥可提高安全、环保、职业健康的水平；⑦可提高企业的学习能力；⑧可提高利益相关者对企业的信心；⑨可增强企业的生存和持续发展能力。

## 四、质量风险的特点

质量风险具有以下特点：①不确定性；②突发性；③复杂性；④危害性；⑤可检测性；⑥管理决策主观性；⑦相关利益者影响性；⑧人文环境依赖性。

在质量风险管理中，了解质量风险的特点至关重要，可有助于正确使用评估方法，从而采取更好的控制方法，消除或降低风险。

## 五、质量风险管理的原则

质量风险管理体现了企业的质量风险承受度，应遵循的主要原则包括：①全过程原则；②方法原则；③信息原则；④控制损失原则；⑤沟通与参与原则；⑥环境依赖原则；⑦持续改进原则。

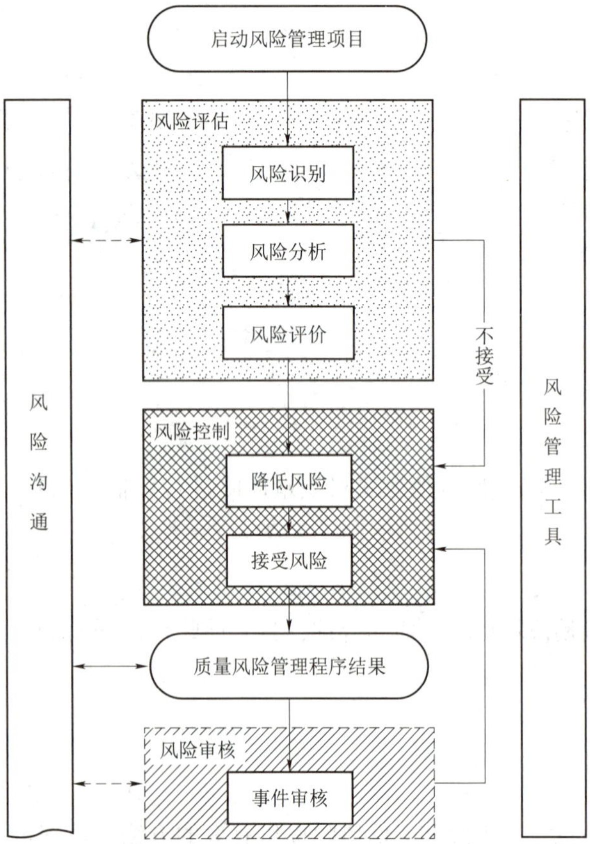

图 2－1　质量风险管理过程

## 六、质量风险管理的过程

质量风险管理的过程包括：风险评估、风险控制、风险沟通、风险审核。

质量风险管理应解决五个方面的问题：哪些可能会出现风险？出现风险的可能性有多大？危害或损失如何？是否与利益相关方沟通？有无控制和防范措施？质量风险管理过程见图 2－1。

### （一）风险评估

风险评估包括：风险识别、风险分析和风险评价。

**1. 风险识别**　风险识别也称风险辨识，是风险被发现、确认和描述的过程。

风险识别的目的是确定可能影响系统或企业工作目标的事件或情况。风险一旦得以识别，应当对当前的设计、人员、过程和系统等进行识别，这在确认与工艺验证活动中广泛应用。

风险识别包括风险源、风险事件、原因和潜在后果的识别。

风险分析可单独采用常规方法，复杂的可采用多种方法。具体方法参阅 GB/T 27921—2011《风险管理 风险评估技术》附录，见表 2-1。

**表 2-1 风险评估技术及适用性节选**

| 序号 | 风险评估技术 | 风险评估过程 | | | | | 结果是否量化 |
|---|---|---|---|---|---|---|---|
| | | 风险识别 | 风险分析 | | | 风险评价 | |
| | | | 后果 | 可能性 | 风险等级 | | |
| 1 | 头脑风暴法 | SA | A | A | A | A | 否 |
| 2 | 结构化/半结构化访谈 | SA | A | A | A | A | 否 |
| 3 | 德尔菲法 | SA | A | A | A | A | 否 |
| 4 | 情景分析 | SA | SA | A | A | A | 否 |
| 5 | 检查表 | SA | NA | NA | NA | NA | 否 |
| 6 | 预先危险分析 | SA | NA | NA | NA | NA | 否 |
| 7 | 失效模式和效应分析（FMEA） | SA | SA | SA | SA | SA | 是 |
| 8 | 危险与可操作性分析 | SA | SA | A | A | A | 否 |
| 9 | 危害分析与关键控制点 | SA | SA | NA | NA | SA | 否 |
| 10 | 风险矩阵 | SA | SA | SA | SA | A | 是 |
| 11 | 人因可靠性分析 | SA | SA | SA | SA | A | 是 |
| 12 | 风险指数 | A | SA | SA | A | SA | 是 |
| 13 | 故障树分析 | A | NA | SA | A | A | 是 |
| 14 | 事件树分析 | A | SA | A | A | NA | 是 |
| 15 | 因果分析 | A | SA | SA | A | A | 是 |
| 16 | 根原因分析 | NA | SA | SA | SA | SA | 否 |
| 17 | 层次分析法 | NA | A | A | SA | SA | 是 |

注：SA 表示非常适用；A 表示适用；NA 表示不适用。

## 知识链接

### 海恩法则 微课

由德国航空科学家帕布斯·海恩提出的航空飞行安全的一个法则，见图 2-2。该法则指出，每一起严重事故的背后，必然有 29 次轻微事故和 300 起未遂先兆以及 1000 起事故隐患。

海恩法则关注的是缺陷、隐患和事故先兆。在日常的巡检及故障排查的同时，要及时对类似有事故征兆的问题进行排查处理，及时弥补缺陷，消除隐患，把事故消灭在萌芽状态。

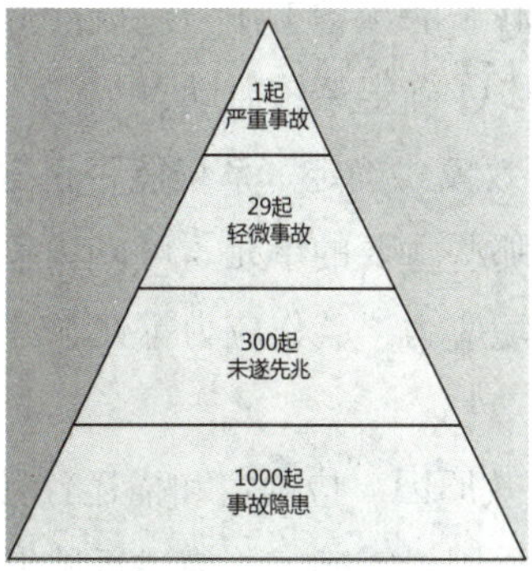


图 2-2 海恩法则示意图

**2. 风险分析** 风险分析是增进对风险的理解，为风险评价、决定风险控制策略和方法提供信息支持的过程。几个主要的风险分析介绍如下。

（1）初步分析　应对风险进行全面的筛选，以识别筛选出严重风险、一般风险和低风险，便于进一步的分析。切勿遗漏发生频率低但有重大累积效应的风险，应记录最初的假定及结果。

药品生产企业在自检中发现缺陷、潜在的隐患，历史数据回顾性分析中发现生产管理与质量控制出现的偏差和质量事故的发生及频次，以及中间控制的难易程度即可初步认定为质量风险。

（2）后果分析　不期望的特定事件、情况或影响因素已经出现时，后果分析可确定风险造成影响的性质和类型。

（3）可能性分析　风险可能性分析通常单独或组合使用，主要有以下三种方法。

①回顾性分析预测　利用相关历史数据，分析已发生的事件或情况，借此推断出未来发生的可能性。

②失效模式和影响分析（FMEA）或故障树等技术分析预测　当历史数据无法获取或不够充分时，特别是新项目或系统，在设计、安装及运行确认阶段或验证中可采用 FMEA 分析来推断风险发生的可能性。

③专家分析预测　利用一切现有的相关信息，提供给专家和知识渊博经验丰富人士进行判断分析，常用的方法包括德尔菲法、头脑风暴法和层次分析法等。在制定确认与验证的总计划中，对设备确认的关键性分析和影响性分析常采用这些方法筛选。

**3. 风险评价**　风险评价是指在识别和分析的基础上，对风险即产品或系统失效的发生度（概率）、严重度（危害程度）、检测度等因素进行综合分析，对照标准、规范或规程，确定风险的轻重程度，并决定是否需要采取相应措施的过程。现就失效模式和影响分析（FMEA）详细介绍应用方法。

（1）失效模式和效应分析　英文为 failure mode and effect analysis，简称 FMEA，是对产品生产或工程项目的系统进行分析，以识别系统潜在的失效模式、失效原因及其对产品质量或系统性能（包括组件、系统或过程的性能）影响的轻重程度及是否达到设计意图的分析方法。FMEA 流程见图 2－3。

FMEA 可应用于产品设计、产品或部件分析，生产或工程项目系统的系统分析，制造和组装过程的过程分析，服务和软件分析。FMEA 分析采用自下而上的方式进行，较低层次的失效模式影响可能会成为其高一层次产品失效模式的原因。即：服务和软件要素（最底层）→制造和组装过程的过程（中间层）→子系统（中间层）→系统、产品设计、产品或部件（最高层）。

（2）FMEA 的预备工作　包括：①制定分析计划；确定及描述系统结构；②定义分析的系统边界；③分析层次；④确定系统启动、运行、控制和返工（维修）；⑤确定系统环境条件。

（3）失效模式确定　系统能否正常工作是由系统中某些重要单元的性能决定的。系统性能评价的关键是识别那些重要的单元。可以从系统用途、系统包含的特殊单元、工作模式、有关的操作规范、时间约束、环境应力、工作应力等几个方面准备可预计的失效模式清单，能有效增强失效模式、原因和影响的识别。

（4）失效原因　应确定和描述各种潜在失效模式最有可能的失效原因。一种失效模式可能有一种以上的失效原因，需确定并描述每种失效模式最可能的潜在独立原因，但不必对分析中确定的所有失效模式都确定和描述其失效原因。

（5）失效影响　采用严重度“S”表示，严重度是对失效模式影响药品质量或工程产品使用的严重程度的评价。

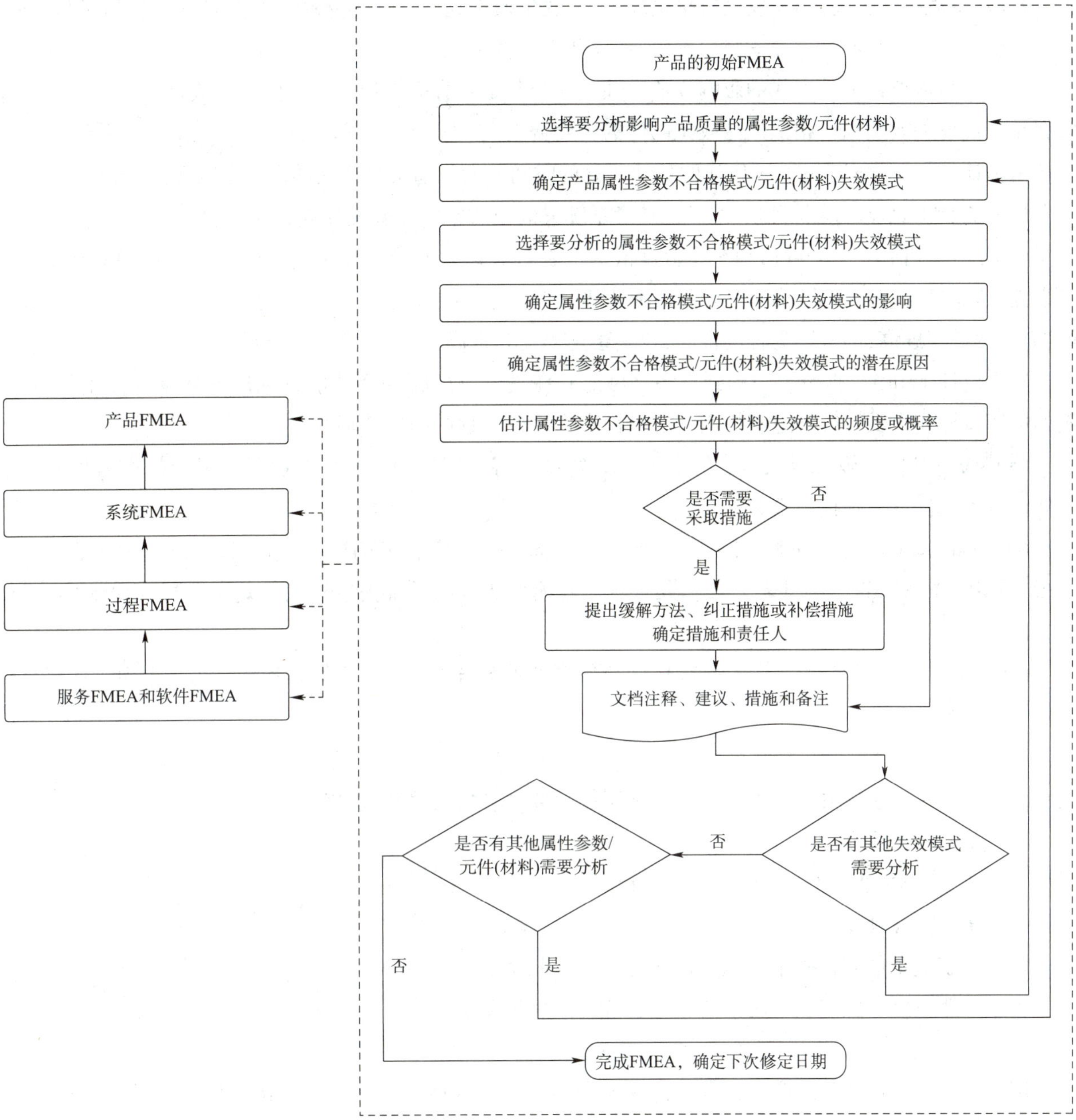


图 2－3　FMEA 分析流程

失效影响是失效模式对系统的运行、功能或状态方面导致的后果。一种失效影响可能是由一个产品或多个产品的一种或多种失效模式引起。

失效影响包括局部影响和系统影响。局部影响也为直接影响，系统影响也为最终影响。

FMEA 的严重度定性分级包括 10 个分度值和 5 个分度值两种表示形式。10 个分度值的严重度级别：10＝灾难，9＝损失惨重，8＝损失严重，7＝损失重大，6＝损失大，5＝损失中等，4＝损失小，3＝损失较小，2＝损失轻微，1＝几乎无损失。

（6）发生度“O”，也为发生频度、概率或可能性，是在设计寿命内，由特定原因或机理将导致系统失效模式发生的可能程度。

发生度包括 10 个分度值和 5 个分度值两种表示形式。10 个分度值的发生度级别：10＝几乎必然发生，9 = 发生概率非常高，8 = 发生概率很高，7 = 发生概率高，6 = 发生概率中等，5 = 发生概率低，4 = 很少发生，3 = 非常少发生，2 = 极少发生，1 = 几乎不发生。

为了恰当地评价失效模式的影响或危害性，应当确定每种失效模式的发生频度或概率，可用失效率数据库、现场失效数据、相似产品或元部件的失效数据。

当估计发生概率时，FMEA 应注明估计所处的时间阶段，通常是产品的保证期或预定寿命期。

（7）探测方法　也为检测度“D”，是指系统失效模式察觉或被发现的难易程度。

检测度也包括 10 个分度值和 5 个分度值两种表示形式，10 个分度值的检测度级别：10 = 几乎不可能察觉，9 = 察觉程度极低，8 = 察觉程度非常低，7 = 察觉程度很低，6 = 察觉程度低，5 = 察觉程度中等，4 = 察觉程度高，3 = 察觉程度很高，2 = 察觉程度非常高，1 = 几乎必然能察觉。

对于设计 FMEA，探测要考虑到有多大可能和在过程中的哪些环节能识别出缺陷及其发生的概率，例如可通过操作人员、统计过程控制、质量检查程序或过程中的后续环节来识别。

（8）失效补偿措施（建议采取的措施）　在系统特定层次上，识别能够预防或减轻失效模式影响的任何设计特性或其他措施极为重要。

（9）FMEA 工作表　包括表头栏、工作表栏、备注栏。某企业某产品质量保证系统失效模式及效应分析（FMEA）表节选示例见表 2－2，某企业工程项目洁净间系统失效模式及效应分析（FMEA）表节选示例见表 2－3。

（10）风险指数的计算　通常采集 2～3 个因素的参数分度值，计算风险指数。用 3 个因素计算风险指数，公式如下：

$$RPN = S \cdot O \cdot D \qquad (2-1)$$

式中，$RPN$——风险指数，也用作“风险顺序数”或“风险处理优先数”；

$S$——严重度；

$O$——发生度；

$D$——检测度。

其中分度值个数可根据企业风险管理的设计要求设定。

用后果严重度、频度 2 个因素计算风险指数，如下式：

$$RPN = S \cdot O \qquad (2-2)$$

例如以发生度和严重度两个因素各自取 5 个参数分度数值计算，风险等级根据计算结果，1～4 为“低”，5～9 为“中”，10～25 为“高”。

（11）风险等级的确定　运用风险评估技术或工具计算风险指数确定风险级别，如 FMEA、风险指数和风险矩阵等，确定质量风险处理的先后顺序。

风险评估的结果既是一个对风险的定量估计，也是一个对风险范围的定性描述。运用数字 0～1 或 0～100% 的范围来定量表达其概率，也可用高、中、低三个定性描述来表示，这些风险输出需要进行排序和筛选。由于风险分析属猜测性，都带有“或许”，极少用“不可能”或“一定”，所以无 0 和 100。

### （二）风险控制

风险控制是在完成风险评估之后，采取措施避免和改变风险事件发生的可能性和后果的过程。风险管理的根本目的，在于尽可能消除或降低风险，达到一个可接受的水平，风险控制采取的措施，应与该风险的后果的严重性相适应。

风险控制包括消除风险、降低风险和接受风险。

表 2-2 ××企业××产品质量保证系统失效模式及效应分析（FMEA）表节选示例

产品名称：×××

生产地址：××× 文件编号：2021-××-××-003-A1.0 文件控制印章：

生产工序名称：××× 版本号：A 文件编写：

过程责任：生产、设备、储运、检验 编写日期： 文件审核：

风险分析环节：设计 ☑ 安装 □ 运行 □ 修订日期： 文件批准：

分析团队成员：×××、××、××、×××、×××

| № | 关键属性参数描述 | 参数 | 潜在失效模式 | 潜在失效影响 | *S* | 潜在失效机理/原因 | *O* | 检测方法 | *D* | *RPN* | 风险级别 | 已有或推荐的措施 | 职责、目标及完成日期 | 落实措施成效 | | | | |
|---|---|---|---|---|---|---|---|---|---|---|---|---|---|---|---|---|---|---|
| | | | | | | | | | | | | | | 采取措施 | *S* | *O* | *D* | *RPN* |
| 1 | 质量 | pH | 偏高不稳定 | 质量不合格 | 3 | 工艺、检验 | 3 | 检验 | 1 | 6 | | 评估、确认 | | | | | | |
| 2 | | 颗粒异物 | 出现异物 | 质量不合格 | 2 | 工艺、过滤 | 2 | 检验 | 1 | 4 | | 评估、确认 | | | | | | |
| 3 | 工艺 | 盐酸中和 | 中和不充分 | 质量不合格 | 2 | 工艺、中和 | 2 | 检验 | 1 | 4 | | 评估、确认 | | | | | | |
| 4 | | 颗粒异物 | 不彻底 | 质量不合格 | 2 | 物料、中和 | 2 | 检验 | 1 | 12 | | 评估、确认 | | | | | | |
| 5 | 设备 | 球阀 | 罐底有沉积 | 影响中和 | 3 | 阀门选错 | 4 | 确认验证 | 4 | 48 | | 用展放料阀 | | | | | | |
| 6 | 自控软件 | 全程控制 | 全程不顺畅 | 影响中和 | 3 | 软件缺陷 | 3 | 验证确认 | 3 | 27 | 中 | 评估、确认 | | | | | | |
| 7 | 物料 | 颗粒异物 | 产品质量 | 质量不合格 | 3 | 验收失当 | 1 | 验收检验 | 1 | 3 | 低 | 评估、确认 | | | | | | |
| 8 | 制药用水 | 杂质 | 产品有絮凝 | 质量不合格 | 3 | 杂质 | 2 | 检验 | 1 | 6 | | 评估、确认 | | | | | | |
| 9 | 压缩空气 | 颗粒异物 | 异物 | 质量不合格 | 2 | 过滤缺陷 | 2 | 检验 | 1 | 4 | | 评估、确认 | | | | | | |
| 10 | 检验方法 | pH 计 | 质量偏差 | 质量不合格 | 3 | 检验缺陷 | 1 | 验证确认 | 1 | 3 | | 评估、确认 | | | | | | |
| 11 | 环境洁净度 | 尘粒 | 异物 | 质量不合格 | 3 | 控制失当 | 2 | 检测 | 2 | 12 | | 评估、确认 | | | | | | |
| 12 | 空气压差 | 压差 | 粉尘侵入 | 质量不合格 | 3 | 控制失当 | 2 | 检测 | 1 | 6 | | 评估、确认 | | | | | | |
| 13 | 人员 | 技能 | 操作错误 | 质量不合格 | 3 | 不熟练 | 2 | 培训、监督 | 2 | 12 | | 评估、确认 | | | | | | |
| 14 | | 执行规程 | 操作错误 | 质量不合格 | 3 | 不严格 | 2 | 培训监督 | 2 | 12 | | 评估、确认 | | | | | | |
| 备注 | | | | | | | | | | | | | | | | | | |

**表 2－3　××企业洁净间系统失效模式及效应分析（FMEA）表节选示例**

项目名称：×××

项目地址：×××

系统名称：×××制粒间

过程责任：业主、施工方

风险分析环节：设计 ☑ 安装 □ 运行 □

分析团队成员：×××、××、×××、××、××

文件编号：2021－××－××－003－ A1.0

版本号：A

编写日期：

修订日期：

文件控制印章：

文件编写：

文件审核：文件批准：

| № | 系统功能描述 | 元件 | 潜在失效模式 | 潜在失效影响 | S | 潜在失效机理/原因 | O | 检测方法 | D | RPN | 风险级别 | 已有或推荐的措施 | 职责、目标及完成日期 | 落实措施成效 | | | | |
|---|---|---|---|---|---|---|---|---|---|---|---|---|---|---|---|---|---|---|
| | | | | | | | | | | | | | | 采取措施 | S | O | D | RPN |
| 1 | 制粒间组件 | 墙壁夹心板 | 脱胶脱漆 | 质量不合格 | 3 | 材料验收、储运 | 3 | 检查验收 | 1 | 6 | | 评估、确认 | | | | | | |
| 2 | | | 破损刮花 | 质量不合格 | 2 | 材料验收、储运 | 2 | 检查验收 | 1 | 4 | | 评估、确认 | | | | | | |
| 3 | | 龙骨选材 | 厚度不符 | 质量不合格 | 2 | 材料选材错误 | 2 | 检查验收 | 1 | 12 | | 评估、确认 | | | | | | |
| 4 | | | 硬度不符 | 影响中和 | 3 | 材料选材错误 | 4 | 确认验证 | 4 | 48 | | 评估、确认 | | | | | | |
| 5 | | 门 | 不严封 | 洁净度压差 | 3 | 施工要求不明 | 4 | 验证确认 | 2 | 16 | | 评估、确认 | | | | | | |
| 6 | | 灯具 | 不严封 | 洁净度压差 | 3 | 施工要求不明 | 3 | 验证确认 | 3 | 27 | 中 | 评估、确认 | | | | | | |
| 7 | 设计 | 功能设计 | 产品质量 | 洁净度压差 | 3 | 设计失当 | 1 | 审查、评估 | 1 | 3 | 低 | 评估、确认 | | | | | | |
| 8 | | 安装设计 | 异物 | 洁净度压差 | 2 | 设计失当 | 2 | 审查、评估 | 1 | 4 | | 评估、确认 | | | | | | |
| 9 | 工厂加工 | 风管 | 不严封 | 洁净度压差 | 3 | 不按要求施工 | 1 | 检查验收 | 1 | 3 | | 评估、确认 | | | | | | |
| 10 | 现场加工 | 风管 | 不严封 | 洁净度压差 | 3 | 不按要求施工 | 1 | 检查验收 | 1 | 3 | | 评估、确认 | | | | | | |
| 11 | 安装 | 灯具 | 不严封 | 洁净度压差 | 3 | 不按要求施工 | 1 | 检查验收 | 1 | 3 | | 评估、确认 | | | | | | |
| 12 | 验收 | 墙壁夹心板 | 外观不平滑 | 洁净度 | 3 | 不按标准验收 | 2 | 检查验收 | 1 | 6 | | 评估、确认 | | | | | | |
| 13 | 人员 | 技能 | 安装错误 | 洁净度压差 | 3 | 不熟练 | 2 | 培训、监督 | 2 | 12 | | 评估、确认 | | | | | | |
| 14 | | 执行规程 | 施工错误 | 洁净度压差 | 3 | 不严格 | 2 | 培训监督 | 2 | 12 | | 评估、确认 | | | | | | |

备注

采取措施消除和降低风险，改善风险因素和质量风险的可检测性，对不能消除的风险要降低到一个可接受的水平，加强管理控制，在控制已识别风险的同时，应采取纠正和预防措施，避免引入新的风险。

对于严重风险，在采取措施消除或降低风险前，不可进行药品生产的任何操作。须深入调查，查明原因，采取纠正和预防措施整改，并对纠正和预防措施的有效性进行评估。对于一般风险，采取措施能够控制风险发生可能性的同时可以继续生产，但应加强培训与沟通，加强生产过程中的检查、控制，立即查明风险原因，采取措施进行整改。对于低风险，可以继续生产，但应进一步强化和规范生产操作管理，对存在的问题和隐患及时发现并纠正，做好预防措施。

### （三）风险沟通

风险沟通即风险通报，就是决策者与其他人员间交换或分享风险管理信息的过程。

一个正式的风险通报过程已成为风险管理的一部分，包括多个相关部门间的沟通，所含信息涉及质量风险是否存在，风险本质、合规性、法律责任、严重性、可能性、可接受性、处理方法、检测能力或其他内容。

在完成风险评估并采取控制措施后，需对整个执行过程及年度风险审核和改进计划在组织内部进行沟通。沟通主要包括：①识别的结果以文件的形式固定下来并经质量负责人批准；②对包括一线操作人员在内的全体人员进行培训和考核，认知生产管理和质量控制过程中的关键环节，管理人员应监督风险控制过程，发现偏差及时记录和处理；③确保生产中风险控制。

### （四）风险审核

风险审核即风险回顾，也称风险评审，是对质量风险管理的全过程进行监控，并定期进行回顾评审。

企业应该建立风险审查规程，全面、系统分析一个周期内产品质量各项指标以及风险控制情况，总结偏差特点和趋势，建立消除和降低风险的改进计划。

答案解析

## 目标检测

### 一、最佳选择题

1. 涉及产品、过程、服务、体系或组织的管理，可测量的定量或定性的结果为（　　）。

A. 质量　　B. 绩效　　C. 活动　　D. 标准

2. 质量风险管理的目的为（　　）。

A. 为决策者提供信息　　B. 符合监管要求

C. 建立优先控制风险的处理顺序　　D. 以上都是

### 二、配伍选择题

[1～2]

A. 质量保证　　B. 质量方针　　C. 质量目标　　D. 工作质量

1. 质量管理中，在质量方面要求实现的结果，即（　　）。

2. 质量管理中，致力于提供质量要求会得到满足的信任，即（　　）。

## 三、综合分析选择题

[1～2]

**实例** 2006 年 6 月开始，安徽华源生物药业有限公司部分批号的“欣弗”产品，在临床应用后，患者出现严重不良反应，造成 11 人死亡。

经查，企业违反规定，未按批准的工艺生产“欣弗”，存在更换灭菌设备未经确认、降低灭菌温度、缩短灭菌时间等问题，给产品带来风险。

1. 根据 GB/T 27921—2011，检查表法适用于（　　）。

A. 风险识别　　B. 风险后果分析

C. 风险可能性分析　　D. 风险等级分析

2. 质量风险识别内容不含（　　）。

A. 风险源识别　　B. 风险事件识别

C. 风险关联识别　　D. 风险后果识别

## 四、多项选择题

1. 质量风险具有的特点包括（　　）。

A. 不确定性　　B. 突发性　　C. 复杂性　　D. 危害性

2. 风险管理流程包括（　　）。

A. 风险评估　　B. 风险控制　　C. 风险沟通　　D. 风险审核

## 五、判断正误题

1. 质量风险管理是指在整个产品生命周期中，采用前瞻或回顾的方式对质量风险进行评估、控制、沟通、审核的系统过程。（　　）

2. 风险控制包括消除风险、降低风险和避开风险。（　　）

书网融合……

知识回顾　　微课　　习题

（陈　刚）

# 项目三　机构与人员的管理

PPT

## 学习引导

经营理念和管理模式会渗透并影响到产品质量的管理，企业应建立完善的组织机构，配备符合要求的人员，尤其是关键人员。应重视培训以提高人员的技术能力和业务水平。应加强人员卫生的管理，避免个人健康问题造成产品污染。那么培训的拓展训练中应用破冰游戏是何原理？企业要求入职的生产人员在健康检查时检验乙肝项目是否侵权？

本项目主要介绍机构的设置与职能、人力资源管理和冰山理论等。

## 学习目标

1. 掌握　GMP 带“★”的条款要点；人力资源管理包含的内容。
2. 熟悉　GMP 带“▲”的条款要点；培训管理的要点；人员健康的管理要求。
3. 了解　药品生产企业的机构组成；各部门的职责。

## GMP
## 第三章　机构与人员

### 第一节　原　则

**▲第十六条**　企业应当建立与药品生产相适应的管理机构，并有组织机构图。

企业应当设立独立的质量管理部门，履行质量保证和质量控制的职责。质量管理部门可以分别设立质量保证部门和质量控制部门。

**▲第十七条**　质量管理部门应当参与所有与质量有关的活动，负责审核所有与本规范有关的文件。质量管理部门人员不得将职责委托给其他部门的人员。

**▲第十八条**　企业应当配备足够数量并具有适当资质（含学历、培训和实践经验）的管理和操作人员，应当明确规定每个部门和每个岗位的职责。岗位职责不得遗漏，交叉的职责应当有明确规定。每个人所承担的职责不应当过多。

所有人员应当明确并理解自己的职责，熟悉与其职责相关的要求，并接受必要的培训，包括上岗前培训和继续培训。

**▲第十九条**　职责通常不得委托给他人。确需委托的，其职责可委托给具有相当资质的指定人员。

## 第二节　关键人员

**★第二十条**　关键人员应当为企业的全职人员，至少应当包括企业负责人、生产管理负责人、质量管理负责人和质量受权人。

质量管理负责人和生产管理负责人不得互相兼任。质量管理负责人和质量受权人可以兼任。应当制定操作规程确保质量受权人独立履行职责，不受企业负责人和其他人员的干扰。

**第二十一条**　企业负责人

企业负责人是药品质量的主要责任人，全面负责企业日常管理。为确保企业实现质量目标并按照本规范要求生产药品，企业负责人应当负责提供必要的资源，合理计划、组织和协调，保证质量管理部门独立履行其职责。

**▲第二十二条**　生产管理负责人

（一）资质：

生产管理负责人应当至少具有药学或相关专业本科学历（或中级专业技术职称或执业药师资格），具有至少三年从事药品生产和质量管理的实践经验，其中至少有一年的药品生产管理经验，接受过与所生产产品相关的专业知识培训。

（二）主要职责：

1. 确保药品按照批准的工艺规程生产、贮存，以保证药品质量；
2. 确保严格执行与生产操作相关的各种操作规程；
3. 确保批生产记录和批包装记录经过指定人员审核并送交质量管理部门；
4. 确保厂房和设备的维护保养，以保持其良好的运行状态；
5. 确保完成各种必要的验证工作；
6. 确保生产相关人员经过必要的上岗前培训和继续培训，并根据实际需要调整培训内容。

**▲第二十三条**　质量管理负责人

（一）资质：

质量管理负责人应当至少具有药学或相关专业本科学历（或中级专业技术职称或执业药师资格），具有至少五年从事药品生产和质量管理的实践经验，其中至少一年的药品质量管理经验，接受过与所生产产品相关的专业知识培训。

（二）主要职责：

1. 确保原辅料、包装材料、中间产品、待包装产品和成品符合经注册批准的要求和质量标准；
2. 确保在产品放行前完成对批记录的审核；
3. 确保完成所有必要的检验；
4. 批准质量标准、取样方法、检验方法和其他质量管理的操作规程；
5. 审核和批准所有与质量有关的变更；
6. 确保所有重大偏差和检验结果超标已经过调查并得到及时处理；
7. 批准并监督委托检验；
8. 监督厂房和设备的维护，以保持其良好的运行状态；
9. 确保完成各种必要的确认或验证工作，审核和批准确认或验证方案和报告；
10. 确保完成自检；

11. 评估和批准物料供应商；

12. 确保所有与产品质量有关的投诉已经过调查，并得到及时、正确的处理；

13. 确保完成产品的持续稳定性考察计划，提供稳定性考察的数据；

14. 确保完成产品质量回顾分析；

15. 确保质量控制和质量保证人员都已经过必要的上岗前培训和继续培训，并根据实际需要调整培训内容。

**▲第二十四条**　生产管理负责人和质量管理负责人通常有下列共同的职责：

（一）审核和批准产品的工艺规程、操作规程等文件；

（二）监督厂区卫生状况；

（三）确保关键设备经过确认；

（四）确保完成生产工艺验证；

（五）确保企业所有相关人员都已经过必要的上岗前培训和继续培训，并根据实际需要调整培训内容；

（六）批准并监督委托生产；

（七）确定和监控物料和产品的贮存条件；

（八）保存记录；

（九）监督本规范执行状况；

（十）监控影响产品质量的因素。

**▲第二十五条**　质量受权人

（一）资质：

质量受权人应当至少具有药学或相关专业本科学历（或中级专业技术职称或执业药师资格），具有至少五年从事药品生产和质量管理的实践经验，从事过药品生产过程控制和质量检验工作。

质量受权人应当具有必要的专业理论知识，并经过与产品放行有关的培训，方能独立履行其职责。

（二）主要职责：

1. 参与企业质量体系建立、内部自检、外部质量审计、验证以及药品不良反应报告、产品召回等质量管理活动；

2. 承担产品放行的职责，确保每批已放行产品的生产、检验均符合相关法规、药品注册要求和质量标准；

3. 在产品放行前，质量受权人必须按照上述第 2 项的要求出具产品放行审核记录，并纳入批记录。

## 第三节　培　训

**▲第二十六条**　企业应当指定部门或专人负责培训管理工作，应当有经生产管理负责人或质量管理负责人审核或批准的培训方案或计划，培训记录应当予以保存。

**▲第二十七条**　与药品生产、质量有关的所有人员都应当经过培训，培训的内容应当与岗位的要求相适应。除进行本规范理论和实践的培训外，还应当有相关法规、相应岗位的职责、技能的培训，并定期评估培训的实际效果。

**▲第二十八条**　高风险操作区（如：高活性、高毒性、传染性、高致敏性物料的生产区）的工作人员应当接受专门的培训。

## 第四节　人员卫生

**▲第二十九条**　所有人员都应当接受卫生要求的培训，企业应当建立人员卫生操作规程，最大限度

地降低人员对药品生产造成污染的风险。

**▲第三十条** 人员卫生操作规程应当包括与健康、卫生习惯及人员着装相关的内容。生产区和质量控制区的人员应当正确理解相关的人员卫生操作规程。企业应当采取措施确保人员卫生操作规程的执行。

**★第三十一条** 企业应当对人员健康进行管理，并建立健康档案。直接接触药品的生产人员上岗前应当接受健康检查，以后每年至少进行一次健康检查。

**★第三十二条** 企业应当采取适当措施，避免体表有伤口、患有传染病或其他可能污染药品疾病的人员从事直接接触药品的生产。

**★第三十三条** 参观人员和未经培训的人员不得进入生产区和质量控制区，特殊情况确需进入的，应当事先对个人卫生、更衣等事项进行指导。

**★第三十四条** 任何进入生产区的人员均应当按照规定更衣。工作服的选材、式样及穿戴方式应当与所从事的工作和空气洁净度级别要求相适应。

**★第三十五条** 进入洁净生产区的人员不得化妆和佩戴饰物。

**★第三十六条** 生产区、仓储区应当禁止吸烟和饮食，禁止存放食品、饮料、香烟和个人用药品等非生产用物品。

**★第三十七条** 操作人员应当避免裸手直接接触药品、与药品直接接触的包装材料和设备表面。

**即学即练**

答案解析

最佳选择题

生产管理负责人应具备药品生产管理经验的年限至少为（　　）。

A. 1 年　　B. 2 年　　C. 5 年　　D. 10 年

# 任务一　机构的管理

药品生产企业的经营理念和管理模式会渗透并影响到药品的质量管理，企业的组织机构因经营理念和管理模式而各具特色。企业应建立和完善组织机构，设立独立的质量管理部门，履行质量保证和质量控制的职责，并可分设质量保证部门和质量控制部门。某企业的组织机构设置见图 3－1。

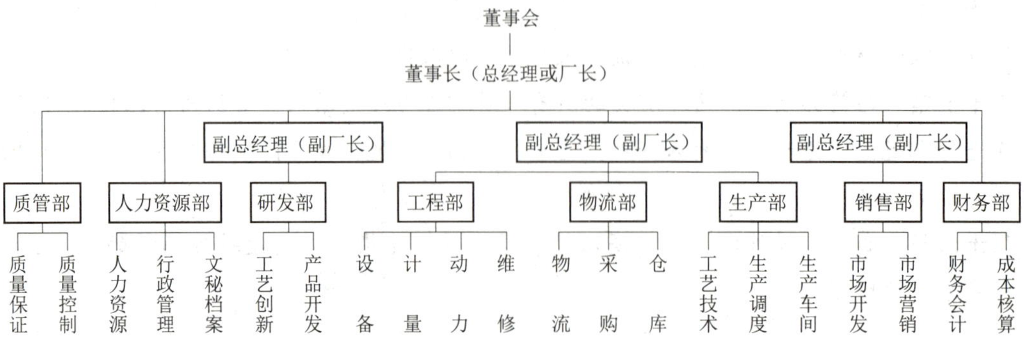


图 3－1　某药品生产企业组织机构

# 任务二　人力资源的管理

**实例分析**

**实例**　某药品生产企业招聘生产人员，要求入职的直接接触药品的生产人员在健康检查时检验乙肝项目，即俗称的“两对半”。

**问题**　企业要求这些入职人员在健康检查时检验乙肝项目是否侵权？

答案解析

人力资源管理是人员管理的一部分，主要包括定岗定员管理、招聘管理、职权责管理、培训管理、人员健康管理、档案管理等。

## 一、定岗定员的管理

各部门有定岗定员要求，岗位人员应符合 GMP 的要求。关键人员包括企业负责人、生产负责人、质量管理负责人、质量受权人等。关键人员是药品生产的重要管理角色，应当为企业的全职人员，不应为兼职人员担任。企业应配备有足够数量、与药品生产相适应的具有专业知识、生产和质量管理经验及组织能力的管理人员和技术人员。对一些必须持有资格证书上岗的专业技术人员，企业应对资格证书进行审查，符合要求的人员方可从事该专业工作。

## 二、招聘的管理

招聘是一个为组织中的职位挖掘、筛选和甄选人员的过程。

寻找候选人可通过广告公开招揽或猎头来识别具备相关能力的人，对众多候选者进行评价，以识别那些具有适当资格及必要性格、适合组织的人员，并在面试之前对其进行能力评价。面试过程中可对应聘人员进行认知能力、业务知识和性格等测试，面试可以是非结构化的或结构化的，然后完成包含一个新人就职仪式或试用期聘用人员的法律过程。

## 三、职责和权限的管理

当组织员工清晰地理解自身岗位和职责时，就会更积极有效地参与和获得更多的个人成就，从而使组织更有效地开展活动，这也需要组织的领导者积极参与。

组织应为其人员提供适当的权限，使他们承担为其工作决策的责任；应激励人员自主行动，表彰良好绩效。权限有助于学习，领导者应分配适当的职责给组织人员，并培养他们履行其职责所必要的技能。权限使领导者和管理者能够在战略和规划上投入更多的时间。

## 四、培训的管理

### （一）认知培训

**能力**　是指在工作中，知识、技能的应用和行为表现。

**培训** 是指提供和开发知识、技能和行为方式以满足要求的过程。

当组织需弥补个人能力偏差时，可采取继续教育、培训方式实现。

### （二）培训的意义

从企业层面、管理层面、个人层面衡量，培训具有以下的意义：①培训有利于企业获得竞争优势和营利能力；②有利于企业改进管理；③有利于改善企业的工作质量；④有利于构建工作绩效系统；⑤有利于提高员工的技术能力和业务水平；⑥有利于实现员工的职业规划目标和自我价值。

学习型组织着重于增加其知识以不断提高组织的绩效能力，培训和学习可实现企业内部必要的信息流和知识流，促进沟通，也可增加从业者的职业安全感、满意感和成就感。

### （三）培训的原则

培训应遵循以下原则：①企业培训应体现终身学习与团队学习相结合，工作与学习相结合，学习与创新相结合的原则；②实现员工素质、工作效率、企业形象三提升目标的原则；③应遵循因需施教、务求实效的原则；④以内部培训为主，外派委托培训为辅的原则；⑤走出去、请进来的原则。

### （四）培训的管理过程

#### 1. 培训需求的调查

制定培训方案应先确定培训需求。培训需求主要来自企业的质量方针、培训方针、质量管理要求、资源管理、过程设计、能力需求等。个人工作能力评估见表 3－1。

表 3－1 个人工作能力评估表

| 层次 | 个人工作能力需求 |
|---|---|
| 五级 | 具有负责组织某些主要部门的知识和能力；在开发组织的战略、方针和目标时是积极的；启动并在新过程的开发上是积极的；拥有扩展的网络，并作为重要的对外代表 |
| 四级 | 具有作为导师和教练的知识和技能；为组织改进，渴望分享本人的知识和技能；参与内、外部的标杆管理活动；为组织的战略开发提供了基础；在执行新过程时是积极的，要求有良好确定的职业规划 |
| 三级 | 在自身的工作领域中，具有作为指导者的知识和能力；对其发挥作用的过程负责；开发和执行改进想法；请求指导或训练以获得其他工作或职位的资格 |
| 二级 | 不需监督和指导，具有知识和技能去完成指派给本人的所有工作；要求内训或外训以发展自身的能力；提出改进想法 |
| 一级 | 不需监督和指导，具有知识和技能去完成指派的常规工作；其他指派的工作需要监督；有时请求进行工作领域的培训 |

#### 2. 培训的计划

企业应设计培训规划和制定年度培训计划，其中包括培训目标和要求、培训需求说明、接受培训人员的有关情况、培训方式和内容概要、日程安排、资源和经费要求。培训规划和年度培训计划由人力资源部门熟悉专业技术和岗位职务要求的人员起草制定，广泛听取各部门各岗位人员的需求和建议，统筹规划设计。由质量管理部门负责人或生产负责人审批，企业主管负责人批准，再交由人力资源部门落实执行。

#### 3. 培训的内容

应涵盖专业知识、专业技能。主要包括 GMP，药品管理法律法规，岗位操作技能，先进的管理理念、模式及其理论，新工艺技术、新设备、新材料等方面内容。

#### 4. 培训的方式

可采取现场的或非现场的课程和专题研讨会、学徒、在工作中接受辅导和建议、自学和远程学习等形式。培训可分为内部培训、外部培训、挂职锻炼；内部培训又包括入职培训、专题培训、岗位锻炼。

### 知识链接

**冰山理论** 微课

冰山理论是萨提亚家庭治疗中的重要理论，是隐喻，指一个人的“自我”就像一座冰山，仅能看到冰面部分，而冰山下的内在世界却深藏不见，包括行为、应对方式、感受、观点、期待、渴望、自我7个层次。

破冰就是通过拜访交流、游戏等方式，像打破厚厚的冰层一样，破解人际交往间的怀疑、猜忌和疏远的藩篱，打破僵局和隔阂，揭开面纱，增加沟通。故有破冰之旅、破冰游戏的说法。

培训中常用拓展训练等破冰游戏来发掘潜意识和潜能，提高培训效果，并促进沟通和学习，也促进部门和人员之间的沟通。职业拓展和事故的冰山理论分析见图3－2。

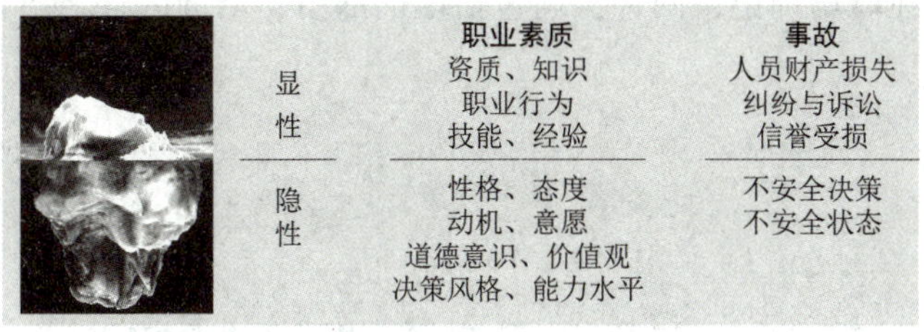


图3－2　冰山理论示意图

#### 5. 培训结果的考核与评价

企业各岗位人员培训后须进行考核。考核形式可采用笔试、实践操作和工作绩效考核。

评价的目的是确认组织目标和培训目标是否实现，评估培训的有效性。评价信息来自培训需求说明和培训计划，以及培训实施记录。在学员已完成培训后规定的期间内，组织的管理者应确保进行评价以验证其能力所达到的水平。短期评价可从学员中获得有关培训方式、所用资源以及培训中所获得的知识技能的反馈信息；长期评价可从学员的工作业绩和生产效率改进中得出。

#### 6. 培训的档案

包括培训计划、培训签到表、培训记录表、培训资料、培训成绩汇总表等，培训完成结束后应及时归档。

## 五、人员健康的管理

企业应当建立人员卫生操作规程，应当包括健康、卫生习惯及着装要求，所有人员都应当接受卫生要求的培训，最大限度地降低人员对药品生产造成污染的风险。按GMP的要求建立健康档案，对相关人员进行健康检查。体表有伤口、患有传染病或其他可能污染药品疾病的人员应调离直接接触药品岗位，待治愈恢复健康后应持有医疗机构有效康复诊断证明方能重新上岗。操作人员应保持良好生活卫生习惯，勤洗澡，勤理发、剃须、剪指甲。

## 六、人员档案的管理

人员入职即建立个人人事档案。

### 个人人事档案资料

包括个人信息、招聘资料、在职资料、离职资料等履历材料。

在职资料包括：①入职、转正资料；学历学位材料；②职业（任职）资格材料；③评（聘）专业技术职务（职称）材料；④反映科研学术水平的材料；⑤考察、考核、鉴定材料；审计材料；⑥调动调整、奖惩记录；聘用合同续签资料；⑦培训记录；⑧转正定级表等。

其他资料包括：①实习协议；②社保资料；③商业保险资料；④公积金资料；⑤办公系统（OA）资料；⑥企业邮箱信息等。

### 个人身体健康状况的检查记录

包括：①社保卡信息；②药物过敏史；③血型；④现患主要疾病记录；⑤个人健康行为习惯；⑥既往史；⑦体检记录等。

### 个人培训记录

包括入职培训记录和在职培训记录两种，均包括培训部门、培训内容、培训日期、培训学时、考核成绩、考试卷、上岗证等。

# 实践实训

## 实训一　企业年度培训计划的编制

### 一、实训目的

1. 熟悉企业年度培训计划的编制方法，企业年度培训计划的培训需求、培训项目、培训教材选用、培训方式、培训评价考核方式要求和素材。

2. 熟悉技术文件的编制方法，练习提升技术文件的编制技能。

3. 掌握计算机绘制文件图表的方法及要求，培养和练习使用计算机办公软件、互联网检索参考文献技能。

### 二、实训任务

以模块一项目三任务一项下图 3－1 所示的某企业组织机构、模块二项目四任务二项下图 4－3 所示的某企业口服制剂车间工序为背景，编制企业年度培训计划。

### 三、实训方式

在本项目理论教学结束后即安排实训任务，检索文献资料，确定并编制企业年度培训计划。每位同学提交拓展名为“. pdf”的企业年度培训计划的 PDF 文件。

### 四、实训标准

#### （一）文件内容要求

应至少包含以下内容：①培训目标和要求；②培训需求说明；③培训方式和内容概要；④日程安排。

#### （二）排版编辑标准

按本教材格式编写。页面设置可采用 A4 纸张，表格或文字内容均不得超出版心页边距以外。页边距标准：8mm≤上、下、左、右≤3cm，可根据编辑内容需要在此范围内调整。正文文字一般为5号宋体字，段落行距均为1.5倍行距，各级标题文字字号依次比正文大一级字号，字体不限。

表格各单元格边距为2mm，各要素一般用5号宋体字，特定情况可以作适当调整，各表格要素文字行距根据所填写内容确定。

封面参照项目七示例 ××××高效液相色谱仪性能确认（PQ）方案设计，应包含下列文件标识性信息：①文件编号、版本号（修订版本号）、页码、文件标题；②起草人、审核人和批准人的信息如姓名、所属的部门、职务等，以及签署和日期。

## 五、考核与评价标准

根据学生实训报告，按实训标准中的文件内容标准和排版编辑标准考核、评价实训作品，采用百分制计分。

答案解析

# 目标检测

## 一、最佳选择题

1. 质量受权人应具备药品生产和质量管理实践经验的年限至少为（　　）。

A. 1年　　B. 2年　　C. 5年　　D. 10年

2. 质量管理负责人虽为药学专业背景，但非本科以上学历，其具备的其他条件至少应为（　　）。

A. 初级专业技术职称　　B. 中级专业技术职称

C. 高级专业技术职称　　D. 副高级专业技术职称

## 二、配伍选择题

[1～2]

A. 生产管理负责人　　B. 质量管理负责人

C. 企业负责人　　D. 质量受权人

1. 具有产品放行权力的人员为（　　）。

2. 可批准并监督委托检验的人员为（　　）。

## 三、综合分析选择题

[1～2]

**实例**　某药品生产企业招聘生产人员，要求入职的直接接触药品的生产人员在健康检查时检验乙肝项目，即俗称的“两对半”。该企业的做法属于侵犯就业者的合法权益。

1. 直接接触药品的生产人员患病，企业应采取调离岗位治疗的措施，该疾病为（　　）。

A. 高血压　　B. 传染病　　C. 胃病　　D. 关节炎

2. 直接接触药品的生产人员上岗后还应接受健康检查的周期为（　　）。

A. 1年　　B. 2年　　C. 3年　　D. 5年

## 四、多项选择题

1. 下列选项中，企业生产企业的人员中，必须为全职人员的包括（　　）。

A. 质量管理负责人和质量受权人　　B. 生产管理负责人

C. 销售管理负责人　　D. 企业负责人

2. 人力资源档案包括（　　）。

A. 招聘资料　　B. 培训资料　　C. 在职资料　　D. 离职资料

## 五、判断正误题

1. 生产管理负责人和质量管理负责人共同的职责之一为批准并监督委托生产。(　　)

2. 药品生产企业的所有人员都应当接受卫生要求的培训。(　　)

书网融合……

知识回顾　　微课　　习题

（耿国平）

# 模块二
# 硬件体系的管理

# 项目四　厂房与设施的管理

PPT

## 学习引导

药品生产厂区应选择交通便利、配套齐全、远离严重污染的良好环境。规划和布局需合理，厂房设施的设计和建设应符合规范及生产要求。空气净化应符合GMP的要求并经确认。问题是中药提取、浓缩工序及干浸膏粉碎和筛选的工序可否不建洁净厂房?

本项目主要介绍厂房与设施的术语释义，厂区规划、厂房设施布局及设计的管理内容；空气净化知识及药品生产各工序的洁净度要求；洁净厂房与空气净化系统的确认；仓库、微生物检验室的设计管理。

## 学习目标

1. **掌握**　GMP带“★”的条款要点；术语释义；空气过滤器的净化原理；过滤器的分类。

2. **熟悉**　GMP带“▲”的条款要点；厂房设计的原则与内容；表4-3各工序的空气洁净度要求；仓库分类、布局；称量室、微生物检验室的设计。

3. **了解**　厂区选址、规划的原则和管理内容；洁净厂房与空气净化系统的确认。

## GMP

## 第四章　厂房与设施

### 第一节　原　则

**▲第三十八条**　厂房的选址、设计、布局、建造、改造和维护必须符合药品生产要求，应当能够最大限度地避免污染、交叉污染、混淆和差错，便于清洁、操作和维护。

**第三十九条**　应当根据厂房及生产防护措施综合考虑选址，厂房所处的环境应当能够最大限度地降低物料或产品遭受污染的风险。

**▲第四十条**　企业应当有整洁的生产环境；厂区的地面、路面及运输等不应当对药品的生产造成污染；生产、行政、生活和辅助区的总体布局应当合理，不得互相妨碍；厂区和厂房内的人、物流走向应当合理。

**第四十一条**　应当对厂房进行适当维护，并确保维修活动不影响药品的质量。应当按照详细的书面操作规程对厂房进行清洁或必要的消毒。

**第四十二条**　厂房应当有适当的照明、温度、湿度和通风，确保生产和储存的产品质量以及相关设备性能不会直接或间接地受到影响。

▲**第四十三条**　厂房、设施的设计和安装应当能够有效防止昆虫或其他动物进入。应当采取必要的措施，避免所使用的灭鼠药、杀虫剂、烟熏剂等对设备、物料、产品造成污染。

★**第四十四条**　应当采取适当措施，防止未经批准人员的进入。生产、储存和质量控制区不应当作为非本区工作人员的直接通道。

★**第四十五条**　应当保存厂房、公用设施、固定管道建造或改造后的竣工图纸。

## 第二节　生产区

▲**第四十六条**　为降低污染和交叉污染的风险，厂房、生产设施和设备应当根据所生产药品的特性、工艺流程及相应洁净度级别要求合理设计、布局和使用，并符合下列要求：

（一）应当综合考虑药品的特性、工艺和预定用途等因素，确定厂房、生产设施和设备多产品共用的可行性，并有相应评估报告；

（二）生产特殊性质的药品，如高致敏性药品（如青霉素类）或生物制品（如卡介苗或其他用活性微生物制备而成的药品），必须采用专用和独立的厂房、生产设施和设备。青霉素类药品产尘量大的操作区域应当保持相对负压，排至室外的废气应当经过净化处理并符合要求，排风口应当远离其他空气净化系统的进风口；

（三）生产β－内酰胺结构类药品、性激素类避孕药品必须使用专用设施（如独立的空气净化系统）和设备，并与其他药品生产区严格分开；

（四）生产某些激素类、细胞毒性类、高活性化学药品应当使用专用设施（如独立的空气净化系统）和设备；特殊情况下，如采取特别防护措施并经过必要的验证，上述药品制剂则可通过阶段性生产方式共用同一生产设施和设备；

（五）用于上述第（二）、（三）、（四）项的空气净化系统，其排风应当经过净化处理；

（六）药品生产厂房不得用于生产对药品质量有不利影响的非药用产品。

▲**第四十七条**　生产区和储存区应当有足够的空间，确保有序地存放设备、物料、中间产品、待包装产品和成品，避免不同产品或物料的混淆、交叉污染，避免生产或质量控制操作发生遗漏或差错。

★**第四十八条**　应当根据药品品种、生产操作要求及外部环境状况等配置空调净化系统，使生产区有效通风，并有温度、湿度控制和空气净化过滤，保证药品的生产环境符合要求。

洁净区与非洁净区之间、不同级别洁净区之间的压差应当不低于10帕斯卡。必要时，相同洁净度级别的不同功能区域（操作间）之间也应当保持适当的压差梯度。

口服液体和固体制剂、腔道用药（含直肠用药）、表皮外用药品等非无菌制剂生产的暴露工序区域及其直接接触药品的包装材料最终处理的暴露工序区域，应当参照“无菌药品”附录中D级洁净区的要求设置，企业可根据产品的标准和特性对该区域采取适当的微生物监控措施。

▲**第四十九条**　洁净区的内表面（墙壁、地面、天棚）应当平整光滑、无裂缝、接口严密、无颗粒物脱落，避免积尘，便于有效清洁，必要时应当进行消毒。

**第五十条**　各种管道、照明设施、风口和其他公用设施的设计和安装应当避免出现不易清洁的部位，应当尽可能在生产区外部对其进行维护。

▲**第五十一条**　排水设施应当大小适宜，并安装防止倒灌的装置。应当尽可能避免明沟排水；不可避免时，明沟宜浅，以方便清洁和消毒。

▲**第五十二条**　制剂的原辅料称量通常应当在专门设计的称量室内进行。

**▲第五十三条** 产尘操作间（如干燥物料或产品的取样、称量、混合、包装等操作间）应当保持相对负压或采取专门的措施，防止粉尘扩散、避免交叉污染并便于清洁。

**▲第五十四条** 用于药品包装的厂房或区域应当合理设计和布局，以避免混淆或交叉污染。如同一区域内有数条包装线，应当有隔离措施。

**第五十五条** 生产区应当有适度的照明，目视操作区域的照明应当满足操作要求。

**▲第五十六条** 生产区内可设中间控制区域，但中间控制操作不得给药品带来质量风险。

## 第三节　仓储区

**第五十七条** 仓储区应当有足够的空间，确保有序存放待验、合格、不合格、退货或召回的原辅料、包装材料、中间产品、待包装产品和成品等各类物料和产品。

**第五十八条** 仓储区的设计和建造应当确保良好的仓储条件，并有通风和照明设施。仓储区应当能够满足物料或产品的储存条件（如温湿度、避光）和安全储存的要求，并进行检查和监控。

**▲第五十九条** 高活性的物料或产品以及印刷包装材料应当储存于安全的区域。

**▲第六十条** 接收、发放和发运区域应当能够保护物料、产品免受外界天气（如雨、雪）的影响。接收区的布局和设施应当能够确保到货物料在进入仓储区前可对外包装进行必要的清洁。

**▲第六十一条** 如采用单独的隔离区域储存待验物料，待验区应当有醒目的标识，且只限于经批准的人员出入。

不合格、退货或召回的物料或产品应当隔离存放。

如果采用其他方法替代物理隔离，则该方法应当具有同等的安全性。

**▲第六十二条** 通常应当有单独的物料取样区。取样区的空气洁净度级别应当与生产要求一致。如在其他区域或采用其他方式取样，应当能够防止污染或交叉污染。

## 第四节　质量控制区

**▲第六十三条** 质量控制实验室通常应当与生产区分开。生物检定、微生物和放射性同位素的实验室还应当彼此分开。

**第六十四条** 实验室的设计应当确保其适用于预定的用途，并能够避免混淆和交叉污染，应当有足够的区域用于样品处置、留样和稳定性考察样品的存放以及记录的保存。

**▲第六十五条** 必要时，应当设置专门的仪器室，使灵敏度高的仪器免受静电、震动、潮湿或其他外界因素的干扰。

**第六十六条** 处理生物样品或放射性样品等特殊物品的实验室应当符合国家的有关要求。

**▲第六十七条** 实验动物房应当与其他区域严格分开，其设计、建造应当符合国家有关规定，并设有独立的空气处理设施以及动物的专用通道。

## 第五节　辅助区

**▲第六十八条** 休息室的设置不应当对生产区、仓储区和质量控制区造成不良影响。

**▲第六十九条** 更衣室和盥洗室应当方便人员进出，并与使用人数相适应。盥洗室不得与生产区和仓储区直接相通。

**★第七十条** 维修间应当尽可能远离生产区。存放在洁净区内的维修用备件和工具，应当放置在专门的房间或工具柜中。

# 任务一　厂区选址与布置的管理

## 一、厂区的选址

新建或改建药厂在厂区选址时，应确保合规性和严谨性，并符合下列规定。

**1. 自然环境要求**　应设置在大气含尘、含菌浓度低的区域。

**2. 远离污染源要求**　应远离工矿、码头等严重空气污染、水质污染、振动或噪声干扰的区域；不能远离时，应位于其全年最小频率风向的下风侧。

**2. 新风口距离要求**　净化空调系统的新风口与近交通主干道侧红线距离宜大于50米。

## 二、厂区的布置

### （一）布置的内容

厂区的布置主要包括生产车间、辅助车间、仓库、动物房、动力与公用工程、环保设施、管理设施和生活设施、交通道路。厂区布置见图4－1。

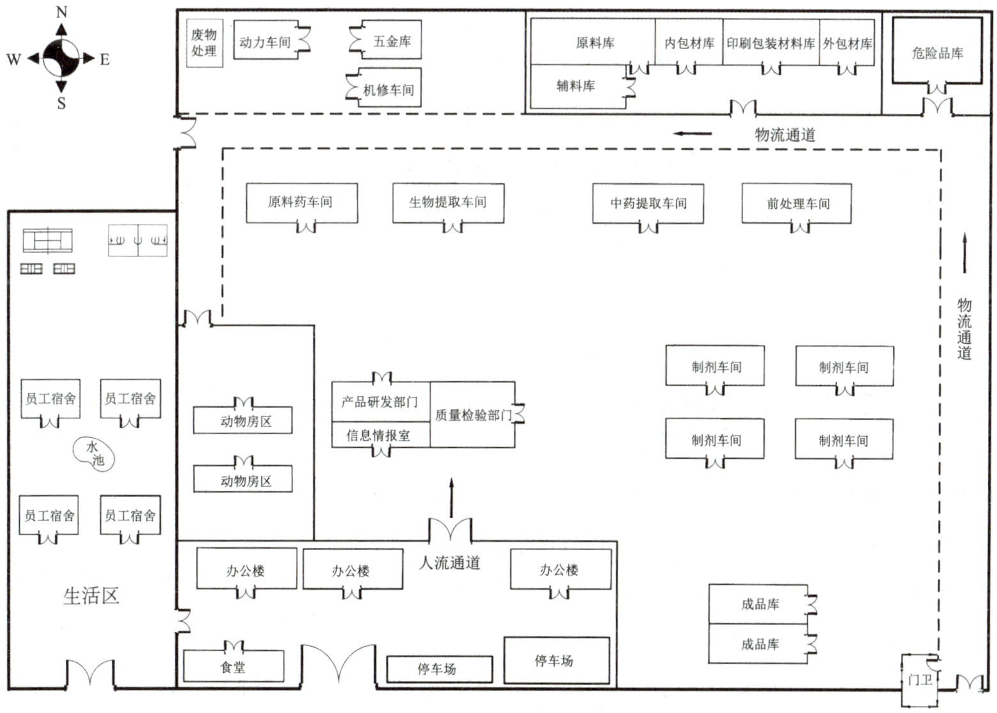


图4－1　某药品生产厂区布置图

### （二）布置的原则

厂区的总平面布置应符合国家有关工业企业总平面设计要求、满足环境保护的要求，同时应避免交叉污染，并遵循以下原则。

（1）按功能和洁净要求分区布置　厂区应按生产、行政、生活、辅助等不同使用功能合理分区布置。洁净厂房应根据药品生产特点，设置在厂区内环境清洁且人流、物流不穿越或少穿越的地段。多个生产车间和生产线组合的联合厂房，人流、物流的走向应合理组织并满足生产工艺和消防安全的要求。

（2）制剂生产区与其他生产区分开布置　兼有原料药或中药前处理与提取或生物提取的制剂生产药厂的，原料药、中药前处理与提取、生物提取生产区应位于制剂生产区全年最小频率风向的上风侧。青霉素类等高致敏性药品的生产厂房，应位于其他洁净厂房全年最小频率风向的上风侧。厂区内设动物房时，宜位于其他洁净厂房全年最小频率风向的上风侧。三废处理、锅炉房等有较严重污染的区域，应位于厂区全年最小频率风向的上风侧。

（3）厂区主要道路应人流、物流分流　主要的设置应符合人流、物流分流的原则，且厂区内应设置消防车道。消防车道的设置应符合现行国家标准的有关规定。

（4）厂区空地应无露土　厂区内空地应采用绿化、碎石或硬地覆盖，不应种植易散发花粉或对药品生产产生不良影响的植物。洁净厂房周围应绿化，周围的道路面层应采用整体性好、发尘少的材料。

# 任务二　厂房的管理

### 实例分析

**实例**　某中成药生产企业采用封闭和敞口的设备进行中药提取、浓缩和收膏，并对干浸膏和直接入药的药材和饮片进行粉碎、筛分等操作，这些均在非洁净厂房内操作。在委托某工程公司改造设计时，该厂房需被改为洁净厂房，企业不愿增加投资但又感到困惑。

**问题**　哪些中药前处理必须建洁净厂房？

答案解析

## 一、厂房管理的术语

**1. 洁净室**　空气悬浮粒子和微生物浓度，以及温度、湿度、压力等参数受控的医药生产房间或限定的空间。

**2. 气锁间**　指设置于两个或数个房间之间的，具备机械送排风系统、压力可监控、整体消毒灭菌条件或化学喷淋的气密通道间，其门具有不能同时开启的互锁功能。

设置气锁间的目的是在人员或物料出入时，对气流进行控制。气锁间有人员气锁间和物料气锁间。气锁间一般在 A 级和 B 级洁净区设置。

**3. 缓冲间**　设置于洁净区之间或洁净区与非洁净区之间的密闭通道间，可设置机械通风系统，其门具有互锁功能。一般在 C 级和 D 级洁净区设置。

**4. 传递柜（窗）**　在医药洁净室隔墙上设置用于传递物品和器具的窗口。窗内装有紫外线灯、风机和高效过滤器等净化装置，两侧窗扇装有互锁。

**5. 专用生产设施**　是指独立的生产区，相应的人员净化用室、物料净化用室，以及生产区的空气调节系统。但进入同一建筑物的人员总更衣区、物料仓储区以及生产区域外的人员、物料走廊等仍可合用。

**6. 阶段性生产方式** 指在共用生产区内，在一段时间内集中生产某一产品，物料产品清理干净，对相应的共用生产区、设施、设备、工具、器具等进行彻底清洁，更换生产另一种产品的方式。

**7. 密闭** 系防止固体微粒物质侵入，设备或容器有缝隙，内外有压差即泄漏。

**8. 密封** 系防止漏气，避免吸潮、风化、挥发，微粒、气体侵入，设备或容器虽有缝隙，但内外压差达到一定程度才泄漏。例如弹簧式微启安全阀、无热合封口垫片的塑料药瓶等。

**9. 严封** 系防止漏气，设备采用适宜方法强力封住缝隙，容器用适宜方法封住缝隙或封成无缝隙，可承受的内外压差大，或内外压差达到一定程度即破损才致泄漏。例如爆破片安全装置、复合膜包装的颗粒剂、泡罩铝塑包装的硬胶囊、安瓿、带热合封口垫片的塑料药瓶等。

**10. 遮光** 系指用不透光的材料遮挡或用不透光的容器包装。

**11. 避光** 系指避免日光直射。

**12. 阴凉处** 系指不超过20℃。

**13. 凉暗处** 处系指避光并不超过20℃。

**14. 冷处** 系指2～10℃。

**15. 常温** 系指0～30℃。

## 二、生产区域的环境参数

洁净厂房生产区域环境参数包括尘粒、微生物、温湿度、压差、照度、噪声等。环境空气中不应有气味，不应含有影响药品质量和人体健康的物质。

（1）洁净厂房各区域的洁净度应符合GMP洁净室洁净度级别的规定。

（2）无菌药品洁净厂房温度20～24℃，相对湿度45%～60%，非无菌药品洁净厂房温度18～26℃，相对湿度45%～60%。

（3）仓储温度，常温库0～30℃，阴凉/凉暗库≤20℃，冷库2～10℃；冷冻库－25～－10℃；除冷冻库无相对湿度要求外，其他仓库的相对湿度为35%～75%。

（4）人员净化/生活用室温度，冬季16～20℃；夏季26～30℃。

（5）有空气压差要求的区域压差应当不低于10Pa。

（6）生产区域工作室照明照度为300lx，其他为200lx。制药工业、一般试验室的工作面处照度标准为300lx（离地0.75m），物料流转通道的照度标准值为200lx，空调机房、冷冻站照度标准为100lx～150lx。

（7）单向流、混合流洁净室空态噪声≤65dB（A），非单向流洁净室空态噪声≤60dB（A）。

## 三、厂房设计及建造的管理原则

药品生产厂房涉及一般厂房和洁净厂房，设计建造应符合GMP及有关国家标准要求。

### （一）应满足分区生产、设施专用的要求

高致敏性等药品，β－内酰胺结构类药品、性激素类避孕药品，某些激素类、细胞毒性类、高活性化学药品生产设施和设备应符合GMP的规定。菌毒种、细胞类、病毒制品、疫苗、人血液制品、预防类与治疗类制品，不得同时在同一生产区域内进行原料和成品的加工和灌装。

中药前处理、提取、浓缩，动物脏器、组织的洗涤与处理，原料药生产与制剂药品生产区分开。

### （二）应满足生产工艺及功能用途的要求

药品生产工序比较复杂，且物料与产品需穿越一般生产和洁净区，所以洁净厂房内的物料传递路线应符合工艺生产流程需要，快捷顺畅。

洁净厂房除应配置各工序生产用室外，还应配套设计足够面积的生产辅助用室，包括原辅料、中间产品、内包材料等暂存室、中间控制检查室、称量室、备料室、人员物料出入口及净化用室等，并按需配置制药用水制备间，空气净化机房，这些设置应合理，方便操作和清洁。

### （三）应满足空气洁净度级别要求

洁净度要求高的洁净室宜靠近空调机房，空气洁净度等级相同的工序和工作室宜集中布置，洁净度高的工序应布置在上风侧，易产生污染的设备应布置在靠近回风口位置。不同洁净度级别区域间应设置气锁间或缓冲间设施，洁净度级别相同的区域不同剂型易产尘的工序须设置前室。洁净区内的中间产品不宜直接进入一般生产区，传输带不得穿越不同洁净级别区域，应采用可封闭隔断的过渡设施。

### （四）应满足人流、物流分开及防止交叉污染的要求

生产区域的人员和物料进出口应分开设置，易造成污染的物料应设置专用出入口。生产和储存的区域不得用作非本区域内工作人员的通道。均应设置进入洁净区的净化用室和设施，进入无菌生产区的物料和物品，还应设置灭菌室和灭菌设施，传递柜也应有消毒功能。

人员和物料输送的电梯宜分开，且不宜在医药洁净室内设置。当工艺需要必须在医药洁净室内设置物料垂直输送的装置时，则应采取可采取加装风机过滤机组（FFU）等措施确保洁净度并避免交叉污染。

某企业口服片剂生产工艺流程见图 4－2。

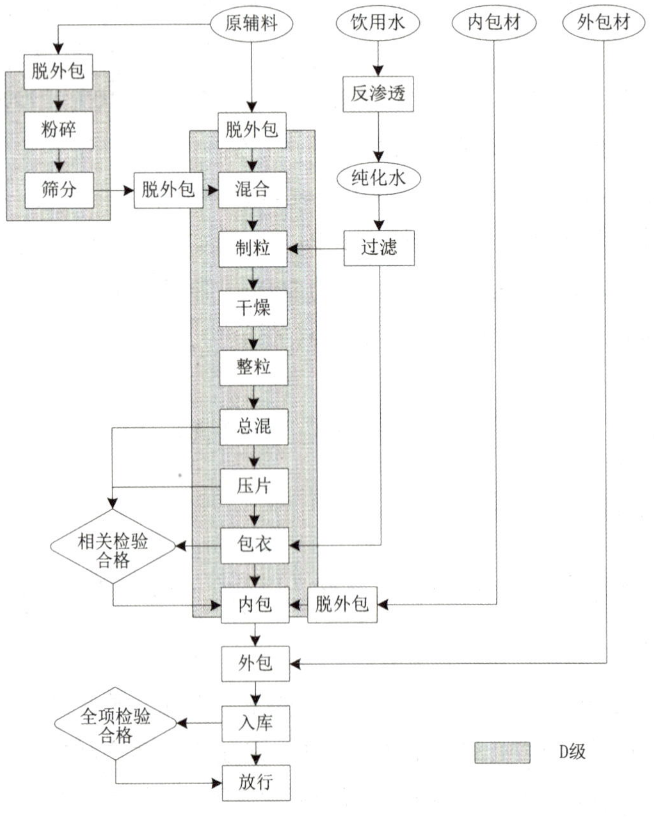


图 4－2　口服片剂生产工艺流程

某药品生产企业的口服固体制剂生产车间布局见图4－3。

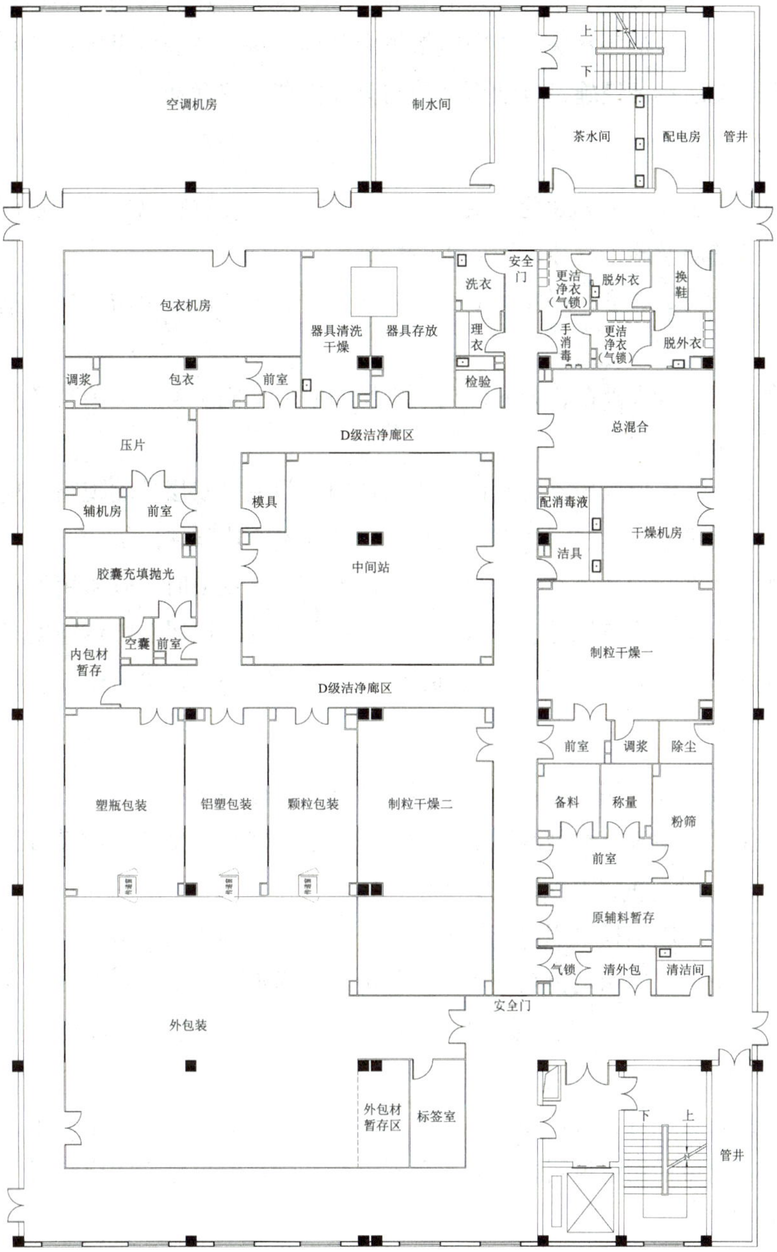


图4－3　某企业口服固体制剂车间平面布局

## 四、厂房设计及建造的管理内容

在新建药品生产厂房和旧厂房改造时，依据设计规范、用户需求，确保合规性、合理性和完善性，厂房总体建造设计的内容包括工艺布局、分区设计、建筑设计、设备布局、工艺管道、给水排水、电气设计、空气净化等，工艺设备及工艺管道的建造设计内容在项目五中详细介绍。

### （一）建筑

厂房建筑应设置技术夹层、技术夹道、技术竖井并密封隔断，隔墙应采用实体墙，包括洁净厂房饰面的板材、疏散通道玻璃，均符合耐火强度要求。变形缝不应穿越A/B/C级洁净室，D级不宜穿越。

物流通道应装防撞构件，A/B 级区域可用钢化玻璃固定的安全出口、安全疏散门，A/B 级洁净室面积小于 $100m^2$ 的，同一时间少于 5 人操作时，人员净化路线可用作安全疏散路线，连锁装置应解除。甲、乙类生产区应采用平开门，其他洁净室房门应向疏散方向开启。每层外墙应设置消防救援进入窗口。自然排烟窗宜采用手动和电动防排烟设施，电动启动应与火灾报警系统联动。

### （二）洁净厂房室内装修

洁净室内表面应平整、光滑、无裂缝、接口严密、易清洁、无颗粒物脱落，耐清洗和消毒，窗、顶棚、墙板、楼面的构造缝隙及施工缝隙应采取密封措施。

墙面与地面的交界处应成弧形，踢脚不应突出墙面。楼面、地面应设防潮层，基层宜用布钢筋网混凝土。

洁净室和人员净化室不宜设外窗，如靠外窗，则用中空玻璃固定窗。无菌生产洁净室观察窗宜平内墙面且采用双层玻璃，不宜设窗台。

洁净室门的门扇及夹芯体应采用不易燃体，无窗洁净室门应设双层玻璃视窗。应设闭门器，洁净室门开向为低级向高级，同级向高压。门气密性应良好。洁净室不应设置门槛。

技术夹层的墙面、柱面和顶面应平整，当高效过滤器需在此更换时，宜采用涂料饰面，采用轻质顶棚宜设置技术夹层检修走道、建筑风道、回风地沟、内部装修与送回风系统洁净度相适应。

顶棚、墙面光反射系数宜为 0.6 ~0.8，地面光反射系数宜为 0.15 ~0.35。

### （三）电气

洁净厂房的电源进线应设置切断装置，宜设置在洁净区域外易操作管理地点供配。洁净厂房大功率设备宜由配电室直接供电，不宜设大型落地配电设备，配电线路宜按生产区域设置配电回路。洁净厂房通风系统的配电线路宜根据不同防火分区设置配电回路。

洁净室配电箱及插座箱应选择不积尘、易擦拭和外壳不锈蚀的小型加盖暗装配式。

净化空调系统用电负荷、照明负荷宜采用专线供电，包括消防用电设备的配电和消防应急照明符合 GB 50016 规定要求。在安全出口、疏散通道及转角处应设置疏散标志，消防救援窗处应设置红色应急照明灯。

洁净厂房宜采用高效荧光灯，特殊要求的可采用其他光源。选用外部造型简单、严封良好、表面易于清洁消毒的照明灯具。可采用吸顶明装或嵌入顶棚安装，灯具与顶棚之间应严封可靠，严封材料应能耐受洁净室的日常清洁和消毒。

房间设置紫外线消毒灯的，控制开关应设在房外。主要工作室一般照明的照度均匀度≥0.7。

易爆洁净室照明灯具选用和安装还应符合 GB 50058 规定要求。

洁净厂房技术夹层检修照明宜按需要设置。

医药洁净室内的电气管线宜敷设在技术夹层或技术夹道内，管材应采用非燃烧体，连接至设备的电管线和接地线宜暗敷。电气线路保护管明敷应采用不锈钢或其他不污染环境的材料，接地线应采用不锈钢材料。电气管线管口、电器设备与墙体接缝处均应严封。

图 4－4　洁净电话机

可设置闭路电视监视系统。洁净厂房内应设置与厂房内外联系的通信装置，洁净电话机应选用不积尘、易擦拭、易消毒灭菌的样式，见图 4－4。

医药工业洁净厂房的生产区（包括技术夹层）等应设置火灾探测器，生产区及走廊应设手动火灾报警按钮和火灾声光报警器，洁净厂房应设置消防应急广播。

医药工业洁净厂房应设置消防控制室，消防控制室不应设置在医药洁净室内，消防控制室应设置消防专用电话总机。

消防控制设备连接、控制及显示功能应符合 GB 50016 要求。洁净室内火灾报警联动控制消防设备，应采用两个独立报警触发装置报警信号的“与”逻辑组合实施联动触发。

医药工业洁净厂房中可燃、助燃气体和可燃液体的储存场所、使用场所、管道入口室及管道阀门等易泄漏的地方，应设置可燃气体探测器；有毒气体的储存和使用场所应设置气体检测器；报警信号应联动启动或手动启动相应的事故排风机，并应将报警信号送至控制室。

洁净室面层应具有导电性能并且性能稳定，地面的表层应采用静电耗散性的材料，其表面电阻率应为 $1.1\times10^{5}\Omega\cdot cm\sim1.1\times10^{12}\Omega\cdot cm$ 或体积电阻率为 $1.0\times10^{4}\Omega\cdot cm\sim10\times10^{11}\Omega\cdot cm$；地面应采取导电泄放措施和接地构造，其对地泄放电阻值应为 $1.0\times10^{5}\Omega\cdot cm\sim1.0\times10^{9}\Omega\cdot cm$。

医药洁净室的净化空气调节系统宜采取防静电接地措施。静电危害的设备、流动液体、气体或粉体管道应采取防静电接地措施。医药工业洁净厂房内不同功能的接地系统的设计应符合等电位联结的规定，宜采用综合接地方式。

应有防雷接地系统。

### （四）给排水

给水排水干管应敷设在技术夹层、技术夹道、技术竖井内，或地下埋设。

洁净室内应少敷设管道，无关管道不宜穿越，引入室内的支管宜暗敷。

洁净室内管道结露外表层应光滑、易于清洗。

穿越洁净室顶棚、墙板、楼板水管应设置套管，管道与套管之间应严封，无法设置套管的应严封。

应根据水质、水温、水压和水量的用水要求确定直流、循环或重复利用的给水系统。

生活给水管可采用塑料、塑料金属复合管、铜管、不锈钢管及防腐处理钢管，循环冷却水管道宜采用钢管；管件材质与管道相适应。

洁净室排水水封高度≥50mm，排水设备以及与重力回水管道相连的设备排出口设置洁净室排水水封。

洁净室的排水系统应设置透气装置，工艺设备的排水口应设置空气阻断装置。

排水立管不应穿过 A 级、B 级洁净室，穿越其他洁净室时，不应设置检查口。A/B 级室内不应设地漏，C/D 级室内宜少设地漏，内表面光洁、易于清洗、有密封措施，并耐消毒灭菌。洁净室内不宜设置排水沟。应采用不积存污物易清扫的卫生器具、管材、管架及其附件。应选用建筑排水塑料管及管件或不锈钢管及管件或柔性接口机制排水铸铁管及管件。排水管水温≥40℃时，应选金属或耐热塑料排水管。

消火栓宜设置在非洁净区域或空气洁净度级别低的区域。设置在医药洁净区域的消火栓应嵌入安装。消火栓的栓口直径应为 65mm，配备的水带长度≤25m，水枪喷嘴口径≥19mm。

A/B 级洁净室不宜设自动喷水灭火系统喷头，C/D 级洁净室设置宜用湿式自动喷水系统。

洁净室设备层、可通行技术夹层和夹道应设消火栓和灭火器。

灭火器配置要求洁净厂房灭火器配置应符合 GB 50140 要求，不应采用卤代烷及导人窒息的灭火剂，自动喷水灭火系统宜采用预作用式。消防给水管材质应采用热浸锌镀锌钢管等金属管材及相应的管件，自动喷水灭火统管件材料应采用内外热镀锌钢管，也可采用铜管、不锈钢管和相应管件。

医药工业洁净厂房周围宜设置洒水设施。

### （五）洁净厂房的空气净化

#### 1. 空气洁净度的级别

世界卫生组织、欧洲、美国、中国洁净区颗粒分级以及中国药品生产企业的洁净厂房空气洁净度要求，见表4－1、表4－2、表4－3。

表4－1 不同地区国家洁净区空气颗粒分级表

| 地区国家 | WHO GMP | 粒子浓度划分 ISO 等级※ | EEC GMP | USA 惯用 | 中国 GMP |
|---|---|---|---|---|---|
| 级别 | A | 5 级 | A | 100 级 | A |
| | B | 6 级 | B | 100 级 | B |
| | C | 7 级 | C | 1 万级 | C |
| | D | 8 级 | D | 10 万级 | D |

注：※ISO 14644—1:2015 根据粒子浓度划分空气洁净度的 ISO 等级。

表4－2 药品生产厂房洁净室（区）空气洁净度级别表

| 洁净度级别 | 尘粒 | | | | 微生物 | | | |
|---|---|---|---|---|---|---|---|---|
| | 悬浮粒子最大允许数/立方米 | | | | 浮游菌 cfu/m³ | 沉降菌 ϕ90mm cfu /4 小时 | 表面微生物 | |
| | 静态 | | 动态 | | | | 接触 ϕ55mm cfu/碟 | 5 指手套 cfu/手套 |
| | ≥0.5μm | ≥5.0μm | ≥0.5μm | ≥5.0μm | | | | |
| A | 3520 | 20 | 3520 | 20 | <1 | <1 | <1 | <1 |
| B | 3520 | 29 | 352000 | 2900 | 10 | 5 | 5 | 5 |
| C | 352000 | 2900 | 3520000 | 29000 | 100 | 50 | 25 | — |
| D | 3520000 | 29000 | 不作规定 | 不作规定 | 200 | 100 | 50 | — |

表4－3 药品生产洁净室空气洁净度级别要求

| 产品 | 灭菌 | 生产工序、设施、设备、制药用水及洁净要求 | 洁净度 |
|---|---|---|---|
| 无菌药品 | 非最终 | 1. 未完全严封状态下注射粉末操作和转运、分装、压塞、轧盖等<br>2. 冻干注射药液操作和转运，灌装，冻干粉压塞、轧盖等<br>3. 小容量注射或非注射产品灌装或灌封、分装、压塞、轧盖等<br>4. 直接接触药品的包装材料的容器及器具灭菌后的装配以及未完全严封状态下的转运和存放<br>5. 非最终灭菌的注射剂或非注射无菌产品自身应装有 A 级空气风淋装置的吹灌封设备<br>6. 无菌原料药的粉碎、过筛、混合、分装<br>7. 无菌生物药品中非最终灭菌产品规定的各工序<br>8. 灌装前无法除菌过滤的冻干注射药液或产品配制，灌装前不经除菌过滤的制品其配制、合并 | A 级<br>B 级背景 |
| | 非最终 | 1. 注射粉末、冻干注射药液、小容量注射剂或非注射产品轧盖前完全严封转运<br>2. 直接接触药品的包装材料、器具灭菌后处于密闭容器的转运和存放 | B 级 |
| | 最终 | 无菌配制和灌装等高风险操作 A 级洁净区所处的背景区域 | |
| | 卫生要求 | 1. 人员应用头罩将所有头发以及胡须等相关部位全部遮盖，头罩应塞进衣领内，应戴口罩以防散发飞沫，必要时戴防护目镜，应戴经灭菌且无颗粒物散发的橡胶或塑料手套，穿经灭菌或消毒的脚套，裤腿应塞进脚套内，袖口应塞进手套内，工作服应为灭菌的连体防护服，不脱落纤维和微粒并能滞留身体散发的微粒<br>2. 除传送带本身能连续灭菌外，如隧道式灭菌设备，传送带不得在 A/B 级洁净区与低级别洁净区之间穿越<br>3. 无菌药品生产的 A/B 级洁净区内禁止设置水池和地漏，A/B 级洁净区应当使用无菌的或经无菌处理的消毒剂和清洁剂<br>4. 无菌原料药精制、无菌药品配制、直接接触药品的包装材料和器具等最终清洗、A/B 级洁净区内消毒剂和清洁剂配制的用水应当符合注射用水的质量标准 | |

续表

| 产品 | 灭菌 | 生产工序、设施、设备、制药用水及洁净要求 | 洁净度 |
|---|---|---|---|
| 无菌药品 | 最终 | 大容量注射剂药品的灌装或灌封 | A 级<br>C 级背景 |
| | 非最终 | 1. 灌装前可除菌过滤的药液或产品的配制<br>2. 产品过滤<br>3. 体外免疫诊断试剂的阳性血清的分装、抗原与抗体的分装 | C 级 |
| | 最终 | 1. 小容量注射剂产品灌装或灌封<br>2. 注射剂产品的配制和过滤<br>3. 小容量、大容量注射剂吹灌封设备自身应装有 A 级空气风淋装置<br>4. 眼用制剂、无菌软膏剂、无菌混悬剂等的配制、灌装或灌封<br>5. 直接接触药品的包装材料和器具最终清洗后处理 | |
| | 卫生要求 | 1. 应将头发、胡须等相关部位遮盖，戴口罩，穿手腕处可收紧的连体服或衣裤分开的工作服，穿适当的鞋子或鞋套<br>2. 防护服应当不脱落纤维或微粒 | |
| | 非最终 | 1. 直接接触药品的包装材料、器具的最终清洗、装配或包装、灭菌<br>2. 原料血浆的合并、组分分离、分装前的巴氏消毒，原料血浆破袋、合并、分离、提取、分装前的巴氏灭活等工序<br>3. 酶联免疫吸附试剂等体外免疫试剂的配液、分装、干燥、内包装<br>4. 中药注射剂浓配前的精制工序<br>5. 无菌生产的隔离操作器所处的环境 | D 级 |
| | 最终 | 1. 非注射产品轧盖，非注射产品灌装前物料的准备<br>2. 非注射产品配制采用浓配或采用密闭系统的配制和过滤<br>3. 用于非注射产品的吹灌封设备，直接接触药品的包装材料和器具的最终清洗 | |
| 非无菌药品 | 非最终 | 1. 非无菌原料药精制、干燥、粉碎、包装等生产操作的暴露环境<br>2. 口服制剂、腔道用药、直肠用药、表皮外用药等制剂生产的暴露工序区域及其直接接触药品的包装材料最终处理的暴露工序区域<br>3. 口服制剂发酵培养密闭系统环境，暴露部分需无菌操作<br>4. 除非创伤面外用中药制剂以外，其他中药制剂浸膏的配料、粉碎、过筛、混合等操作；中药提取、浓缩、收膏采用敞口方式生产 | |
| | 最终 | 1. 非注射产品轧盖，非注射产品灌装前物料的准备<br>2. 非注射产品配制采用浓配或采用密闭系统的配制和过滤<br>3. 用于非注射产品的吹灌封设备，直接接触药品的包装材料和器具的最终清洗 | |
| | 卫生要求 | 1. 应将头发、胡须等相关部位遮盖，应穿合适的工作服和鞋子或鞋套<br>2. 应当采取适当措施，以避免带入洁净区外的污染物 | |

在上述案例中，应按表 4－3 中的 D 级药品生产洁净室空气洁净度级别要求，中药生产企业的前处理工序是否要建洁净厂房需根据其设备是否封闭以及产品是否用于非创伤面而定。

### 2. 空气过滤器净化的原理

空气除尘的净化方式主要包括以下三种。

（1）干式纤维过滤除尘　通过滤料孔隙阻隔大于滤材孔隙的尘粒，使空气净化，药品生产多采用此类过滤器。

（2）静电吸附除尘　使含尘空气流经电场，致使尘粒带电，被阴极吸住除去而净化。

（3）黏性滤料黏附除尘　含尘空气通过滤料空隙的曲折通道时，尘粒碰到黏性滤料被黏住除去尘粒，而使空气净化。

### 3. 空气过滤器的类型

空气过滤器一般按其过滤效率分为初效、中效和高效。

（1）初效过滤器　设置于空气净化系统机组的初始段，主要用于过滤粒径 5μm 以上尘粒。初效过滤器有板式、折叠式、袋式等样式，外框材料可采用纸质框、铝合金框等，过滤材料有无纺布、活性炭过滤棉等，滤材支撑防护网可用不锈钢拉板网、冲孔板等，具有结构紧凑、通用性好的特点。板式滤芯和袋式滤芯结构见图 4-5、图 4-6。

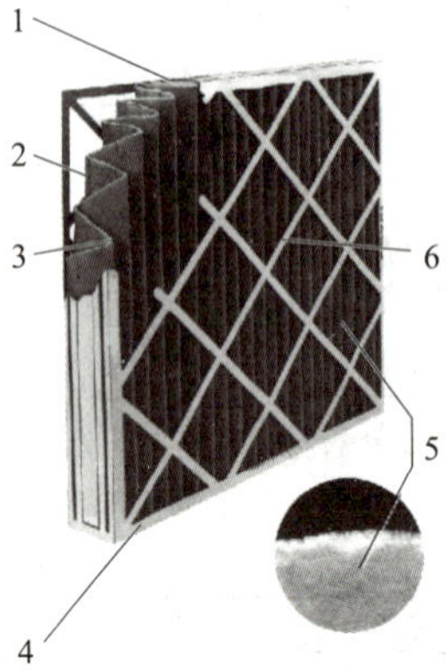


**图 4-5　初效、中效板式滤芯结构图**

1. 滤材与边框黏结；2. 钢丝护网；3. 折叠结构滤材；
4 铝合金边框；5. 无纺布滤料；6. 防水菱形网格支撑纸板

**图 4-6　初效、中效袋式滤芯**

（2）中效过滤器　设置于空气净化系统机组的中间段，位于高效过滤器的前端，主要用于空气经过初效过滤后进一步过滤，过滤粒径 1μm 以上尘粒，结构与初效过滤器相似。

（3）高效空气过滤器（HEPA）　设置于药品生产洁净室内的送风系统，主要用于捕集粒径 0.3μm 以上的尘粒。均为板式过滤器，分有隔板和无隔板两种。目前洁净厂房多采用液槽严封式高效空气过滤器，过滤器边框的一面应沿周长设一圈刀口，固定过滤器的框架上根据过滤器严封面尺寸设一圈沟槽。安装时，将刀口插入填充非牛顿流体材料的沟槽中进行严封。非牛顿流体严封材料如聚硅氧烷等，性能可保证在工作温度下不流淌，柔韧。经中效过滤的净化空气进入高效过滤器。高效过滤器见图 4-7。

a. 液槽密封顶送风口　　b. 顶送风口　　c. 液槽密封板式滤芯

**图 4-7　高效过滤器**

### 4. 空气过滤器的技术参数

目前，药品生产企业的洁净厂房多采用集中式净化空调系统。初效、中效过滤器与温湿度调节设备风机、冷却器、加热器、加湿器等组成空调系统，置于空调机房，利用管道将适合的空气送至洁净室并与高效过滤器连接而成。某企业洁净厂房空气净化空调系统见图 4-8。

空气过滤器的技术参数包括效率、阻力、滤材材质和用途。空气过滤器的捕尘粒径、风压阻力及适用范围见表 4-4。

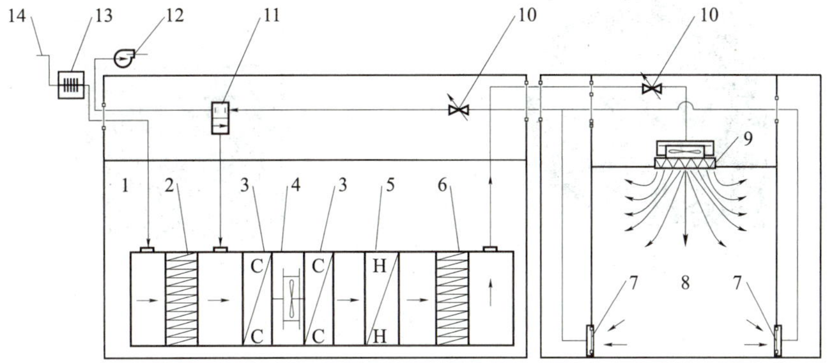


图 4-8　洁净厂房空气净化系统示意图

1. 空调机房；2. 初效过滤器；3. 表冷器；4. 送风机；5. 加热器；6. 中效过滤器；7. 回风口；
8. 洁净室；9. 湍流高效过滤器；10. 调节阀；11. 换气阀；12. 排风机；13. 防虫过滤器；14. 新空气入口

表 4-4　空气过滤器技术性能术参数

| 过滤器类别 | 捕尘粒径（μm） | 风压阻力（Pa） | 捕集效率（%） | 用　途 |
|---|---|---|---|---|
| 高效 | ≥0.3 | ≤500 | ≥99.9 | 洁净室终端 |
| 中效 | ≥1 | ≤300 | 60~95 | 高效过滤器前、循环空气前端 |
| 初效 | ≥5 | ≤200 | 70~80 | 外气处理、空调机前端 |

### 5. 洁净空气的气流形式

这里所谓气流形式就是指净化空气在药品生产洁净室内流动所形成的流动状态。

洁净空气气流按流动状态分单向流和非单向流，洁净室可根据用途选择气流形式。

（1）单向流洁净室　指空气朝着同一个方向以稳定均匀速率流动的洁净室。单向流洁净室是利用送风气流推挤作用，将室内微粒从一端出风口推向相对的回风口排出。

垂直单向流洁净室　指吊顶出风口送出的净化空气向下将室内粒子推向地面，从地面或地脚回风口排出的洁净室。

B 级背景下的 A 级设施的外围，常可采用透明硬质隔断或 PVC 薄膜围挡，高度宜低于操作面。根据有关试验结果，为确保工作面高度的空气洁净度级别，围挡离地面高度不宜大于 0.5m。垂直单向流洁净室见图 4-9。

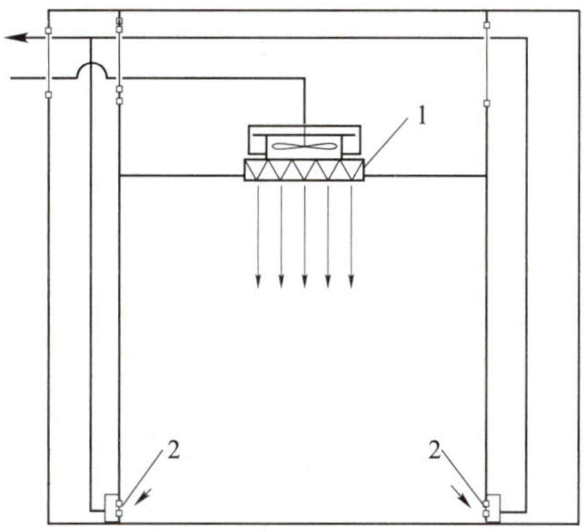


图 4-9　垂直单向流洁净室

1. 垂直单向流高效过滤器；2. 回风口

（2）非单向流洁净室　非单向流也称湍流、紊流或乱流，一种流向不同的气流分布形式，净化空气经吊顶湍流散流器送入室内，朝不同方向扩散，将微粒推向墙壁地脚回风口排出。

药品生产企业在设计洁净室时，应根据产品特性及其生产洁净度、压差需求，选择单向流或非单向流形式，以满足药品生产各工序之间的洁净区压差控制要求。洁净室空气压差计见图 4-10。

a. 指针式　　　　　　　　b. 斜管式

图 4－10　空气压差计

## 知识链接

### 风机过滤器机组

微课

英文全称为 fan filter unit（通常简称 FFU），是一种由风机、高效（或超高效）空气过滤器、箱体及控制单元等组成的，具有一定的模数尺寸和标准规格，采用标准龙骨安装的空气净化处理设备，见图 4－11。

该风机过滤机组适用于洁净区电梯，洁净区与非洁净区的敞口交汇区域，高浓度化学气体作业区、辅料等生产企业部分暴露作业区等。加 PVC 胶帘等围挡可建立局部无温度调控的洁净区。

图 4－11　风机过滤器机组

机箱材料为不锈钢板、铝合金板等，载人型机箱适当加厚；过滤器为无隔板式。

主要技术参数主要包括机组外形尺寸，箱体以及过滤器的长、宽、高，高效过滤器的型号、效率、初阻力，风量、功率、电压、频率及机组重量等。

## 即学即练

答案解析

综合分析选择题

[1～2]

某中成药生产企业采用封闭和敞口的设备进行中药提取、浓缩和收膏，并对干浸膏和直接入药的药材和饮片进行粉碎、筛分等操作，这些均在非洁净厂房内操作。在委托某工程公司改造设计时，该厂房需被改为洁净厂房，企业不愿增加投资但又感到困惑。

1. 中药注射剂浓配前的精制工序的洁净度至少应为（　　）。
   A. B 级背景下的 A 级　　B. C 级背景下的 A 级
   C. C 级　　D. D 级
2. 口服中成药的浸膏的配料、粉碎、过筛、混合等操作工序的洁净度为（　　）。
   A. B 级背景下的 A 级　　B. C 级背景下的 A 级
   C. C 级　　D. D 级

# 任务三　设施的管理

## 一、仓储设施的管理

### （一）仓库布置

仓库按储存条件和管理要求分为普通库、常温库、阴凉库、冷库、冷冻库、危险品库、特殊管理物料与产品库和其他库等。

### （二）仓库管理的基本要求

仓库应设置待验区、备料发料区，应设器具室和清洁室，分别放置器具和清洁工具。

仓库至少应有人流通道和物流通道，并设有更衣室、盥洗室、沐浴等设施。仓库与洁净厂房之间应有缓冲间。

仓库应装备完善消防防火设施，必须装备火灾报警装置以及二氧化碳、干粉灭火器。货位上应悬挂二氧化碳、干粉灭火器自动灭火器，尽可能不配备泡沫灭火器。仓库外须设置消防栓，配备消防带。

仓储区应有适当的照明和通风设施，能保持干燥、清洁、整齐。仓储区对温度、湿度及特殊要求的物料应有有效的控制措施。

物料都应堆放在地台板上，宜采用金属或塑料地台板，其高度至少10cm。其结构应考虑便于清洁和冲洗。产品或物料堆垛应留有一定距离，垛与垛的间距不应小于5cm，与库房内墙、顶、温度调控设备及管道等设施间距不应小于30cm。

仓库中的设备主要是高位叉车、手叉车、清洗机、取样间的净化工作台、特殊要求的空调恒温恒湿机组、冷库的制冷机组、计算机系统等。

仓储设施之一原料仓库平面布局见图4－12。

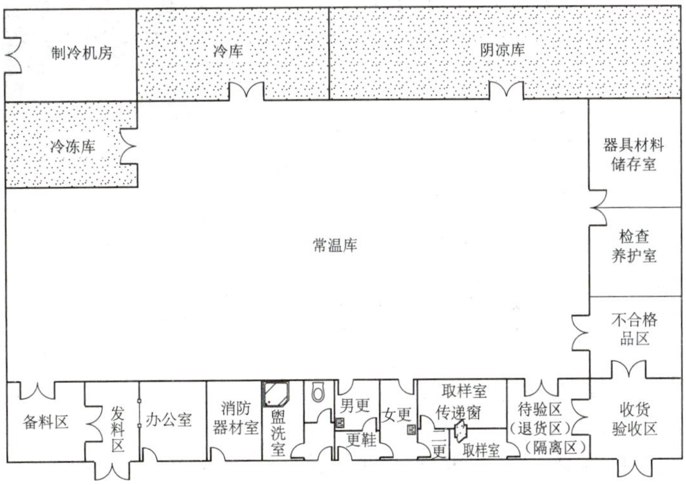


图4－12　原料仓库平面布局

### （三）冷藏仓库的特殊要求

冷藏仓库应有温度自动监测、自动调控、自动记录及报警装置，温度自动监测布点应经过验证，符合药品冷藏要求。冷藏设施设备应配有备用发电机组或安装双路电路。

### （四）特殊管理的物料与产品仓库的特殊要求

特殊管理药品的生产企业的仓储设施应符合下列要求。

麻醉药品、第一类精神药品、第二类精神药品、医疗用毒性药品和药品类易制毒化学品，应设置专库，并不得与其他药品混放。麻醉药品、第一类精神药品专用仓库必须位于库区建筑群之内，不靠外墙，仓库采用无窗建筑形式，整体为钢筋混凝土结构，具有抗撞击能力和防火能力，入口采用钢制保险库门。

麻醉药品、第一类精神药品、医疗用毒性药品和药品类易制毒化学品，库房内外，均应设置视频监视系统和防入侵报警系统，防入侵报警系统应与公安机关报警系统联网。

放射性物品应设置专库或专柜储存。剧毒化学品和第一类监控化学品，应设置专库储存。剧毒化学品库房应设置防入侵报警系统。第一类监控化学品、放射性物品的库房，宜设置防入侵报警系统。

腐蚀性物品应按不同类别、性质、危险程度、灭火方法等分区分类储存，库房的建筑应符合国家的有关规定。高活性的物料应存放在单独的库房。

## 二、生产区域的称量室、暂存室的管理

在药品洁净生产区域内应设置与生产规模相适应的称量室、备料室、中间产品存放区域。

在洁净厂房内进行药品制剂生产都涉及称量操作，为避免称量造成粉尘和挥发性物质污染，须设立称量室。称量室均为负压，防止粉尘或挥发物外泄，或在生产洁净区内安装负压称量罩，称量罩分负压称量罩和专门用于活性炭的活性炭称量罩。负压称量罩见图 4－13。

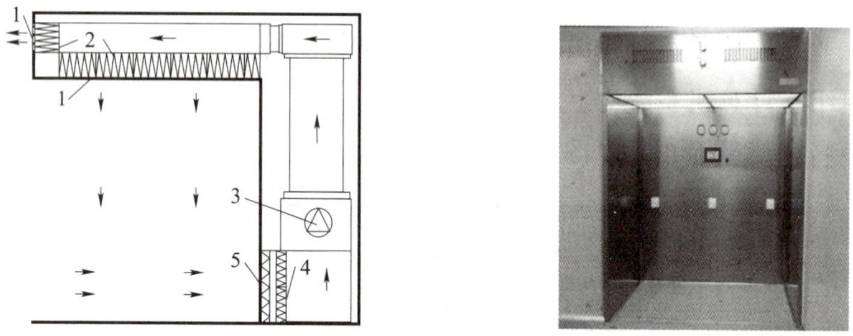


a. 结构　　b. 实物

图 4－13　洁净厂房负压称量罩结构图

1. 出风口；2. 高效过滤器；3. 风机；4. 中效过滤器；5. 初效过滤器

洁净厂房内根据工艺需求设置暂存室，其洁净度级别依据产品洁净度相适应，应按产品特性设计。

## 三、物料净化设施的管理

物料进入洁净区应设置前净化用室和设施，进入无菌生产洁净区的原辅料、包装材料和其他物品，还应在出入口设置供物料、物品灭菌用的灭菌室和灭菌设施。根据实际情况可采用物料清洁间、缓冲间、气锁间或传递窗。传递柜应密闭良好，并应易于清洁，两边的传递门应装有互锁防止同时被开启。传送至无菌生产洁净室的传递柜应有相应的净化设施。医药洁净室产生的废弃物应有传出通道，易产生污染的废弃物应设置单独的出口，具有活性或毒性的生物废弃物应灭活后传出。物料净化设施见

图 4－14。

## 四、质量控制设施的管理

质量控制实验室应根据需要设置各种理化检验、仪器分析、生物检定、微生物检验、中药标本、留样观察室以及其他实验室，实验室应与药品生产区分开。生物检定、微生物检验和放射性同位素检定要分室进行。

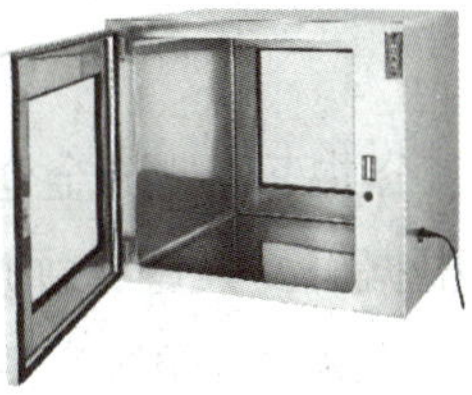

a. 传递窗

b. 货淋室

图 4－14　物料净化设施

阳性对照实验室与无菌检查室和非无菌限度检查室不应共用人流物流通道，各检查室人员更衣的二更应分开，避免出现交叉污染、假阳性结果和假阴性结果。活性的生物材料操作区应配备生物安全柜，形成负压空气环境，以避免有危害性的生物因子对实验人员和实验环境造成危害。微生物实验的各项工作应在专属的区域进行，以降低交叉污染、假阳性结果和假阴性结果出现的风险。根据 GB 19489—2008《实验室生物安全通用要求》，BSL－1 级、BSL－2 级生物实验室无须设置双扉高压灭菌器或其他形式的灭菌器，但其所在的建筑内应配备高压蒸汽灭菌器或其他适当的消毒灭菌设备。

质量控制实验室的空调系统应与生产区分开，无菌检查室、微生物检查室洁净度符合检验要求，无菌检查室的空调系统就要采用单独的回风，合用空调时，可回风不直排。

无菌检查室、微生物限度检查室、抗生毒微生物检定室空调可采用单独的回风，若合用空调，需直排，不应回风，当各自单独设置空调系统时可各自单独回风；若合用空气调节系统时，微生物限度检查室、抗生素微生物检定室需直排，不应回风。

阳性对照室不宜利用回风。

符合要求的无菌检查室、微生物限度检查室、阳性对照室见图 4－15。

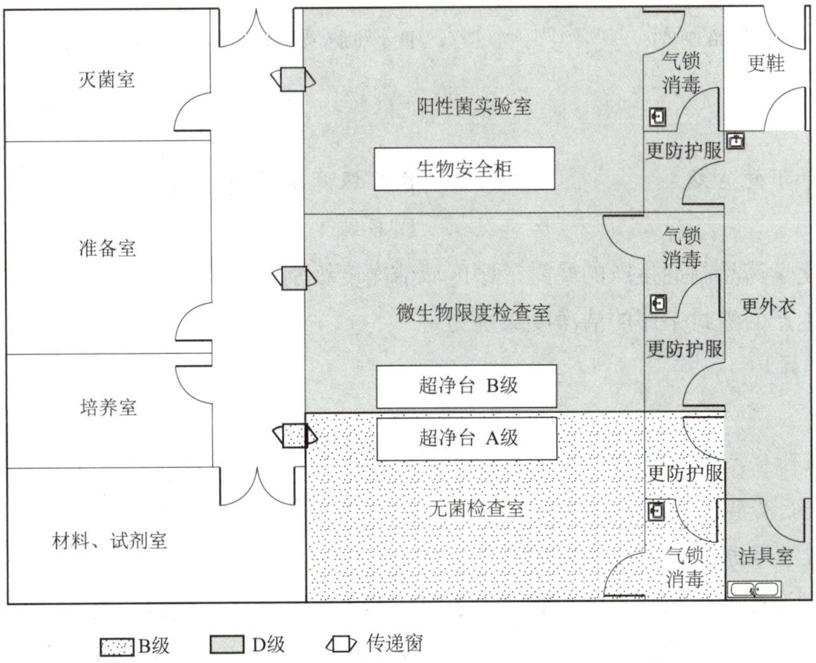


图 4－15　微生物检验室布局

## 五、辅助设施的管理

辅助设施包括机修、动力、公共工程、五金仓库、锅炉房、空压站、变电站、配电间、冷冻站、盥洗室、休息室等。辅助设施可根据需要设置，须设在洁净区外，不可直接与洁净区和质量控制区及仓储区相通，不得对洁净区产生不良影响。

进入洁净区的人员必须有相应的净化用室和设施，其要求应与生产区洁净级别相适应。

人员净化用室包括换鞋室、存外衣室、盥洗室、更换洁净工作服室、气锁间或风淋室。

人员净化设施要按照相应的净化程序设计、设置。人员净化程序分为非无菌产品生产区人员净化程序和无菌产品生产区人员净化程序两种。人员风淋室见图 4－16。

图 4－16　人员风淋室

答案解析

# 目标检测

### 一、最佳选择题

1. 洁净区是指需要对环境中进行控制的房间或区域，控制的对象范围是（　　）。

A. 人员数量　　B. 微生物数量
C. 产品数量　　D. 设备数

2. 无须采用专用和独立的厂房，但必须使用专用设施（如独立的空气净化系统）和设备的为（　　）。

A. 青霉素类药品制剂　　B. β－内酰胺结构类药品制剂
C. 高活性化学药品制剂　　D. 细胞毒性类化学药品制剂

### 二、配伍选择题

[1～2]

A. B 级背景下的 A 级　　B. C 级背景下的 A 级
C. C 级　　D. D 级

1. 表皮外用化学药品制剂生产的暴露工序区域洁净度级别为（　　）。
2. 直肠用药生产的灌封工序的洁净度级别为（　　）。

### 三、综合分析选择题

[1～2]

**实例**　某中成药生产企业采用封闭和敞口的设备进行中药提取、浓缩和收膏，并对干浸膏和直接入药的药材和饮片进行粉碎、筛分等操作，这些均在非洁净厂房内操作。在委托某工程公司改造设计时，该厂房需被改为洁净厂房，企业不愿增加投资但又感到困惑。

1. 中药注射剂浓配前的精制工序与非洁净区的压差至少应为（　　）。

A. 5Pa　　B. 10Pa　　C. 20Pa　　D. 50Pa

2. 中药注射剂不同级别洁净区之间的压差应当不低于（　　）。

A. 5Pa　　B. 10Pa　　C. 20Pa　　D. 50Pa

## 四、多项选择题

1. 药品生产企业的仓库按储存条件和管理要求划分，仓库包括（　　）。

A. 普通库　　B. 阴凉库　　C. 冷库　　D. 危险品库

2. 中药浸膏生产须在洁净度 D 级洁净区内完成的工序包括（　　）。

A. 中药浸膏采用敞口提取的

B. 中药浸膏采用敞口浓缩、收膏的

C. 中药浸膏采用封闭系统提取、浓缩、收膏的

D. 用于非创伤面外用中药制剂用的浸膏采用敞口提取、浓缩、收膏的

## 五、判断正误题

1. 冷库的要求为温度 2～10℃，相对湿度 35%～75%。（　　）

2. 口服直接入药的饮片经粉碎、过筛、内包装后的生产操作，须在 D 级洁净区内完成。（　　）

书网融合……

知识回顾　　微课　　习题

（陈　刚）

# 项目五 设备管理

PPT

## 学习引导

设备是物料转化成产品的载体，是GMP的硬件要素之一。随着时代发展和科技进步，制药企业逐步采用自动化、智能化生产模式。建立规范的设备管理体系，确保所有生产相关设备处于有效控制之中。那么变送器是做什么用的？蓝点法如何检测奥氏体不锈钢表面钝化质量？如何用泡点法检测过滤器的滤芯无效严封和破损？

本项目主要学习药品生产设备的选型、设计、安装、使用、清洁、维护等方面的管理内容，专门介绍含计算机化系统的自动化及控制系统的智能化设备和制药用水设备系统的管理内容。

## 学习目标

1. **掌握** GMP带“★”的条款要点；术语释义；设备管理的范围、原则；设备培训、使用、清洁、维护的内容；计算机化系统的基础架构、主程序软件组件；制药用水及其制法种类。

2. **熟悉** GMP带“▲”的条款要点；校准流程；计算机化系统设计要求、数据迁移的管理内容。

3. **了解** 计算机化系统测试与验证；数据迁移管理；制药用水质量指标。

## GMP

## 第五章 设 备

### 第一节 原 则

**第七十一条** 设备的设计、选型、安装、改造和维护必须符合预定用途，应当尽可能降低产生污染、交叉污染、混淆和差错的风险，便于操作、清洁、维护，以及必要时进行的消毒或灭菌。

**▲第七十二条** 应当建立设备使用、清洁、维护和维修的操作规程，并保存相应的操作记录。

**▲第七十三条** 应当建立并保存设备采购、安装、确认的文件和记录。

### 第二节 设计和安装

**★第七十四条** 生产设备不得对药品质量产生任何不利影响。与药品直接接触的生产设备表面应当平整、光洁、易清洗或消毒、耐腐蚀，不得与药品发生化学反应、吸附药品或向药品中释放物质。

**★第七十五条** 应当配备有适当量程和精度的衡器、量具、仪器和仪表。

**第七十六条** 应当选择适当的清洗、清洁设备，并防止这类设备成为污染源。

★**第七十七条** 设备所用的润滑剂、冷却剂等不得对药品或容器造成污染，应当尽可能使用食用级或级别相当的润滑剂。

▲**第七十八条** 生产用模具的采购、验收、保管、维护、发放及报废应当制定相应操作规程，设专人专柜保管，并有相应记录。

## 第三节 维护和维修

**第七十九条** 设备的维护和维修不得影响产品质量。

**第八十条** 应当制定设备的预防性维护计划和操作规程，设备的维护和维修应当有相应的记录。

★**第八十一条** 经改造或重大维修的设备应当进行再确认，符合要求后方可用于生产。

## 第四节 使用和清洁

**第八十二条** 主要生产和检验设备都应当有明确的操作规程。

★**第八十三条** 生产设备应当在确认的参数范围内使用。

▲**第八十四条** 应当按照详细规定的操作规程清洁生产设备。

生产设备清洁的操作规程应当规定具体而完整的清洁方法、清洁用设备或工具、清洁剂的名称和配制方法、去除前一批次标识的方法、保护已清洁设备在使用前免受污染的方法、已清洁设备最长的保存时限、使用前检查设备清洁状况的方法，使操作者能以可重现的、有效的方式对各类设备进行清洁。

如需拆装设备，还应当规定设备拆装的顺序和方法；如需对设备消毒或灭菌，还应当规定消毒或灭菌的具体方法、消毒剂的名称和配制方法。必要时，还应当规定设备生产结束至清洁前所允许的最长间隔时限。

★**第八十五条** 已清洁的生产设备应当在清洁、干燥的条件下存放。

▲**第八十六条** 用于药品生产或检验的设备和仪器，应当有使用日志，记录内容包括使用、清洁、维护和维修情况以及日期、时间、所生产及检验的药品名称、规格和批号等。

★**第八十七条** 生产设备应当有明显的状态标识，标明设备编号和内容物（如名称、规格、批号）；没有内容物的应当标明清洁状态。

**第八十八条** 不合格的设备如有可能应当搬出生产和质量控制区，未搬出前，应当有醒目的状态标识。

★**第八十九条** 主要固定管道应当标明内容物名称和流向。

## 第五节 校 准

**第九十条** 应当按照操作规程和校准计划定期对生产和检验用衡器、量具、仪表、记录和控制设备以及仪器进行校准和检查，并保存相关记录。校准的量程范围应当涵盖实际生产和检验的使用范围。

★**第九十一条** 应当确保生产和检验使用的关键衡器、量具、仪表、记录和控制设备以及仪器经过校准，所得出的数据准确、可靠。

**第九十二条** 应当使用计量标准器具进行校准，且所用计量标准器具应当符合国家有关规定。校准记录应当标明所用计量标准器具的名称、编号、校准有效期和计量合格证明编号，确保记录的可追溯性。

**★第九十三条** 衡器、量具、仪表、用于记录和控制的设备以及仪器应当有明显的标识，标明其校准有效期。

**第九十四条** 不得使用未经校准、超过校准有效期、失准的衡器、量具、仪表以及用于记录和控制的设备、仪器。

**第九十五条** 在生产、包装、仓储过程中使用自动或电子设备的，应当按照操作规程定期进行校准和检查，确保其操作功能正常。校准和检查应当有相应的记录。

## 第六节　制药用水

**★第九十六条** 制药用水应当适合其用途，并符合《中华人民共和国药典》的质量标准及相关要求。制药用水至少应当采用饮用水。

**第九十七条** 水处理设备及其输送系统的设计、安装、运行和维护应当确保制药用水达到设定的质量标准。水处理设备的运行不得超出其设计能力。

**★第九十八条** 纯化水、注射用水储罐和输送管道所用材料应当无毒、耐腐蚀；储罐的通气口应当安装不脱落纤维的疏水性除菌滤器；管道的设计和安装应当避免死角、盲管。

**★第九十九条** 纯化水、注射用水的制备、储存和分配应当能够防止微生物的滋生。纯化水可采用循环，注射用水可采用 70℃以上保温循环。

**第一百条** 应当对制药用水及原水的水质进行定期监测，并有相应的记录。

**第一百零一条** 应当按照操作规程对纯化水、注射用水管道进行清洗消毒，并有相关记录。发现制药用水微生物污染达到警戒限度、纠偏限度时应当按照操作规程处理。

# 任务一　认知设备管理

### 实例分析

**实例** 2006 年 6 月开始，一些患者使用安徽华源生物药业有限公司生产的“欣弗”（克林霉素磷酸酯葡萄糖注射液）后，5 个批次产品在 16 个省共发生严重不良反应 93 例，造成 11 人死亡。

经查，企业违反规定，未按药监部门批准的工艺生产“欣弗”。即更换灭菌设备后，将批准的 105℃灭菌温度降至最低为 100℃，30 分钟的灭菌时间缩短至 1～4 分钟，增加了灭菌装载量，抽检的数批产品中出现“热原”和“无菌检查”项目不合格。

**问题** 企业更新设备本属好事，何以发生灾难？

答案解析

## 一、设备管理概述

随着科技进步、监管要求提高，制药企业逐步采用自动化、智能化设备大规模生产模式，建立有效、规范的设备管理体系，确保设备在生命周期内均处于有效控制之中。

设备的选型设计、购入或加工、安装、调试、运行及性能确认的管理内容详见模块三项目七任务三项下内容。设备的管理内容见图 5－1。

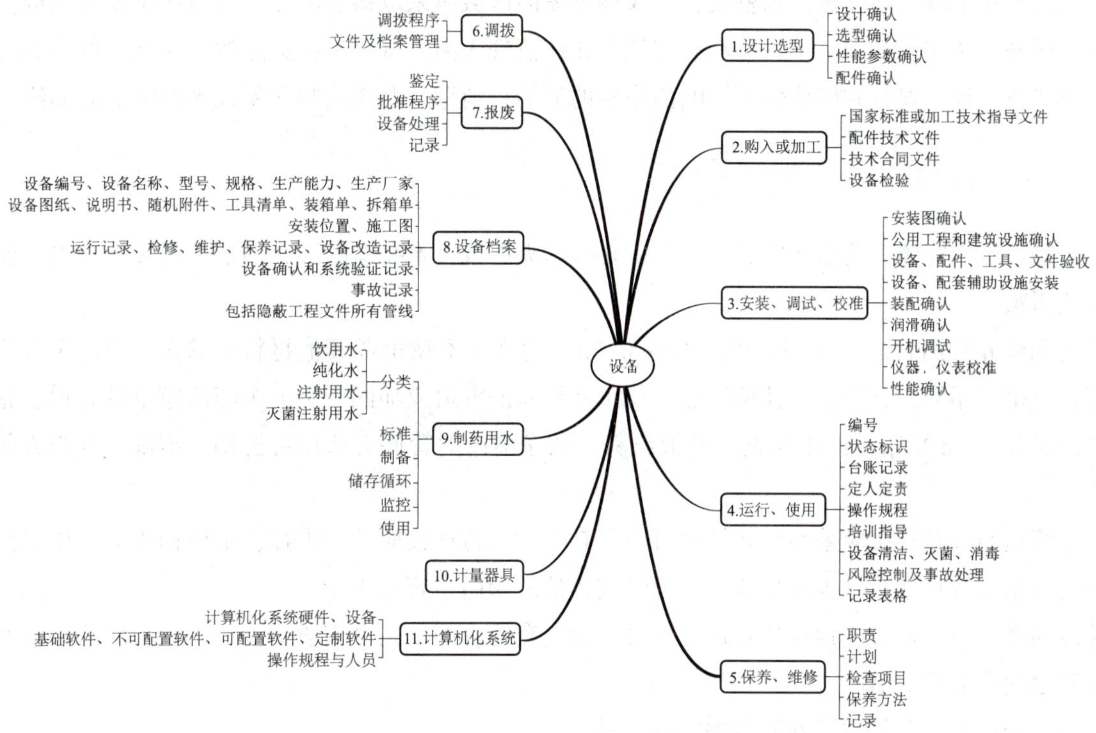


**图 5－1　设备的管理内容**

## 二、设备管理的组织

**1. 管理组织及职责**　药品生产企业须建立设备管理组织，设备使用部门配备专职设备管理人员，负责设备的基础管理工作，建立完整的设备档案。

**2. 管理档案**　所有设备、仪器、仪表必须有档案，应有固定资产设备账、卡、册等记录。

## 三、设备管理的原则

制药设备是 GMP 的重要组成部分，与药品质量和生产工艺密切相关。在设备选型、安装、使用等管理上应遵循以下原则：保障安全原则；满足生产工艺原则；保障生产原则；方便操作和维护原则；有利于洁净原则。

# 任务二　设备的设计与安装管理

## 一、工艺设备

工艺设备的生产能力应与生产能力相适应，且应有防尘防微生物措施。成品包装机应具有超警戒限度、异物混入或性能故障的报警、纠偏、剔除、调整等性能要求。仪器、仪表应计量准确，精度符合要求，调节控制稳定。洁净室内的工艺设备保温应采用不锈钢保护层，表面应平整光滑、无颗粒物脱落，耐清洗和消毒。不同洁净区穿越安装设备应采用密封隔断，A/B 级洁净区的输送带不得穿越低级别洁净区。

工艺设备应采取主动隔振，精密设备、仪器仪表的区域应采取被动隔振。设备选用设计应符合 GMP 的要求。设备清洗应易拆卸，不易移动的应便于在线清洗灭菌。排风应设置过滤、防空气倒灌和防粉尘二次污染装置。设备安装时应确保不影响洁净室的清洁、消毒，避免物料积聚或无法清洁的部位。

## 二、工艺管道

工艺管道不宜穿越医药洁净室，主干管应在技术夹层或技术夹道暗敷，易燃、易爆、有毒、腐蚀性物料管须明敷。

输送无菌介质的管道应采用粗糙度 Ra < 0.6μm 的优质不锈钢或其他材料。输送管道的干管不宜采用软管，不得使用铸铁、陶瓷、玻璃管道，使用塑性差的管道应加固。引入医药洁净室的管道、管件应采用内外抛光 Ra < 0.6μm 的不锈钢或其他材料。洁净室内的管件宜选用可拆卸、清洗、维修方便的结构形式。

工艺管道与设备连接应采用金属管材或金属软管，管道连接应采用焊接，不锈钢管应采用对接氩弧焊，阀门应采用焊接连接，也可用法兰、螺纹或其他的阀门与管道连接。

穿越洁净室墙、楼板、顶棚的管道应敷设套管，套管内的工艺管道段不应有焊缝、螺纹和法兰，管道与套管之间应有严封措施。

管道支架应采用不易锈蚀和脱落颗粒物的材料。

工艺管道外壁冷保温温度不得低于环境露点温度，绝热保温的保护层表面应采用不锈钢等平整光滑无颗粒物脱落的材料。

与物料接触的工业气体应在靠近使用点处净化。易燃、易爆、有毒、腐蚀性物料应控制流速。

# 任务三　设备的使用与维护管理

设备的使用与维护管理均应制定相应的文件，符合 GMP 及工艺要求。生产、检验设备均应有使用、保养、维修记录，并由专人管理。

## 一、设备的使用管理

**1. 操作培训**　新上岗人员应经培训，熟悉设备的用途、调试、使用方法及注意事项，结构及工作原理，以及常规的清洁养护方法，经考核合格后，方可独立操作设备。熟练的操作人员应培训维护保养方法，以提高生产设备的使用技能。

**2. 规范操作**　应制定并完善设备操作规程，严格执行，做到每台设备都有专人负责，按规程操作，按时进行维护及保养，保持设备处于完好状态。

**3. 设备编号**　设备编号原则如下：

（1）设备编号基本体现所属的使用部门；

（2）用于同一剂型和规格的设备在编号中能体现统一性；

（3）设备编号能表现集群型设备特点。

**4. 状态标识**　设备应有状态标识，当设备状态改变时，须及时更换标识，以防发生使用错误，以标志牌材质不同颜色加文字标识表示设备的状态，通常有以下几种。

绿色，表示已清洗或运行中；黄色，表示待清洗、待修、修理中；红色表示停用。

**5. 使用记录** 设备使用记录包括设备运行记录，设备周检、点检记录，设备润滑、维修保养记录，设备故障分析记录，设备事故报告表等，应有记录并保存，应有专人检查。

## 二、设备的清洁管理

在药品生产中应注意工艺卫生，清洁生产，结束后应立即清洁。更换生产品种时，在安装、维修等工作后都要进行清洁。

设备清洁的内容包括清洗、消毒、灭菌、干燥等。

清洁方式通常可分为在线清洗就地清洁、移动清洁和混合清洁。

移动清洁又可分为整机移动清洁和拆卸式移动清洁。企业应根据生产实际和设备情况，选择合适的清洁方式。

为使清洁过程规范化，应制定完善的清洁规程，应规定明确的清洁负责人和实施人、清洁方法和清洁周期，清洁工具、使用的清洁剂与消毒剂，关键设备的清洗验证方法，清洗过程及清洗后检查，有关数据的记录，无菌设备的清洗及灭菌方式。

## 三、设备的保养与维修管理

设备在使用过程中会逐渐磨损、老化，产生故障，带来安全隐患，因此企业应制定设备保养、检修规程，包括维修保养职责，检查内容，保养方法、计划、记录等，定期检查、清洁、保养与维修设备。

# 任务四 计量管理

## 一、认知计量、仪器和仪表

**1. 测量** 以确定量值为目的的一组操作。

**2. 检定** 在规定条件下，检测计量器具标示值与给定的已知被测的量值是否相符的一组操作。

**3. 校准** 在规定条件下，通过检测建立计量器具标示值与给定的已知被测的量值结果之间关系，以确定其性能的一组操作。结果可用绘有标示值和测量值的校准图表示。

**4. 实体量具** 在使用过程中，以固定方式再现或给出某种或多种给定量的赋值的测量仪表。如标准砝码、千分尺等，可作为测量标准器。

**5. 测量仪器仪表** 单独或与其他辅助装置用于测量的装置。

**6. 智能仪表** 以微处理器或微型计算机等智能处理单元为核心，具有测量信号采集、处理、存储控制、组态、诊断和双向通信等功能的仪表。包括传感器、控制仪表和执行仪表。

智能仪表应具备的功能包括：自诊断功能；自保护功能；显示功能；密码保护功能；设定和调整功能；报警控制功能；掉电数据保存功能；历史记录和查询功能；断偶或功能断阻故障诊断功能；屏幕锁定功能；数据处理和控制功能；人机接口功能；通信功能。

**7. 传感器** 能感受被测量，并按照一定的规律转换成可用的输出信号的器件或装置，通常由敏感元件和转换元件组成。

敏感元件是指传感器中能直接感受或响应被测量的部分；转换元件是指传感器中能将敏感元件感受或响应的被测量结果转换成适于传输或测量的电信号部分。当输出为规定的标准（数字量或通信编码的数字）信号时，则称为变送器。

化工和制药工业使用的智能传感器主要包括温度传感器、压力压差传感器、流量传感器、物位传感器、在线分析仪表。以上还包含变送器。

**8. 控制仪表** 一种用于工业自动化设备或系统中的数字式操作的电子系统。这种系统用可编程的存储器作为面向用户指令的内部寄存器，完成规定的功能，如逻辑顺序、定时、计数、运算等，通过数字成模拟的输入/输出，控制各种类型的机械或过程（简称控制器或 PLC），也称智能调节器。如常规调节器、集散控制系统中的数字控制器等。

控制仪表应具备功能包括：接受功能，输出功能，过程监视功能，过程控制功能，控制输出功能，自诊断功能，保护功能。

**9. 执行仪表** 安装在自动化系统的受控设备中，接受控制仪表发出的控制信号，对被控设备实施控制作用，实现对被控变量的控制，也称执行器（以下简称执行器）。由执行机构和调节机构组成。

执行机构是将控制信号转换成相应的动作以控制阀内截流件的位置或其他调节机构的装置。信号或动力源可为电动、气动、液动的或此三者的任意组合。调节机构由执行机构驱动，直接改变操纵变量的机构。

执行机构应具备的功能包括：自诊断功能；组态功能；非测量信息管理功能；显示功能；断电保护功能；限幅保护功能；通信功能；行程特性修正功能；阀位变送功能；开关触点输出功能。

## 二、计量管理的内容

《中华人民共和国计量法》明确了要加强计量监督管理，保障国家计量单位制的统一和量值的准确可靠。

### （一）计量器具与仪器管理

计量器具与仪器管理的内容包括选配、验收、纳管、使用、周期校准、维修、报废。

**1. 选配** 根据测量和监视对象所需的计量特性要求选购适宜的测量仪器，要符合技术性、测量性和经济性三方面的要求。

**2. 验收** 仪器仪表购入后，按照采购要求和单据验收测量仪器，主要包括仪器名称、规格型号、量程、分辨率、外观等，必要时由使用部门先行安装、调试。

**3. 纳管** 就是将购入仪器仪表建立台账集中管理。台账内容包括名称、型号、量程、准确度、生产厂家、检定周期、使用有效期、检定或校准证书编号等。

**4. 使用** 严格按仪器、仪表操作规程使用。

**5. 计量器具与设备状态标签** 企业应明确定义计量仪表标签，目的是防止不合规的计量仪表继续使用。

### （二）计量器具与仪器的校准管理

校准是企业参照《检定规程》的要求或根据实际需要自行制定校准规程。在校准规程中，应规定校准程序、方法、校准周期、校准记录及标识等方面的要求。

校准是自下而上的量值溯源，检定是自上而下的量值传递，检定和校准是保证计量溯源性的两种形式。例如高效液相色谱仪的校准过程，参阅项目七“确认与验证的管理”第98页至107页的示例。

### （三）校准结果不合格的处理

对于校准结果认定不合格的仪器，先进行校准有效性评估，可采用复验确认校准过程正确、精准、有效，结果仍不合格即认定仪器不合格，对不合格的仪器采取修理、调整、限制使用、降级、报废处理。

# 任务五　工业自动化及控制系统的管理

国内一些企业已在药品生产管理和质量控制过程中建立智能化系统，将用户端由数据信息交换和通信的互联网延伸拓展到了任何设备与物品之间的信息交换和通信，即物联网，实现了生产调度、设备自动化控制、采集数据、电子记录、数据分析、智能警示、远程监控。电子记录存储所有操作的印迹和时间印戳，所有试图伪造、篡改、隐瞒和掩盖违规的行为将无处遁形，同时也消除和预防了人为失误和外界干扰所造成的偏差，确保药品生产管理和质量控制的合规性、一致性、真实性、完整性、审计可追踪性。

## 一、工业自动化及控制系统的术语

**1. 电子签名**　指电子数据中以电子形式所附带或包含的，用于识别签名人身份并表明签名人认可其中内容的数据。

**2. 电子记录**　也称电子数据或数据电文，是指以电子、光学、磁或者类似手段生成、发送、接收或者存储的信息。

**3. 计算机化系统**　按常见现场条件设计，可通过编程设定，由计算机、人机界面、在线监测仪表仪器、控制器和执行机构按设定的技术参数条件和时间自行或人工对现场设备进行实时检测、监视、操作和控制的系统，即自动化及控制系统或工业智能化系统。

**4. 数据审计跟踪**　一系列有关计算机操作系统、应用程序及用户操作等事件的记录，用以帮助从原始数据追踪到有关的记录、报告或事件，或从记录、报告、事件追溯到原始数据。

**5. 数据完整性**　指数据的准确性和可靠性，用于描述存储的数据均处于客观真实状态。

**6. 人机界面（HMI）**　在操作人员与设备之间提供直接对话，并能使操作人员监视和控制设备运行的设备部件。包括手动操作器件、指示器及屏幕。

**7. 云计算**　通过网络访问可扩展的、灵活的物理或虚拟资源池，并可按需自助获取与管理资源的模式。资源实例包括服务器、操作系统、网络、软件、应用与存储设备等。

**8. 物联网**　通过感知设备，按照约定协议连接物、人、系统和信息资源，实现对物理和虚拟世界的信息进行处理并做出反应的智能服务系统。物即物理实体。

## 二、工业自动化及控制系统的构成

**1. 基础架构**　计算机化系统基础架构包括：计算机化网络系统硬件、现场设备及其过程信号的输入输出通道即变送器等传感器、控制器（PLC）、执行器、HMI、基础设施软件、不可配置软件、可配置软件、定制应用软件、操作规程与人员等。某药品生产企业计算机化集散控制系统见图5－2。

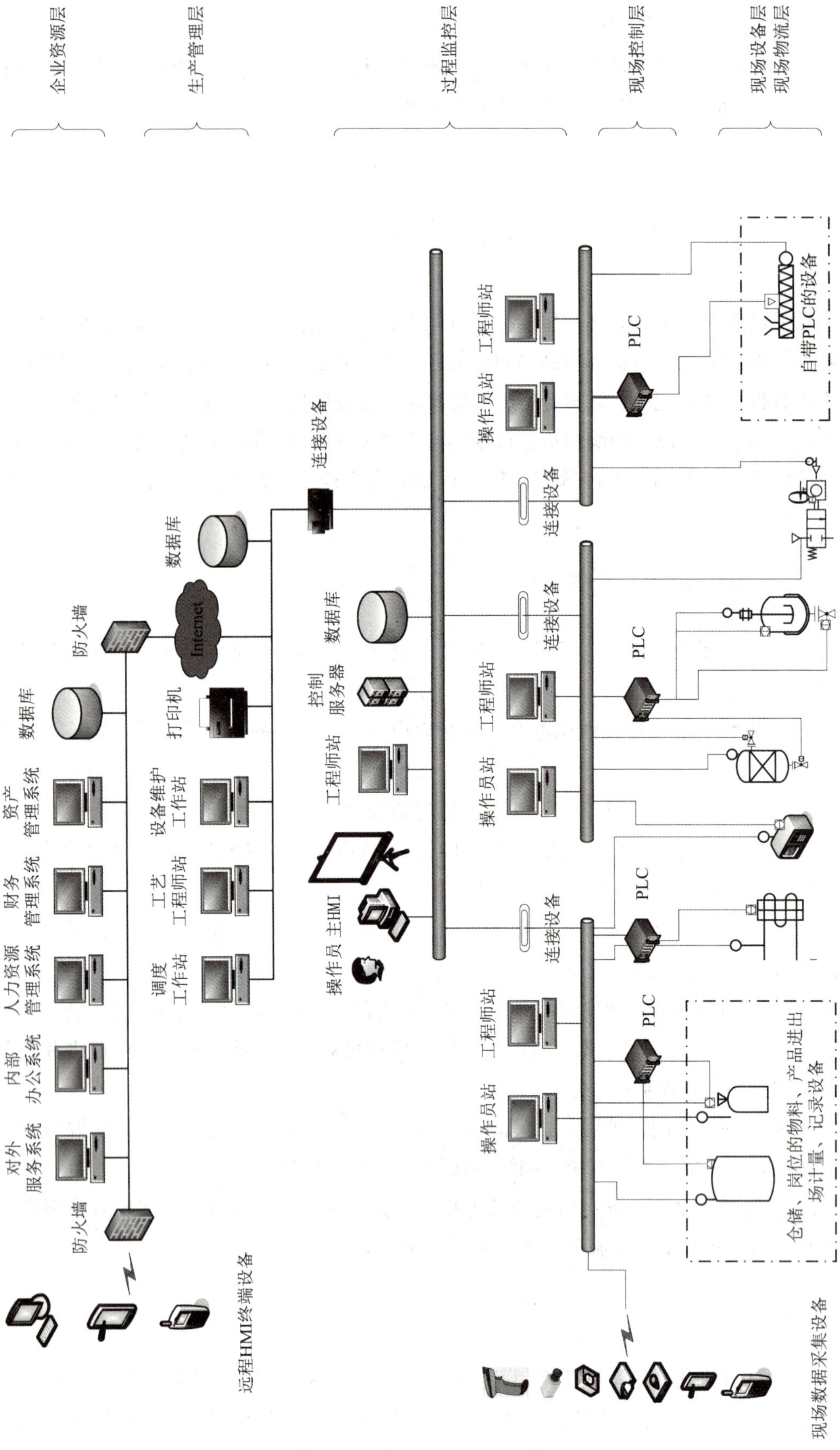


图 5-2 计算机化集散控制系统示意图

**2. 计算机化系统主程序软件组件** 计算机化系统软件组件包括以下内容：①系统界面；②访问控制；③安全防护控制；④电子记录和签名；⑤术语释义。

**3. 数据处理环境** 包括：支持系统的基础设施如服务器配置、存储配置；与用户的交互界面；与设备的交互界面；与其他系统的交互界面；与企业外界的交互界面；通过界面的数据流；安全防护特性例如防火墙。

## 三、工业自动化及控制系统的管理过程

### （一）设计要求

计算机化系统设计应满足自动化控制的系统特性要求，包括功能适应性、性能精确性、使用可信性、操作可靠性、安全保障性等。

### （二）软件设计

软件设计应明确系统数据、模块和术语。说明组成系统的模块，简要说明每一部分的目的，所有模块间的接口列成清单，还应提供所有和外部系统的接口。

### （三）安装确认

安装并标记电气图纸，如数据通信、报警系统连接、电缆槽和导管；电气柜的建造和安装，例如，具有适当的防水等级；软件版本和配置设置标识和备份；控制面板接线图；屏幕导航测试；硬接线报警和联锁测试；电力/公用设施断电和恢复测试；通信丢失和恢复测试；回路测试、校准或调试；数据完整性和审计跟踪测试。

### （四）计算机化系统测试和验证

**1. 测试和验证目的** 主要目的是通过测试和验证，以识别缺陷从而能在正式使用前纠正或移除，发现和预防可能影响患者安全、产品质量和数据完整性的偏差，确认系统符合预定用途达到要求并提供文档证据。

**2. 测试和验证要求** 测试和验证应明确以下要求：测试的角色及其责任；测试的原则；测试和验证实施的方式；包括供应商的评估及其软件产品在内的测试和验证报告；有自动化测试和验证；有符合要求的测试实验；有不同类别系统的典型测试过程。

**3. 测试和验证人员** 测试的角色包括用户、项目负责人、测试负责人、测试分析师、测试操作者、测试审查者、质量部门、供应商。

**4. 测试和验证方法** 两个基本的测试类型包括白盒测试和黑盒测试两种。白盒测试，也称基于代码的测试，或结构测试。测试实例是基于对源代码、详细的设计规范和其他开发文件的了解确定的。黑盒测试是基于规范的功能，因此也被称为功能测试。在其后的审查和检验中，测试结果需存档。

### （五）数据迁移

数据迁移是指把电子数据从一个系统传送到另一个系统，或是简单地把数据从一种状态转变成另一种状态。这是各种计算机化系统在生命周期中经常发生的一项活动。

完整的生命周期中应为数据迁移的各个方面提供指导，数据迁移应严格按操作规程进行，确保电子数据的完整性、一致性和真实性。即应有符合预定用途的软件工具；应有风险管理；应经验证具有源数据可靠性，具有目标系统中迁入数据可用性；应有审计追踪。

### （六）使用管理

计算机化系统使用管理包括移交、制定和管理支持性服务、运行、性能监控、突发事件管理、纠正和预防措施、操作变更与配置管理、修复活动、定期审查、备份与恢复、业务持续性管理、安全管理、系统管理、存档和检索获取。

**即学即练**

多项选择题

计算机化系统设计特性要求包括（　　）。

A. 功能适应性　　B. 性能精确性　　C. 操作可靠性　　D. 安全保障性

答案解析

# 任务六　制药用水系统的管理

## 一、认知制药用水

制药用水通常分为三类：饮用水、纯化水和注射用水。《中国药典》（2020 年版）二部中纯化水、注射用水与灭菌注射用水质量标准对比见表 5－1。

**表 5－1　纯化水、注射用水与灭菌注射用水主要质量标准对比**

| 对比项目 | 纯化水 | 注射用水 | 灭菌注射用水 |
| --- | --- | --- | --- |
| 来源 | 蒸馏、反渗透等法制得 | 纯化水经蒸馏所得 | 用注射用水按注射剂工艺制得 |
| 性状 | 无色澄明液体，无臭 | 无色澄明液体，无臭 | 无色澄明液体，无臭 |
| 酸碱度（pH 值） | 检验反应不得显蓝色。 | 5.0～7.0 | 5.0～7.0 |
| 硝酸盐 | ≤0.000006% | 符合纯化水项下规定 | 符合注射用水项下规定 |
| 亚硝酸盐 | ≤0.000002% | 符合纯化水项下规定 | 符合注射用水项下规定 |
| 氨 | ≤0.00003% | ≤0.00002% | 符合注射用水项下规定 |
| 电导率（25℃） | ≤5.1μS/cm | ≤1.3μS/cm | ≤25μS/cm①；≤5μS/cm② |
| 总有机碳 | ≤0.50mg/L③ | 符合纯化水项下规定 | — |
| 易氧化物 | 粉红色不得全消失③ | — | 粉红色不得全消失 |
| 不挥发物 | 遗留残渣≤1mg/100ml | 符合纯化水项下规定 | 符合注射用水项下规定 |
| 重金属 | ≤0.00001% | 符合纯化水项下规定 | 符合注射用水项下规定 |
| 氯化物、硫酸盐与钙盐 | — | — | 不得发生浑浊 |
| 二氧化碳 | — | — | 1 小时内不得发生浑浊 |
| 需氧菌总数 | ≤100cfu/ml④ | ≤10cfu/100ml④ | 无菌生长④ |
| 细菌内毒素 | — | <0.25EU/ml | 符合注射用水项下规定 |
| 应用范围 | 非无菌药品生产 | 无菌药品 | 非最终灭菌无菌药品 |

注：①标示装量为 10ml 及 10ml 以下时测定值。
②标示装量为 10ml 以上时测定值。
③纯化水总有机碳、易氧化物两项可选做一项。
④采用 R2A 琼脂培养基培养。

### （一）饮用水

饮用水应符合 GB 5749—2022《生活饮用水卫生标准》规定的生活饮用水标准，通常用作纯化水的原料水，药材洗涤用水，直接接触药品的设备、器具的洗涤初级用水，除中药浸润、提取等可使用饮用水外，其他产品并不使用饮用水参与药品直接制造过程。

### （二）纯化水

纯化水是指饮用水经蒸馏法、离子交换法、反渗透法等制得，不含任何添加剂的水。

### （三）注射用水

注射用水和灭菌注射用水是指纯化水经蒸馏所得的水。

## 二、制药用水的制备和分配管理

制药用水从制备、储存、分配到使用的全部系统和过程都应确保制药用水符合相应的水质标准，并对其进行全方位的质量检测，以保证其使用的安全。

### （一）制备

**1. 原水的处理**　饮用水虽经沉淀、过滤和氯离子处理，但由于水中杂质较多，还须过滤，如炭滤并根据需要加入凝结剂、软化剂等处理，直至符合饮用水标准。

**2. 纯化水的制备**　纯化水的制备方法很多，因此要结合企业的生产设备和水源质量、药品的质量目标来选择合适的水处理方法与流程，以获得符合药品生产质量要求的纯化水。

制备方法包括反渗透法、离子交换法、电渗析、电去离子法等。

**3. 注射用水的制备**　注射用水与纯化水的区别主要在于制法和细菌内毒素的限制要求。我国规定注射用水的制备水源是纯化水，通过蒸馏等方法获得符合标准要求的注射用水。

### （二）制药用水系统的组件

制药用水系统的附属设备指储罐、水泵、管道、阀门等。设施所选用的材料应无毒、耐腐蚀。设施的设计、安装、连接应尽量考虑缩短距离，避免死角，排除盲管，保持严封。

**1. 储罐**　储罐的目的是缓和水系统高峰流量的要求，确保制水系统生产能力和操作达到最佳化。

**2. 过滤器**　水系统中有多种过滤器，如多介质过滤器、活性炭过滤器、微孔过滤器等，利用其孔径阻隔截留水中的微粒、微生物等。过滤器滤芯和外壳见图 5－3。

a. 过滤器　　b. 空气过滤器

图 5－3　筒式微孔滤芯不锈钢过滤器

过滤器使用前应做滤膜完整性及组件的严封性确认，确认与验证的检测方法如下。

（1）单接口滤器　以聚四氟乙烯疏水性除菌通气滤器为例，拆去滤器筒体，将安装好的滤芯及滤芯座浸没在 23℃ ±2℃的 60%（v/v）乙醇溶液中 10 分钟以上，按图 5－4 安装并再浸没在前面乙醇溶液中。从滤芯内侧缓慢通入氮气，按 A 类（适用于相对湿度≥75% 的气体）80 kPa、B 类（适用于相对湿度 <75% 的气体）50 kPa 调压力，观察应无连续冒泡，即可确认过膜组件及滤膜严封，无破损。

（2）双接口过滤器　运用泡点法原理，即液体浸润完全的滤膜，因其毛细管孔中的液体吸附及表面张力的作用构成液体或气体的穿透阻力。通入气体并缓慢升高压力，观测排气口首次出现连串气泡时的临界压力为泡点压力。

以聚四氟乙烯除菌滤器为例，先用 60% 乙醇或 70% 异丙醇水溶液（v/v）完全浸润滤芯 10 分钟以上，排出滤器残留液体，将滤器按图 5－5 安装好，从滤芯外侧通氮气缓慢升高压力，观察水槽中的软管有气泡出现并突然连串冒泡即关进气阀，此时的表压为泡点压力，应不低于滤芯出厂标示的最低值。观测表压能保持 5 分钟不下降，即可确认膜组件的严封完好，滤膜无破损，且检测系统管路严封无干扰。

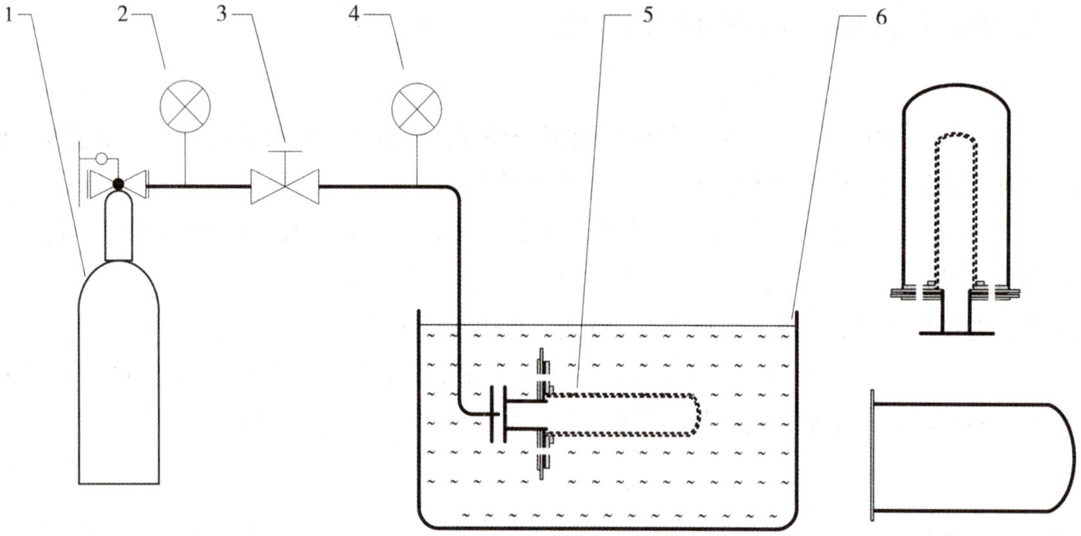


**图 5－4　滤膜渗漏性测试示意图**

1. 氮气瓶；2. 压力表；3. 旋塞阀；4. 精密压力表；5. 滤芯；6. 乙醇槽

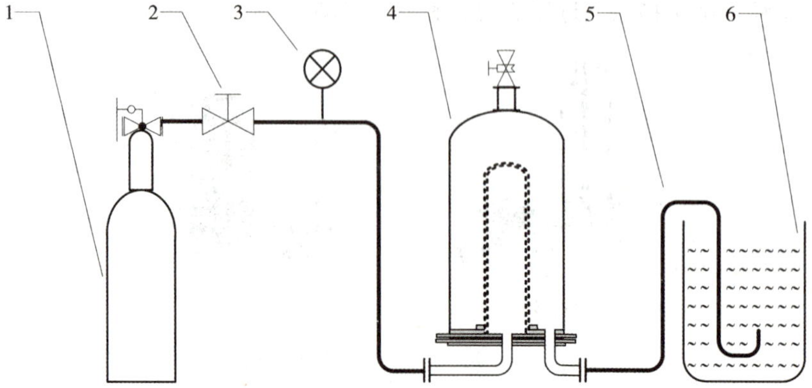


**图 5－5　滤膜完整性测试示意图**

1. 氮气瓶；2. 旋塞阀；3. 精密压力表；4. 过滤器；5. 软管；6. 水槽

**3. 水泵**　水系统中水泵的设置应着重考虑系统运行过程中泵可提供的扬程、流量及是否容易滋生微生物。

**4. 阀门**　纯化水和注射用水系统中使用的阀门选择应考虑阀门对制水系统可能带来的微生物污染。在纯化水系统应使用隔膜阀，但应注意阀体的制造材料要与管道系统相匹配。

**5. 管道**　纯化水与注射用水管道的设计与安装应考虑材质、连接方式和配管形式。应尽量地减少管道使用接头的种类和数量，连接的方式应以焊接为主，以减少连接点。

在制药用水系统的管路设计上，一般将循环系统中的环路流速适当提高，设计选取流速≥2m/s，可保持对管道内壁较大的冲刷能力，可降低系统微粒和微生物的污染。

纯化水、注射用水的制备、储存和分配应能防止微生物的滋生，管道的设计和安装应避免死角和盲管，不循环支管的长度不宜大于其管径的3倍。

注射用水储罐的通气口应安装孔径0.22μm不脱落纤维的疏水性除菌滤器。

不锈钢卫生隔膜阀、U形管、卡箍、管件见图5-6。

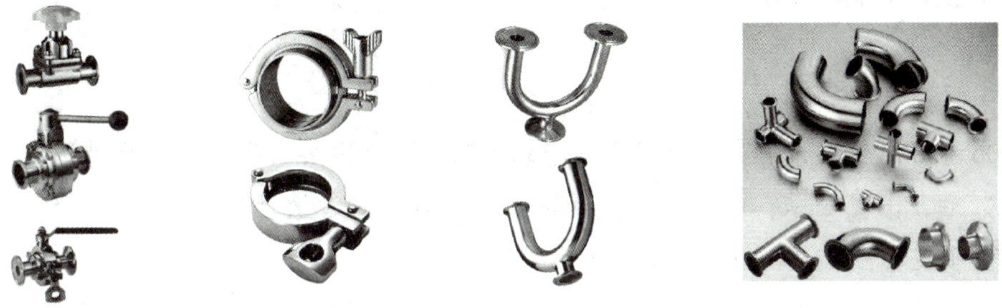

a. 卫生隔膜阀　　b. 卡箍　　c. U型管　　d. 管件

图5-6　不锈钢管道配件

## 知识链接

### 工艺设备及管道安装确认——奥氏体不锈钢钝化检测法　微课

**钝化膜**　以40%的硝酸溶液为钝化液在奥氏体不锈钢表面形成一层氧化保护膜。

**蓝点液**　主要成分是铁氰化钾与硫酸等混合的溶液，专用于测试奥氏体不锈钢表面钝化膜质量，溶液本身为棕黄色，钝化膜被破坏后会形成蓝色斑点。

**检测方法**　在钝化膜表面滴0.1ml蓝点液并用秒表计时，当蓝点液覆盖区内出现蓝点数达到8个即停止计时。

**可接受标准**　蓝点数达到8个的时间需超过10分钟。

**检测后表面修复**　将检测区域用水洗净，干后滴钝化液，5分钟后用水洗净即修复。

## 三、制药用水系统的监控与维护

企业应制定“企业水系统网图”发送至制水及用水部门，内容包括管线、阀门、通气点、排水点、用水点、抽样点、清洁点、检验仪表与仪器、管斜度、流动率、水流速度、循环方式等。应制定制水工艺规程及操作规程，设备使用、清洁、维护、保养、检修的SOP等。

## 目标检测

答案解析

### 一、最佳选择题

1. 下列选项中，不属于 GMP 对制药水设备管道要求的为（　　）。

A. 耐腐蚀　　B. 无死角　　C. 耐高压　　D. 无盲管

2. 设备主要固定管道应当标明内容物的（　　）。

A. 规格　　B. 温度　　C. 浓度　　D. 名称和流向

### 二、配伍选择题

[1～2]

A. 自来水　　B. 饮用水　　C. 纯化水　　D. 注射用水

1. 用于化学药品口服制剂的制药用水为（　　）。

2. 用于药材洗涤的制药用水为（　　）。

### 三、综合分析选择题

[1～2]

**实例**　2006 年 6 月开始，有患者使用安徽华源生物药业有限公司生产的“欣弗”（克林霉素磷酸酯葡萄糖注射液）后，出现心悸、肾区疼痛，致肝肾功能损害、过敏性休克等症状。5 个批次产品在 16 个省共发生严重不良反应 93 例，造成 11 人死亡。

经查，企业违反规定，未按药监部门批准的工艺生产“欣弗”。即更换灭菌设备后，将批准的 105℃灭菌温度降至最低为 100℃，30 分钟的灭菌时间缩短至 1～4 分钟，增加了灭菌装载量，抽检的数批产品中出现“热原”和“无菌检查”项目不合格。

1. 依据 GMP，生产设备发生重大变更，应经过（　　）。

A. 校准　　B. 确认　　C. 审核　　D. 复核

2. 在设备选型、安装、使用等管理上应遵循的原则为（　　）。

A. 满足生产工艺原则　　B. 保障生产原则

C. 有利于洁净原则　　D. 以上都是

### 四、多项选择题

1. 计量器具与仪器管理的内容包括（　　）。

A. 选配　　B. 纳管　　C. 周期校准　　D. 报废

2. 纯化水的制备方法包括（　　）。

A. 电渗析法　　B. 沉降法

C. 离子交换法　　D. 反渗透法

### 五、判断正误题

1. 传感器是指能感受被测量，并按照一定的规律转换成可用的输出信号的器件或装置，通常由敏感元件和转换元件组成。（　　）

2. 电子签名是指电子数据中以电子形式所附带或包含的，用于识别签名人身份并表明签名人认可其中内容的数据。（　　）

书网融合……

知识回顾　　微课　　习题

（党　莉）

# 项目六　物料与产品的管理

PPT

## 学习引导

药品由原料、辅料、直接接触药品的包装材料和容器（以下简称药包材）构成，其供应来源广泛，品种规格繁杂。原辅料的有害组分与杂质会影响产品质量，须符合法定质量标准和企业内控标准要求。物料的采购、储运、发放等须遵守规程，有效控制物料与产品质量。问题是企业如何采购中药提取物才不违规？固体废物如何销毁？

本项目主要学习 GMP 的物料与产品的管理要求；物料采购管理要求；物料采购的仓储管理、物料发放原则；包装材料管理流程；冷链储运、固体废物的销毁管理要求。

## 学习目标

1. **掌握**　GMP 带“★”的条款要点；术语释义；仓储管理的环节。

2. **熟悉**　GMP 带“▲”的条款要点；物料采购的管理要求；物料采购、发放原则；包装材料的管理流程；冷链储运的管理要求。

3. **了解**　特殊管理的物料与产品的管理；固体废物的销毁管理。

## GMP

## 第六章　物料与产品

### 第一节　原　则

**★第一百零二条**　药品生产所用的原辅料、与药品直接接触的包装材料应当符合相应的质量标准。药品上直接印字所用油墨应当符合食用标准要求。

进口原辅料应当符合国家相关的进口管理规定。

**第一百零三条**　应当建立物料和产品的操作规程，确保物料和产品的正确接收、储存、发放、使用和发运，防止污染、交叉污染、混淆和差错。

物料和产品的处理应当按照操作规程或工艺规程执行，并有记录。

**★第一百零四条**　物料供应商的确定及变更应当进行质量评估，并经质量管理部门批准后方可采购。

**第一百零五条**　物料和产品的运输应当能够满足其保证质量的要求，对运输有特殊要求的，其运输条件应当予以确认。

**第一百零六条**　原辅料、与药品直接接触的包装材料和印刷包装材料的接收应当有操作规程，所有到货物料均应当检查，以确保与订单一致，并确认供应商已经质量管理部门批准。

物料的外包装应当有标签，并注明规定的信息。必要时，还应当进行清洁，发现外包装损坏或其他可能影响物料质量的问题，应当向质量管理部门报告并进行调查和记录。

每次接收均应当有记录，内容包括：

（一）交货单和包装容器上所注物料的名称；

（二）企业内部所用物料名称和（或）代码；

（三）接收日期；

（四）供应商和生产商（如不同）的名称；

（五）供应商和生产商（如不同）标识的批号；

（六）接收总量和包装容器数量；

（七）接收后企业指定的批号或流水号；

（八）有关说明（如包装状况）。

**▲第一百零七条**　物料接收和成品生产后应当及时按照待验管理，直至放行。

**★第一百零八条**　物料和产品应当根据其性质有序分批储存和周转，发放及发运应当符合先进先出和近效期先出的原则。

**第一百零九条**　使用计算机化仓储管理的，应当有相应的操作规程，防止因系统故障、停机等特殊情况而造成物料和产品的混淆和差错。

使用完全计算机化仓储管理系统进行识别的，物料、产品等相关信息可不必以书面可读的方式标出。

## 第二节　原辅料

**第一百一十条**　应当制定相应的操作规程，采取核对或检验等适当措施，确认每一包装内的原辅料正确无误。

**第一百一十一条**　一次接收数个批次的物料，应当按批取样、检验、放行。

**▲第一百一十二条**　仓储区内的原辅料应当有适当的标识，并至少标明下述内容：

（一）指定的物料名称和企业内部的物料代码；

（二）企业接收时设定的批号；

（三）物料质量状态（如待验、合格、不合格、已取样）；

（四）有效期或复验期。

**▲第一百一十三条**　只有经质量管理部门批准放行并在有效期或复验期内的原辅料方可使用。

**第一百一十四条**　原辅料应当按照有效期或复验期储存。储存期内，如发现对质量有不良影响的特殊情况，应当进行复验。

**第一百一十五条**　应当由指定人员按照操作规程进行配料，核对物料后，精确称量或计量，并作好标识。

**第一百一十六条**　配制的每一物料及其重量或体积应当由他人独立进行复核，并有复核记录。

**▲第一百一十七条**　用于同一批药品生产的所有配料应当集中存放，并作好标识。

## 第三节　中间产品和待包装产品

**第一百一十八条**　中间产品和待包装产品应当在适当的条件下储存。

**第一百一十九条** 中间产品和待包装产品应当有明确的标识，并至少标明下述内容：

（一）产品名称和企业内部的产品代码；

（二）产品批号；

（三）数量或重量（如毛重、净重等）；

（四）生产工序（必要时）；

（五）产品质量状态（必要时，如待验、合格、不合格、已取样）。

## 第四节　包装材料

★**第一百二十条** 与药品直接接触的包装材料和印刷包装材料的管理和控制要求与原辅料相同。

**第一百二十一条** 包装材料应当由专人按照操作规程发放，并采取措施避免混淆和差错，确保用于药品生产的包装材料正确无误。

★**第一百二十二条** 应当建立印刷包装材料设计、审核、批准的操作规程，确保印刷包装材料印制的内容与药品监督管理部门核准的一致，并建立专门的文档，保存经签名批准的印刷包装材料原版实样。

★**第一百二十三条** 印刷包装材料的版本变更时，应当采取措施，确保产品所用印刷包装材料的版本正确无误。宜收回作废的旧版印刷模版并予以销毁。

▲**第一百二十四条** 印刷包装材料应当设置专门区域妥善存放，未经批准人员不得进入。切割式标签或其他散装印刷包装材料应当分别置于密闭容器内储运，以防混淆。

**第一百二十五条** 印刷包装材料应当由专人保管，并按照操作规程和需求量发放。

**第一百二十六条** 每批或每次发放的与药品直接接触的包装材料或印刷包装材料，均应当有识别标志，标明所用产品的名称和批号。

**第一百二十七条** 过期或废弃的印刷包装材料应当予以销毁并记录。

## 第五节　成　品

**第一百二十八条** 成品放行前应当待验储存。

**第一百二十九条** 成品的储存条件应当符合药品注册批准的要求。

## 第六节　特殊管理的物料和产品

**第一百三十条** 麻醉药品、精神药品、医疗用毒性药品（包括药材）、放射性药品、药品类易制毒化学品及易燃、易爆和其他危险品的验收、储存、管理应当执行国家有关的规定。

## 第七节　其　他

**第一百三十一条** 不合格的物料、中间产品、待包装产品和成品的每个包装容器上均应当有清晰醒目的标志，并在隔离区内妥善保存。

**第一百三十二条** 不合格的物料、中间产品、待包装产品和成品的处理应当经质量管理负责人批准，并有记录。

**第一百三十三条** 产品回收需经预先批准，并对相关的质量风险进行充分评估，根据评估结论决定是否回收。回收应当按照预定的操作规程进行，并有相应记录。回收处理后的产品应当按照回收处理中最早批次产品的生产日期确定有效期。

★**第一百三十四条**　制剂产品不得进行重新加工。不合格的制剂中间产品、待包装产品和成品一般不得进行返工。只有不影响产品质量、符合相应质量标准，且根据预定、经批准的操作规程以及对相关风险充分评估后，才允许返工处理。返工应当有相应记录。

★**第一百三十五条**　对返工或重新加工或回收合并后生产的成品，质量管理部门应当考虑需要进行额外相关项目的检验和稳定性考察。

**第一百三十六条**　企业应当建立药品退货的操作规程，并有相应的记录，内容至少应当包括：产品名称、批号、规格、数量、退货单位及地址、退货原因及日期、最终处理意见。

同一产品同一批号不同渠道的退货应当分别记录、存放和处理。

**第一百三十七条**　只有经检查、检验和调查，有证据证明退货质量未受影响，且经质量管理部门根据操作规程评价后，方可考虑将退货重新包装、重新发运销售。评价考虑的因素至少应当包括药品的性质、所需的储存条件、药品的现状和历史，以及发运与退货之间的间隔时间等因素。不符合储存和运输要求的退货，应当在质量管理部门监督下予以销毁。对退货质量存有怀疑时，不得重新发运。

对退货进行回收处理的，回收后的产品应当符合预定的质量标准和第一百三十三条的要求。

退货处理的过程和结果应当有相应记录。

# 任务一　认知物料与产品及其质量要求

## 一、物料与产品及其管理的术语

**1. 物料、产品术语**　本项目所涉及的物料及产品术语释义，请参阅模块四项目十四GMP第十四章附则的条款规定，包括：①物料；②原料；③辅料；④原辅料；⑤包装材料；⑥印刷包装材料；⑦中间产品；⑧产品；⑨待包装产品；⑩成品。

**2. 物料采购、使用术语**　本项目所涉及的物料采购、使用相关术语释义，请参阅模块四项目十四GMP第十四章附则的条款规定，包括：①供应商；②待验；③复验期；④放行；⑤发放；⑥返工；⑦重新加工；⑧回收；⑨包装。

## 二、认知物料与产品的质量要求

药品生产用的物料供应来源广泛，品种规格繁杂，须符合法定质量标准和企业内控标准，详见模块三项目八和项目十任务相关内容。

**即学即练**

答案解析

配伍选择题

[1~2]

A. 成品　B. 待包装产品　C. 物料　D. 原辅料

1. 除包装材料之外，药品生产中使用的任何物料指的是（　　）。

2. 原料、辅料和包装材料等指的是（　　）。

# 任务二　物料的采购管理

## 一、采购原则

总体要求就是采用的物料不得对药品的质量产生不良影响。主要是供应商合法性，质量保证性，产品的合法性，质量要求符合性，包装和标识的符合性。

禁止使用未按照规定审评、审批的原料药、包装材料和容器生产药品，不得生产、销售已被注销药品注册证书的药品。

### （一）原辅料

采购的原辅料质量须符合国家药品标准，无国家药品标准的辅料，需符合相关的国家标准。

2015 年发生震惊全国的“非法银杏叶提取物”事件，是有企业购入违规生产的银杏叶提取物，即由供货商擅改工艺，将稀乙醇提取改为 3% 盐酸提取，造成生产出的银杏叶提取物产品基本失去临床疗效。

针对中成药生产企业采购中药提取物的质量监控问题，原国家食品药品监督管理总局发布了食药监药化监［2014］135 号文《关于加强中药生产中提取和提取物监督管理的通知》规定。该通知明确了对中药提取物不再按批准文号管理，对中成药国家药品标准处方项下载明，且具有单独国家药品标准的中药提取物实施备案管理，即企业购买中药提取物须买卖双方均应在药品监督管理部门备案，但按新药批准的中药有效成分和有效部位除外。此通知附件还明确规定外购中药饮片投料生产的，必须从具备合法资质的中药饮片生产经营企业购买。

该通知的核心要求之一就是不得购买使用无国家药品标准的中药提取物，或违规使用已有国家药品标准的中药提取物。“非法银杏叶提取物”事件即是由于购买和使用了违法生产的中药提取物。国家药品标准之一的《药典》一部载明的植物油脂和提取物中有银杏叶提取物标准，按此标准的鉴别、指纹图谱等检查可确定该药品所含成分与国家药品标准规定的成分不符，即为假药。即便采购方重申供应商须按批准的生产工艺和药典标准生产银杏叶提取物，供应商违规擅自不按生产工艺和药典标准生产银杏叶提取物而无法监督，采购方也能从供货检验中发现问题，故有违规使用之嫌，买卖双方均存在违规问题。

企业对包括原料药、中药饮片、中药提取物等在内的物料采购更应谨慎，企业应进行监督及合规性审查。

原国家食品药品监督管理总局 2016 年第 134 号公告明确规定，药用辅料、药包材与药品注册申请关联申报和审评管理。已在批准上市的药品中长期使用，且用于局部经皮或口服途径风险较低的辅料，如矫味剂、甜味剂、香精、色素等执行相应行业标准，不再实行注册管理。

其后发布的国家药品监督管理局 2019 年第 56 号公告进一步明确了药品制剂关联审评审批的原辅料和直接接触药品的包装材料与容器实施登记管理，并在附件 3 中列明可免登记的辅料产品目录（2019 年版），包括：①矫味剂如蔗糖、甘露醇、三氯蔗糖；②香精、香料如橘子香精、香兰素；③色素如氧化铁、胭脂虫红等；④pH 调节剂如苹果酸、醋酸、醋酸钠、酒石酸等；⑤仅用作辅料、制备简单、理化性质稳定的无机盐类如碳酸钙、碳酸钠；⑥口服制剂印字使用的无苯油墨等。

### （二）包装材料

做好药品包装用的包装材料管理，直接关系到药品的质量和方便患者安全用药。

**1. 包装材料分类**

（1）药包材　药包材可按注册管理、材质、形制和用途进行分类。

①按注册管理分类。分为Ⅰ、Ⅱ、Ⅲ三类；Ⅰ类指直接接触药品且直接使用的药品包装用材料、容器，例如药用PTP铝箔、药用PVC硬片等；Ⅱ类指直接接触药品，但便于清洗，在实际使用过程中，经清洗后需要并可以消毒灭菌的药品包装用材料、容器，例如玻璃输液瓶等；Ⅲ类指Ⅰ、Ⅱ类以外其他可能直接影响药品质量的药品包装用材料、容器，例如铝塑组合盖等。②按材质分类。可分为塑料类、金属类、玻璃类、陶瓷类、橡胶类和其他类。③按用途和形制分类。可分为输液瓶/袋、安瓿、药用瓶、药用胶塞、药用硬片/膜、药用铝箔、药用软膏管/盒、药用干燥剂等。

药包材的验收、检验、仓储管理与原辅料管理相同，质量标准参见模块三项目八任务二质量标准文件管理项下的内容。

（2）印刷包装材料　包括标签，使用说明书，产品合格证，大、中、小盒，印字胶带，其他印刷品。

（3）其他包装材料　包括发运即运输用包装材料、胶带、缠绕膜、打包带等。

**2. 包装材料印制管理**

（1）印制管理　①编制与审核。印刷包装材料根据规程由技术部门制定标准样稿，样稿必须详细标明文字内容、颜色、规格、样式、材质等具体要求，送质量管理部门审核。质量管理部门根据有关要求，对标准样稿参照模块三项目八任务二质量标准文件管理项下印刷包装材料标识印刷标准，对样稿进行审核，满足要求后批准。送报药品监督管理部门批准后，由供应部门将批准后的标准样稿送印刷厂进行印制。②定版印刷。印刷厂方制版后将初印的样板交物料部，由技术部门将印制样板送质量管理部审核，质量管理部对样板进行再次审核批准确认。③变更。印刷包装材料在生产使用中，如该品种印刷包装材料印刷内容变更的，报企业质量管理负责人审核确定。④标准板样。定版的印刷包装材料由供应商提供标准板样多份，由供应商和企业质量管理部盖章后，双方留存。企业将标准板样分发给质量管理、销售、仓库、生产等部门以及车间、车间质监员，作为验收和备查依据。⑤监督印刷。供应部门监督印刷厂按数印刷，每包件包装数量固定。对印刷造成废损的印刷包装材料或需要报废的印刷包装材料由供应部门同承印厂商共同清点数量，就地销毁，并有记录。

## 二、采购要求

**1. 供货商的选择与管理**　药品生产企业应对供货商进行审核。按有关要求，对供货商进行评估审核，经批准确定供应商供应物料，并签订质量协议。详见模块三项目十任务九供应商的管理项下内容。

**2. 购货合同管理**　对于提供物料并经过企业内供应商审核批准的供应厂商方可签订供货合同。草拟的每份合同应仔细、具体、全面、准确，涉及质量时必须标明质量条款。

**3. 运输确认与验证**

详见项目七任务三的内容。

**知识链接**

**拟采购的聚丙烯输液瓶的确认与验证——体外溶血测试法**　微课

企业在采购聚丙烯输液瓶时，选择供应商以及批准的供应商发生变更时必检项目之一就是测试体外溶血程度，以验证和确认聚丙烯输液瓶质量是否符合药品安全性要求，药包材质量标准文件应有此确认项。

**准备** 采集健康家兔新鲜血液20ml，加入抗凝剂1ml，取8ml上述混合物加入0.9%氯化钠注射液10ml制成稀释兔血。供试品切成0.5cm×2cm条状，称取3份，每份5g。

**检查法** 分三组，每组3支试管。供试品组每管加入供试品1份及0.9%氯化钠注射液10ml；阴性对照组每管加入0.9%氯化钠注射液10ml；阳性对照组每管加入纯化水10ml。全部试管放入37℃±1℃恒温水浴中保温30分钟后，每支试管加入0.2ml稀释兔血，轻轻混匀，置37℃±1℃水浴中继续保温60分钟。倒出管内液体离心5分钟（2500r/min）。吸取上清液移入比色皿内或采用酶标仪，按照紫外-可见分光光度法（通则0401），于545nm波长处测定吸光度。

**结果计算** 供试品组和对照组吸光度均取3支管的平均值。阴性对照管的吸光度应不大于0.03；阳性对照管的吸光度应为0.8±0.3，否则重新实验。按下式计算。

$$溶血率（\%）=\frac{供试品组吸收度-阴性对照相吸收度}{阳性对照组吸收度-阴性对照组吸收度}\times 100\%$$

**可接受标准** 溶血率应小于5%。

# 任务三　仓储管理

其他物料及成品的仓储管理与原辅料仓储管理模式相同。

## 一、原辅料

应做到安全储存、降低损耗、科学养护、保证质量、收发迅速、避免事故。管理的核心是保证物料的质量不发生变化，不发生污染、混淆和差错。

### （一）验收

物料到库后，由验收员按规定的程序进行验收。包括查验文件凭证和外观检查，逐项核对所到物料标识的符合性、包装完整性及洁净程度等，凡不符合要求的应拒收，填写记录。

### （二）待验

物料入库后按规程定批号，按定置管理要求存放于隔离区，放置黄色围栏警示，贴上待验标志，及时申请检验。

### （三）检验

质量控制实验室检验人员到仓库按规程抽样，并填写取样记录。

样品经检验合格后，检验报告单报质量管理部门或受权人审核，批准放行使用。

### （四）入库

放行的物料由仓储部门原辅料移送到储存区，更换成绿色标志，不合格的原辅料转移或隔离，放置红色标志并按规定及时处理。

### （五）储存养护

在库物料保管要求实行定置管理，按品种、规格、批号、分开存放，并有货位平面图。垛间距不小于5cm，与仓间墙、柱、温湿度调控设备及管道的设备间距不小于30cm，与地面的间距不小于10cm。质量状态实行色标管理，并进行在库养护检查并记录。根据物料储存条件设置控制温度、湿度，并记录。

物料应按有效期或保质期储存，包括无有效期和保质期的，都需设定复验期，确保储存期间质量无异常。

麻醉药品定点生产企业应当将麻醉药品原料药和制剂分别存放。

腐蚀性物料应按不同类别、性质、危险程度、灭火方式等分区分类储存，性质相互影响和相互抵触的物料严禁同库储存。腐蚀性物料的仓库应阴凉、干燥、通风、避光，应经过防腐、防渗处理。高活性的物料应存放在单独的库房。

物料入库验收流程见图6－1。

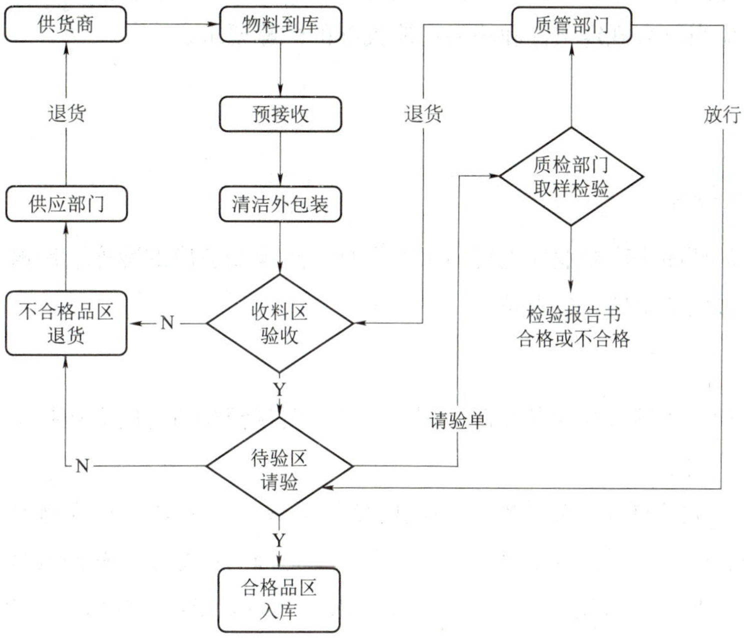


图6－1　物料入库验收流程

### （六）发放

物料的发放是指根据经批准的批生产指令和包装指令单对即将进入生产过程的物料进行出库前的检查核对，以保证其数量准确、质量良好。

**1. 物料发放原则**　物料和产品应当根据其性质有序分批储存和周转，发放及发运。物料发放的原则是：按指令发放，先进先出和近效期先出，按批号发货。

**2. 物料发放要求**　生产部门的材料员按生产指令单填写需料送料单，交仓库备料进行物料的发放。物料发放时应注意以下事项。

仓库所发物料包装要完好，有合格标志。物料的标签与标志应与物料一致。送料发料时要按供货批号先进先出，并填写记录。

### （七）退库

生产结束后，结余的未拆包装的物料应及时退库。

## 二、包装材料

印刷包装材料应当设置专门区域妥善存放，未经批准人员不得进入。切割式标签或其他散装印刷包装材料应当分别置于密闭容器内储运，以防混淆。

## 三、中间产品与待包装产品

中间产品、待包装产品详见模块三项目九任务二生产过程的管理项下内容。

## 四、成品

成品仓储管理同样按照原辅料仓储管理模式进行验收、待验、检验、受权人放行、储存、养护、发运。成品的储存条件应当符合规定条件和药品注册批准的贮藏要求。

## 五、冷藏物料与产品

### （一）冷链设施与设备

有冷藏低温要求的药品生产企业应配置与生产品种、规模相适应的冷库、冷藏车、冷藏箱、保温箱或其他符合药品储存温度要求的设施设备。

### （二）冷藏物料与产品储运管理

企业应配备经过相关培训且与药品冷链管理、生产经营规模相适应的专业技术人员。

**1. 冷藏物料与产品储存管理**

（1）收货、验收　收货区应设置在相应的温度条件下或在阴凉处。冷藏物料与产品收货时，仓管员应索取运输交接单，做好实时温度记录，并签字确认。退回的产品也应视同收货。

（2）储存与养护　储存的温度应符合储存温度要求。产品应按批号堆垛，不得混垛。

（3）发运管理　应指定专人负责冷藏药品的发运、拼箱、装车工作，并选择适合的运输方式。装箱、装车应在规定的储存温度下。发运装载时应检查冷藏药品、装载环境及运输设备温度并做好记录，双方在运输交接单上签字确认。采用冷藏车运输冷藏药品时，药品箱的装载应保持适当间距，便于冷气流畅通循环；应合理码放固定，避免途中颠簸移位，阻碍气流循环。采用冷藏箱或保温箱运输时，应配备温度检测设备或材料随货发运。

**2. 冷藏物料与产品运输管理**　应根据物料与产品的数量、路程远近、运输时间、储存条件、外界温度等情况选择冷藏车、冷藏箱或保温箱运输。冷藏箱或保温箱上应注明储存条件、启运时间、保温时限、特殊注意事项或运输警示，运输人员出行前应确保所有的设施设备正常并符合温度要求。冷藏运输途中要对温度进行实时监测，数据应可导出或上传且不可更改。温度记录应当随药品移交给收货方。

## 六、特殊管理的物料与产品

疫苗、血液制品、麻醉药品、精神药品、医疗用毒性药品、放射性药品、药品类易制毒化学品等及易燃、易爆和其他危险品的验收、储存、管理应当执行国家有关的规定。

麻醉药品定点生产企业，应当配备专人负责管理工作，并建立仓库、车间及车间暂存库或暂存柜。

留样室储存实行双人双锁管理，建立麻醉药品和第一类精神药品的专用账册，做到账物相符。

严格执行库房与车间麻醉药品、精神药品原料药的交接规程，制剂车间应当坚持“领料不停产，停产不领料”的原则。

生产过程中必须同时两人以上方可进入车间的生产岗位，不允许一人单独上岗操作。生产工序交接应当实行两人复核制。

企业对过期、损坏的麻醉药品和精神药品应当登记、造册，及时向所在地县级以上药品监督管理部门申请销毁。生产中产生的具有活性成分的残渣残液，由企业自行销毁并作记录。

# 任务四 药品生产中的固体废物销毁管理

## 实例分析

**实例** 药品生产企业因产品质量或经营问题会造成药品报废，由此带来销毁问题。一些企业对报废产品的销毁只是笼统规定，没有指引操作的具体方法，给相关人员作业带来困惑。

**问题** 固体废物如何销毁？

答案解析

## 一、认知固体废物

**1. 固体废物** 是指在生产、生活和其他活动中产生的丧失原有利用价值或者虽未丧失利用价值但被抛弃或者放弃的固态、半固态和置于容器中的气态的物品、物质以及法律、行政法规规定纳入固体废物管理的物品、物质。

**2. 工业固体废物** 是指在工业生产活动中产生的固体废物。

**3. 危险废物** 是指列入国家危险废物名录或者根据国家规定的危险废物鉴别标准和鉴别方法认定的具有危险特性的固体废物。

## 二、固体废物的分类

固体废物分为工业固体废物、生活垃圾、建筑垃圾、农业固体废物、危险废物。

按化学危险特性分类，废弃危险废物分为：腐蚀性（C）、毒性（T）、易燃性（I）、反应性（R）和感染性（In）。

废弃的药品类危险固体废物分为：HW02 医药废物，范围包括化学药品原药、制剂制造废物，生物、生化制品的制造废物；HW03 废药物、药品，范围包括生产、销售及使用过程中产生的失效、变质、不合格、淘汰、伪劣的药物和药品。

## 三、固体废物的收集、暂存、销毁或转移管理

企业对暂时不利用或者不能利用的固体废物，须按照规定建设暂存设施、场所，安全分类存放，或者采取无害化处置措施，必须设置危险废物识别标志。禁止将危险废物混入非危险废物中储存。

针对企业生产医药废物、作废药物及药品的危险性和废物类型，企业参照法律法规的规定，对报废药品及废弃危险化学品等采取规范的方法，建设暂存设施、场所，安全分类存放，或者采取无害化处置措施。企业的工业废弃物处理设施的设计、施工和验收及运行应符合医药工业废弃物处理设施工程技术规范的要求。

产生危险废物的单位无法自行处置需要转移的，必须按照国家有关规定填写危险废物转移联单，并向危险废物移出地地级市环保部门提出申请，未经批准的，不得转移。

企业自身不具备无害化处置措施的，应委托具有相应资质的专业组织转移和销毁，并签订合同，企业依据相关的法律法规和标准制定报废药品销毁操作规程。

# 实践实训

## 实训二　制药设备的性能确认方案编制

### 一、实训目的

1. 掌握制药设备的性能确认方案的编制方法，计算机绘制文件图表方法及要求。

2. 熟悉编制确认方案所需标准、测试方法、规程要求，技术文件编制方法。

3. 培养和练习提升技术文件的编制技能，计算机办公软件的使用技能，利用计算机及互联网检索参考文献的技能。

### 二、实训任务

制药设备性能确认方案的编制。

### 三、实训方式

本课程授课初始阶段安排实训任务，落实预习教材相关内容，熟悉实训要求，检索所需文献资料，制作草案。

结合班级相关制药工程与设备实训，按同学所操作的制药设备同步开展本实训项目。

根据同学各自操作的设备获得信息和数据，编制首次验证制药设备性能确认方案，操作多种设备的可选择其中一种。每位同学提交拓展名为“. pdf”的确认方案即 PDF 文件。

### 四、实训要求

#### （一）文件内容要求

编制的文件至少应包含以下内容：①确认文件的编制、审核与批准人员及签名；②确认小组人员登记表包括人员姓名、所属部门、职务、分工；③确认的目的；④确认的范围；⑤确认对象的基本情况；⑥确认项目、确认或测试方法、可接受标准；⑦确认结论；⑧执行和引用的标准和技术规范。

制药设备性能确认实验主要内容包括：①在负载运行条件下，设备功能对药品生产要求的适应性；②生产能力；③药品生产质量相关指标；④运行结果的重复性；⑤控制精度及准确性；⑥安全性能等。

按照项目七示例××××高效液相色谱仪性能确认（PQ）方案的格式编制文件。

#### （二）排版编辑标准

按 GB/T 1. 1—2009《标准化工作导则　第 1 部分：标准的结构和编写》标准和项目七××××高效液相色谱仪性能确认（PQ）方案示例编写，请参阅相关内容。

可参照项目七示例××××高效液相色谱仪性能确认（PQ）方案的封面，设计和填写确认文件的封面信息。

排版编辑标准按实训一的排版编辑标准执行。

## 五、考核与评价标准

根据每位学生实训报告按实训标准中的文件内容标准、排版编辑标准及同学操作的设备实操结果考核、评价实训成果，百分制计分。

答案解析

# 目标检测

## 一、最佳选择题

1. 物料供应商的变更应当进行质量评估，须经批准后方可采购，批准的部门为（　　）。

A. 生产管理部门　　B. 质量管理部门

C. 技术管理部门　　D. 供应管理部门

2. 中药提取物生产销售及使用采购中药提取物实施的制度为（　　）。

A. 双方备案制度　　B. 采购方备案制度

C. 批号管理制度　　D. 注册制度

## 二、配伍选择题

[1～2]

A. 生产管理部门　　B. 质量管理部门

C. 技术管理部门　　D. 供应管理部门

1. 只有在有效期内或复验期内的原辅料才可使用，批准物料放行使用的部门为（　　）。

2. 如发现物料中的中药提取物外包装损坏或其他可能影响物料质量的问题，应当报告有关部门并进行调查和记录，该部门为（　　）。

## 三、综合分析选择题

[1～2]

**实例**　2015年发生震惊全国的“非法银杏叶提取物”事件，有企业购入违规生产的银杏叶提取物，即由供货商擅改工艺，将稀乙醇提取改为3%盐酸提取，造成生产出的银杏叶提取物产品基本失去临床疗效。

1. 银杏叶提取物供应商的确定应当进行质量评估，须经批准后方可采购，批准的部门为（　　）。

A. 生产管理部门　　B. 质量管理部门

C. 技术管理部门　　D. 供应管理部门

2. 负责对不合格退货的银杏叶提取物制成品报废销毁进行监督的为（　　）。

A. 销售管理部门　　B. 供应管理部门

C. 技术管理部门　　D. 质量管理部门

## 四、多项选择题

1. 需要设置专库存放的药品包括（　　）。

A. 麻醉药品　　B. 第一类精神药品

C. 第二类精神药品　　D. 医疗用毒性药品

2. 固体废物的危险化学品特性包括（　　）。

A. 腐蚀性　　B. 毒性　　C. 易燃性　　D. 感染性

## 五、判断正误题

1. 药包材如按注册管理分类，分为Ⅰ、Ⅱ、Ⅲ三类。(　　)

2. 危险废物是指列入国家危险废物名录，或者根据国家规定的危险废物鉴别标准和鉴别方法认定的具有危险特性的固体废物。(　　)

书网融合……

知识回顾　　微课　　习题

（马　娟）

# 模块三

# 软件体系的管理

项目七　确认与验证的管理
项目八　文件管理
项目九　生产管理
项目十　质量控制与质量保证
项目十一　委托生产与委托检验的管理
项目十二　产品的发运与召回管理

# 项目七　确认与验证的管理

PPT

## 学习引导

药品生产企业任何与生产和质量有关的运作均需确认。人员、物料、产品设计，厂房、设施、设备、仪器仪表的设计、选购、安装、调试、运行、使用，以及工艺操作等均需有确认文件的支持。应采用经过验证和确认的工艺、检验方法和规程进行生产、检验和清洁，并保持持续的验证和受控状态，即使有变更和升级换代。那么在项目确认中，如何划分 PID 界限？哪些是关键设备并直接影响工艺参数和产品质量？

本项目主要学习确认与验证的管理内容，包括术语释义；确认与验证分类及其管理；确认与验证的流程管理；验证总计划、确认与验证方案、确认与验证记录等主要内容。

## 学习目标

1. **掌握**　GMP 带“★”的条款要点；术语释义；确认与验证的类型；确认与验证的流程管理。

2. **熟悉**　GMP 带“▲”的条款要点；变更验证；确认与验证的内容；确认与验证的目的；运输方式、冷链运输、检验方法、清洁、计算机化系统确认与验证的主要内容。

3. **了解**　持续工艺确认、再确认与再验证；确认与验证组织的工作流程与职责。

## GMP
## 第七章　确认与验证

**第一百三十八条**　企业应当确定需要进行的确认或验证工作，以证明有关操作的关键要素能够得到有效控制。确认或验证的范围和程度应当经过风险评估来确定。

**▲第一百三十九条**　企业的厂房、设施、设备和检验仪器应当经过确认，应当采用经过验证的生产工艺、操作规程和检验方法进行生产、操作和检验，并保持持续的验证状态。

**▲第一百四十条**　应当建立确认与验证的文件和记录，并能以文件和记录证明达到以下预定的目标：

（一）设计确认应当证明厂房、设施、设备的设计符合预定用途和本规范要求；

（二）安装确认应当证明厂房、设施、设备的建造和安装符合设计标准；

（三）运行确认应当证明厂房、设施、设备的运行符合设计标准；

（四）性能确认应当证明厂房、设施、设备在正常操作方法和工艺条件下能够持续符合标准；

（五）工艺验证应当证明一个生产工艺按照规定的工艺参数能够持续生产出符合预定用途和注册要求的产品。

**▲第一百四十一条**　采用新的生产处方或生产工艺前，应当验证其常规生产的适用性。生产工艺在使用规定的原辅料和设备条件下，应当能够始终生产出符合预定用途和注册要求的产品。

**★第一百四十二条**　当影响产品质量的主要因素，如原辅料、与药品直接接触的包装材料、生产设备、生产环境（或厂房）、生产工艺、检验方法等发生变更时，应当进行确认或验证。必要时，还应当经药品监督管理部门批准。

**★第一百四十三条**　清洁方法应当经过验证，证实其清洁的效果，以有效防止污染和交叉污染。清洁验证应当综合考虑设备使用情况、所使用的清洁剂和消毒剂、取样方法和位置以及相应的取样回收率、残留物的性质和限度、残留物检验方法的灵敏度等因素。

**第一百四十四条**　确认和验证不是一次性的行为。首次确认或验证后，应当根据产品质量回顾分析情况进行再确认或再验证。关键的生产工艺和操作规程应当定期进行再验证，确保其能够达到预期结果。

**第一百四十五条**　企业应当制定验证总计划，以文件形式说明确认与验证工作的关键信息。

**第一百四十六条**　验证总计划或其他相关文件中应当作出规定，确保厂房、设施、设备、检验仪器、生产工艺、操作规程和检验方法等能够保持持续稳定。

**第一百四十七条**　应当根据确认或验证的对象制定确认或验证方案，并经审核、批准。确认或验证方案应当明确职责。

**第一百四十八条**　确认或验证应当按照预先确定和批准的方案实施，并有记录。确认或验证工作完成后，应当写出报告，并经审核、批准。确认或验证的结果和结论（包括评价和建议）应当有记录并存档。

**第一百四十九条**　应当根据验证的结果确认工艺规程和操作规程。

# 任务一　认知确认与验证

## 一、确认与验证的术语

**确认**　证明厂房、设施、设备能正确运行并可达到预期结果的一系列活动。

**验证**　证明任何操作规程、方法、生产工艺或系统能够达到预期结果的一系列活动。

根据确认和验证术语的释义，虽定义了实施对象的不同，而对目标的表述却相同，都是以文件化形式证明是否符合预定用途。实际上验证只是确认的一部分。

确认是审查是否符合预期期望/设计要求和标准的结果，验证是引用标准与技术规范的方法或设计的实验方案来检验和证明对象是否符合标准和拟订方案要求的结果。

## 二、确认与验证的目的

药品生产企业实施确认与验证，具有以下目的：

（1）确保操作规程文件中有控制整个过程的运行标准，包括产品关键质量属性、常规生产及工艺控制中的关键工艺参数范围的工作指引和依据；

（2）确保人员、厂房设施、系统、设备、计算机系统、物料、生产过程处于受控状态并持续保持最佳状态；

（3）确保厂房设施、系统、设备、计算机系统、工艺、物料、规程、生产过程、检验方法、清洁方法等新项目和改造项目变更后的可靠性；

（4）确保有关操作的关键要素能够得到有效控制；

（5）确保为相应的偏差纠正措施和预防措施提供依据；

（6）确保消除隐患，降低质量风险。

# 任务二　确认与验证组织的管理

## 一、确认与验证组织

确认与验证是生产企业的一项经常性和重复性工作，需投入人力、物力和时间并进行协调、管理。企业一般无专门的确认与验证机构，而是针对不同的项目和对象由相关部门的技术骨干人员组建团队进行确认与验证。

## 二、确认与验证组织的工作流程和职责

### （一）制定确认与验证项目及总计划

由企业组建确认与验证团队，按 GMP 规范，针对企业的厂房设施、系统、设备、生产过程、活动等项目制定确认与验证计划，提交企业确认与验证负责人批准。

### （二）实施确认与验证

**1. 确认与验证方案制定**　确认与验证方案由团队的专业人员起草，团队审核通过，并交由企业确认与验证负责人批准。

**2. 确认与验证实施**　确认与验证方案批准后，由该确认与验证项目团队组织实施。过程包括收集、整理数据，填写项目的确认或验证记录，起草阶段性和最终结论文件，交由企业确认与验证负责人审批。

**3. 确认与验证结果审核评价**　对确认或验证项目的所有数据和结果进行评价，上报企业确认与验证负责人审批。

**4. 确认与验证报告审批**　团队成员按各自分工分别确认与验证，填写记录，汇总经分析评估后，再由组长编制确认或验证报告，报企业验证负责人批准。

# 任务三　确认与验证的类型及其管理

## 一、确认与验证管理的术语

**1. 用户需求标准**　指包括产品的制造、产量和生产条件的系统需求描述。

**2. 关键质量属性**　指为保证预期质量的产品所具有的适当限度、范围或分布的某种物理、化学、

生物学性质。

**3. 关键工艺属性参数**　工艺操作中为确保生产质量，监视和控制关键质量属性的过程可变性参数。

**4. P&ID**　工艺/管道和仪表图，国内有些也习惯称 PID。

**5. 系统边界**　在 PID 图上标出的工艺设备管道和仪表的边界，通常以管道或输送系统终端的敞口或阀门为界。

**6. 直接影响系统**　直接影响产品关键质量属性的系统，或者直接影响产品交付的关键公用系统，其他系统被认为是非直接影响系统。

## 二、确认与验证的类型

确认与验证按实施对象的不同，可分为首次验证、工艺验证、持续工艺确认、变更验证、同步验证、再确认与再验证。

确认按实施阶段的不同，可分为设计确认（DQ）、安装确认（IQ）、运行确认（OQ）、性能确认（PQ）。

## 三、首次确认与验证

首次确认与验证是指厂房、设施、系统、设备、物料、工艺、检验和计算机系统等项目投入运行使用前，或已投入运行但采用新的生产处方或生产工艺而需进行并达到预期结果的确认与验证。

首次确认与验证的管理过程具体如下。

### （一）确认与验证培训

**1. 确认与验证的专题培训**　培训应侧重以下内容：①图纸上的 PID 界限划分；②图纸上组件、变送器、控制器、执行器仪表位号的标注及标示牌的悬挂识别和核对；③影响性和关键性分析的准确性；④编制认可（可接受）的方案模板；⑤可接受标准的依据和确认或验证内容的逻辑性；⑥四个确认中的各确认项目内容、记录表格与报告的关联性和追溯性。

所以应加强确认与验证的专项培训，这还影响到 FMEA 风险分析和确定具体确认的数量，数据采集是运用头脑风暴法还是德尔菲法。

设备系统确认的培训内容应侧重于系统的设备各组件材质，影响关键工艺属性和关键质量属性参数的功能、性能、安装施工要求等。

通过培训学习可掌握确认与验证的方法，减少错误。

**2. 技术标准和规范的专题培训**　在建设安装项目、维修和日常生产中，都涉及工程验收和生产验收，偏差或事故调查及采取的纠正预防措施，都涉及认定和可接受标准的依据，应熟悉定性和量化的标准尺度。

**3. 风险分析方法的专题培训**　推荐使用 FMEA 法，这涉及影响性分析；分三个层次，包括系统失效、过程失效和人员错误，上个层次的原因分析结果是下一层次的失效模式，这样就能获得分析表真实、完整的数据。

新建、改建及改造进行的首次确认与验证流程，见图 7－1。

### （二）用户需求标准（URS）

是产品制造、产能和生产条件的系统需求的描述。主要包括：①法规、标准、技术规范要求；②研发数据；③产品；④工艺流程；⑤系统现状；⑥关键工艺属性参数；⑦关键质量属性；⑧设备系统材质；⑨关键功能；⑩偏差信息；⑪保健要求；⑫安全要求；⑬环境要求等要求。

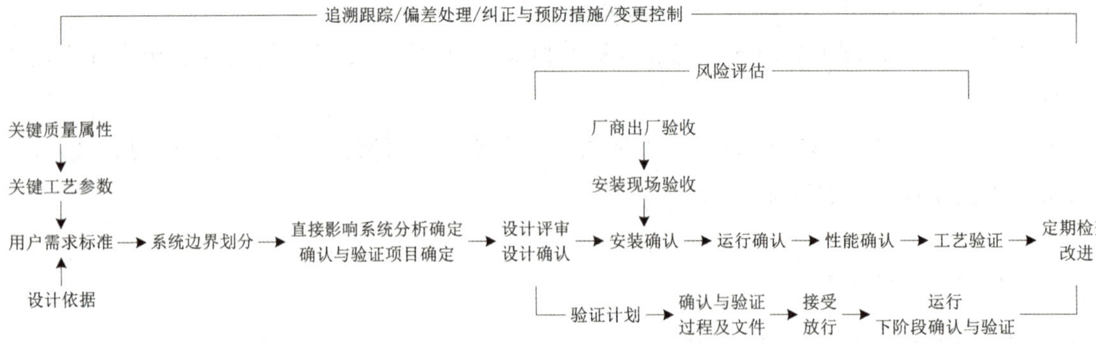


图 7－1　首次确认与验证流程

### （三）系统界限划分

制定计划时，最重要的是在 PID 上准确划分系统的界限。药品生产厂房、设施、设备系统比较复杂，彼此之间通过管道、输送带等连接，需将各系统在 PID 图上按功能分割，以方便确认与验证项目，确保确认与验证对象范围清晰，这也确保组件、变送器、控制器、执行器仪表位号在图纸和自动化系统监控界面上正确标识。同时也关系到直接影响系统确定的准确性，否则会导致确认与验证文件中的各确认项目内容、记录表格与报告的关联性混乱，确认与验证活动无法追溯。

### （四）直接影响系统的分析确定

系统界限清晰划分后，制定计划时应对该系统进行直接影响和非直接影响分析。如果此系统对工艺操作和产品质量有直接影响，需进行确认与验证。直接影响系统分析的提问表见表 7－1。

表 7－1　直接影响系统分析的提问表

| № | 问题 |
|---|---|
| 1 | 系统是否包含重要功能，如监视或控制关键工艺属性参数及关键质量属性的功能 |
| 2 | 系统是否与产品或生产流程有直接接触，可能影响最终产品质量 |
| 3 | 系统是否提供原辅料或溶剂（如制药用水），其质量是否会影响最终产品质量 |
| 4 | 系统是否用于清洁、消毒或灭菌，或因系统故障导致此操作失效，从而影响最终产品质量 |
| 5 | 物料与产品暴露环境的空气净化系统或隔离系统功能失效是否影响最终产品质量 |
| 6 | 系统是否使用、产生、处理或存储用于接受或拒绝产品、工艺属性参数或电子记录的数据，以符合含计算机化系统的自动化及控制系统要求 |
| 7 | 系统是否要求密闭，或用于分装、包装、转运的封口，或密封以保护产品，如失效是否影响最终产品质量 |
| 8 | 系统是否在没有独立验证的情况下，提供产品识别信息（如批号、有效期、防伪特征），或者系统是否用于追溯或验证该信息 |

注：只要其中 1 个回答为是，则该系统属于直接影响系统，需进行确认与验证，其余只需调试即可。

### （五）设计评审

对设计进行正式的、有文件记录的、全面的和系统的审查评价，以确定设计是否满足适用的要求，识别问题并提出解决方案。设计评审流程见图 7－2。

委托负责人→组成团队→确定评审范围→对照 URS、设计文件审查 →汇总设计可行性→评估缺陷偏差和解决措施→批准文件

图 7-2 设计评审流程

设计阶段过程包括概念设计阶段、基础设计阶段、详细设计阶段。

概念设计和基础设计阶段定义了项目的工作范围。在概念设计阶段，可以评估满足用户需求标准的几种方法（范围选项）。如有替代方案，应评估其对业务目标、项目工程成本和质量风险的影响。项目利益相关者应选择首选范围选项。

在基础设计阶段，附加的工程工作会提供更加成熟的基础设计。基础设计包含了已签发的设计文件；它是详细设计阶段的基础，该阶段提供了签发施工文件。

设计评审的目的是在整个设计过程中通过跨部门项目团队评审项目系统的设计，确保产品和工艺流程符合用户要求、GMP 和法规的要求。因此，评审团队应包括具有适当经验和相关专业知识的技术专家，以确保所评审的设计能满足 URS 的要求，保证企业有效运行并始终如一地生产优质产品。直接影响系统的评审需有质量部门人员参加，以确保满足所有的质量要求。

### （六）设计确认

设计确认是以文件化形式审查设计的内容、设计要素、技术参数、指标和要求是否符合技术规范以及用户需求所做的查证及文件记录。

设计确认实际上就是审查设计是否符合 GMP 的要求和制药设备产品标准，以及用户的产品、生产工艺、质量控制、维修保养、清洗和消毒等方面的适用性及要求。

在设备采购或开始构建系统之前，应在完成设计批准的情况下完成设计评审和设计确认。此批准的设计为后续工程变更提供了基础。

设计确认的内容主要包括：①人员确认；②设计文件确认；③用途功能确认；④主要技术参数如设备型号或规格、生产能力、性能指标确认；⑤关键部分材质确认，包括密封件、润滑剂；⑥电气系统和控制功能，包括自控或计算机化系统；⑦安全保护功能；⑧工作条件、与设备及相关公用设施的接口确认；⑨可清洗和消毒（灭菌）性确认；⑩安装施工要求确认、偏差记录、附件清单。直接影响系统还需进行风险分析，设计确认实施应做出结论。

### （七）安装确认

安装确认是以文件化形式审查施工和竣工验收的安装或改造的设施、系统和设备是否符合设计施工文件、标准和技术规范所做的各种查证及文件记录。

安装确认的内容主要包括：①人员确认；②设备工作条件及相关公用介质确认；③设备资料、施工及竣工文件确认；④安装和竣工设备核查；④施工记录，如焊接记录、材质证明、泄漏/压力试验记录、钝化记录、部件合格证等；⑤与物料接触结构材料、饰面材料及密封材料和润滑剂与规范的符合性核查确认；⑥关键检测仪表，控制仪表，执行仪表位号、位置及安装确认；⑦电气控制系统包含自控系统及计算机化系统确认、偏差记录、附件清单。安装确认实施应做出结论。

### （八）运行确认

运行确认是以文件化形式检查竣工验收后的设施、系统和设备能否在预期的范围内正常启动运行而做的调试、查证及文件记录。

运行确认的内容主要包括：①人员确认；②文件确认；③仪器仪表校准确认；④人机界面运行确认；⑤电气和操作控制系统运行确认，包括检测仪表、控制仪表、执行仪表运行确认，连锁确认；⑥人

机界面访问安全性的确认、偏差记录、附件清单。运行确认实施应做出结论。

### （九）性能确认

性能确认是以文件化形式证明已竣工交付使用的设施、系统和设备按设定的工艺条件进行操作测试，其操作运行的可靠性、主要参数的稳定性和重现性是否符合技术规范要求和用户需求。应用代表性空白试剂或原始产品测试。

性能确认主要内容包括：①人员确认；②性能指标确认；③自动化运行确认（如有）；④运行重复性确认；⑤产品（中间产品）质量指标确认、偏差记录、附件清单。

性能确认实施应做出结论。

### （十）工艺验证

工艺验证为证明工艺在设定参数范围内能有效稳定地运行并生产出符合预定质量标准和质量特性药品的验证活动。

工艺验证分三个阶段：①工艺设计阶段，在该阶段基于从开发和工艺放大过程中得到的经验确定商业化生产工艺；②工艺评价阶段，在这一阶段对已经设计的工艺进行确认，证明其能够进行重复性的商业化生产；③持续工艺确证阶段，此阶段工艺的可控性在日常生产中得到持续保证。

工艺验证内容主要包括：①人员确认；②关键设备系统性能确认；③文件确认；④原材料确认；⑤检验仪器确认；⑥验证内容的工艺属性参数及产品质量属性指标设定；⑦关键工艺属性参数指标控制验证与确认；⑧物料、中间产品、成品的关键质量属性指标控制确认与验证；⑨最差条件验证即挑战性实验；⑩工艺稳定性及偏差验证。

### （十一）其他确认与验证

在首次确认与验证中，同时会伴随计算机系统确认与验证、物料确认与验证、运输确认与验证、冷链储运的确认与验证、清洁验证、灭菌或消毒确认与验证、检验方法验证等。

## 四、持续工艺确认

持续工艺确认是指在产品生命周期中，应当进行的对商业化生产的产品质量进行监控和趋势分析，以确保工艺和产品质量始终处于受控状态的确认。

在产品生命周期中，考虑到对工艺的理解和工艺性能控制水平的变化，应当对持续工艺确认的范围和频率进行周期性的审核和调整。持续工艺确认应当按照批准的文件进行，并根据获得的结果形成相应的报告。必要时应当使用统计工具进行数据分析，以确认工艺处于受控状态。持续工艺确认的结果可以用来支持产品质量回顾分析，确认工艺验证处于受控状态。当趋势出现渐进性变化时，应当进行评估并采取相应的措施。

在持续工艺确认中，生产工艺保持验证受控状态的主要措施包括：①设备设施的预防性维护保养；②计量仪器、仪表的定期校准；③变更控制；④包括物料采购、生产管理、质量控制的生产过程控制；⑤产品年度回顾分析；⑥再确认与再验证管理。

## 五、变更验证

变更验证是指影响产品质量的关键因素发生变更时而需进行并达到预期结果的验证。变更是指已上市的药品在药品注册管理事项和生产监管事项上的变更。主要包括注册标准，原料药和制剂的生产工艺、生产场地，原料药的供应商，制剂处方中辅料和药包材，生产批量，有效期和贮藏条件等关键因素发生的变化。

为防止随意变更导致出现不期望的后果，确保变更后的生产管理与质量控制仍处于受控制状态，须对变更进行控制，对产品关键质量属性有潜在的重大影响的变更须经确认与验证，并增加额外的产品稳定性考察，以确定变更的合理性。

根据2019年修订的《中华人民共和国药品管理法》第七十九条规定，对药品生产过程中的变更，按照其对药品安全性、有效性和质量可控性的风险和产生影响的程度，实行分类管理。属于重大变更的，应当经国务院药品监督管理部门批准，其他变更应当按照国务院药品监督管理部门的规定备案或者报告。

药品生产企业的这些情形发生变更时，应当进行变更基础研究并进行确认或验证。属于重大变更的，需报国务院药品监督管理部门批准，属于中等变更的需向省级药品监督管理部门备案或报告。

## 六、再确认与再验证

再确认与再验证是对设施、设备和工艺，包括灭菌工艺、清洁方法等应当进行定期评估，以确认它们持续保持验证状态。

关键的生产工艺和操作规程应当定期进行再验证，确保其能够达到预期效果。应当采用质量风险管理方法评估变更对产品质量、质量管理体系、文件、验证、法规符合性、校准、维护和其他系统的潜在影响，必要时进行再确认或再验证。当验证状态未发生重大变化，可采用对设施、设备和工艺等的回顾审核，来满足再确认或再验证的要求。当趋势出现渐进性变化时，应当进行评估并采取相应的措施。

当有充分的历史数据可以利用时，可以采用这种方式进行再确认与再验证。其优点是积累的资料比较丰富，从对大量历史数据的回顾分析更可以考察工艺控制状况的全貌，因而其可靠性也更好。再确认与再验证也应具备的必要条件包括：有符合规定数量的批次、符合要求的数据，检验方法经过验证，检验的结果可以用数值表示并可以进行统计分析，批记录符合GMP的要求，记录中有明确的工艺条件，有关的工艺变量是标准化的并一直处于受控状态。

再确认与再验证方法适用条件包括：①关键质量属性和关键工艺参数均已确定；②已确立了合适的中间控制和可接受标准；③从来没有因为除了操作人员失误或设备故障这些与设备适应性无关的因素之外的原因而造成值得注意的生产过程或产品的不合格；④现有成品的杂质情况已确定。

## 七、确认与验证的实施项目

### （一）洁净厂房的确认与验证

洁净厂房从设计、安装到运行，需进行确认。

内容除了设计确认所含内容外，还包括风险分析、系统布局与功能确认、空间饰面（如地板、覆盖层、门、窗、天花板、排水沟、面板、穿越墙壁、天花板、地板的贯穿件等）装修及施工要求确认、施工记录确认、互锁门确认、门禁确认、采光照度确认、噪声限度确认、密封性（压差）确认、各确认项目记录表格、偏差记录、附件清单、确认结果评价、确认参考的标准和文献。

**知识链接**

洁净厂房围护结构严密性安装确认与验证——烟雾检测法 微课

**测试方法** 此法也称烟雾示踪检测法，即在洁净室通风空调系统正常运行的条件下，在需要检测位置的附近，通过人工烟源（如发烟管、水雾振荡器等）造成可视化流场，根据烟雾流动的方向判断所检测位置的严密程度。检测时应避免检测位置附近有其他干扰气流物或障碍物；应采用冷烟源，发烟量适当，宜使用专用的发烟管。检测的位置包括围护结构的接缝、门窗缝隙、插座、所有穿墙设备与墙的连接处等。检测后标注和记录泄漏位置。

**可接受标准** 受测房间 20 分钟内的压力衰减率应符合设计标准；围护结构的接缝、风口、灯具、开关、窗、插座、所有穿墙设备与墙等接口应严封不得有泄漏。

根据所有确认结果得出各确认的报告。报告包括确认基本信息，确认原始记录、数据，与设计确认方案的偏差分析、偏差后续措施、确认的审批。设计确认还包含风险分析，安装确认包含设计确认的风险分析后续措施的落实确认，以及风险指数的再确定。

### （二）空气净化系统的确认与验证

空气净化系统从设计、安装、运行到性能均需进行确认。

除了设计确认所含内容外，还包括风险分析、平面布置图的确认、空调系统关键设计标准的确认、空调系统的组件安装就位确认、空调机组装配确认、风管安装确认、过滤器安装确认、送风量和换气次数确认、压差确认、环境温湿度确认、高效过滤器确认、洁净度确认、气流流型确认、各确认项目记录表格、偏差记录、附件清单、设计确认结果评价、确认参考的标准和文献。

根据所有确认结果得出各确认的报告。报告包括确认基本信息、确认原始记录和数据、与设计确认方案的偏差分析、偏差后续措施、确认的审批。设计确认还包含风险分析，安装确认包含设计确认的风险分析后续措施的落实确认，以及风险指数的再确定。

**知识链接**

高效过滤器（HEPA）安装确认与验证的扫描检漏方法 微课

**检测条件** HEPA 在最大风量下运行，待实验室压力、温度、湿度和洁净度稳定后开始检测。

**检测用气溶胶** 浓度和粒径要求分布均匀和稳定，气溶胶的中径通常为 0.31μm。应选用对人和环境无害的物质，多采用聚 α - 烯烃（PAO）发生的气溶胶。

**检测方法**

测定过滤器的通风量：取 4 次测量的均值。

测定过滤器两侧的压差：压力测量的断面要位于流速均匀的区域。

测定上游气溶胶的浓度：将气溶胶注入被测过滤器的上游管道并保持浓度稳定，采样 4 次，每次读数与 4 次读数平均值的差别控制在 15% 内。

扫描 HEPA：采样头距被测过滤器的表面 2 ~ 3 cm，扫描的速度不超过 5cm/s，扫描范围包括过滤器的所有表面及过滤器与装置的连接处。为了获得具有统计意义的结果，需要在下游记录到足够多的粒子。标注和记录出漏点的位置。

**可接受标准** 过滤器两侧的压差、过滤器的平均过滤效率和最低过滤效率应符合设计标准；不得有明显漏点。

在洁净度确认中，按洁净室面积确定取样点数目，宜采用《中国药典》（2020 年版）四部指导原则 9205 或 ISO 14644—1:2015 附录 A 的方法，直观简捷。

### （三）制水设备系统的确认与验证

**1. 制水设备确认与验证** 确认与验证内容除了设计确认所含内容外，还包括水处理设备和管道系统安装合理性、水处理设备组件均开动情况下的检测系统操作参数、在预知测试水质（理化指标和微生物指标）的周期取样测试水质是否符合《中国药典》（2020 年版）规定标准（理化指标和微生物指标）。

**2. 水分配系统确认与验证** 确认与验证内容除了设计确认所含内容外，还包括纯化水储存和分配系统关键参数及设计标准的确认；盲管、死角、支管检查；坡度检查；材质和表面抛光的检查；脱脂、清洗和钝化检查；排放能力检查；压力测试；运行功能确认；报警和连锁的确认；生产参数的确认；峰流量的确认；在线消毒过程的确认；供电中断的确认。

### （四）气体供应系统的确认与验证

确认与验证内容除了设计确认所含内容外，还包括气体储存和分配系统关键参数及设计标准的确认；焊接文件；盲管、死角、支管检查；材质和表面抛光的检查；脱脂、清洗和钝化检查；排放能力检查；压力测试；运行功能确认；报警和连锁的确认；生产参数的确认；使用点压力的确认；峰流量的确认；供电中断的确认。

### （五）物料的确认与验证

**1. 物料采购确认** 包括供应商资质审核确认、供应商及生产厂商质量体系确认、产品质量指标确认。详见项目六任务二、项目八任务二及项目十任务九的内容。

**2. 运输的确认与验证**

（1）普通运输方式的确认与验证：运输方式确认与验证的主要内容包括合规性及客户需求的符合性确认、运输工具防污损确认、运输影响因素应急预案确认。

（2）冷链运输的确认与验证：**冷链运输方式的确认与验证** 对于有冷藏冷冻要求的物料和产品运输，应对冷藏、冷冻运输条件，运输过程，冷藏车及其温度控制和监控进行确认或验证。冷链运输确认与验证的主要内容包括受托方质量保证体系确认，用户需求确认，运输温度监控及温度数据可追溯性确认，温度异常应急预案确认。

**冷链运输工具的确认与验证** 确认与验证主要内容包括客户需求符合性确认，冷藏车、保温箱保温性能确认及技术参数确认，发运前符合性查验确认，冷链运输冷藏箱标识确认，运输时限确认，温度监控确认，运输中温度记录数据完整性、一致性确认或验证。

### （六）清洁验证

#### 实例分析

**实例** 2007 年 7 月 6 日，全国多个地区收到不良反应报告，部分医院在使用上海医药（集团）有限公司上海华联制药厂生产的部分批号的鞘内注射用甲氨蝶呤和阿糖胞苷后，一些白血病患者出现行走困难等神经损害症状，还有患者出现下肢疼痛、麻木，继而萎缩甚至瘫痪。公布的调查结果为该药厂有人员故意将硫酸长春新碱尾液混入包括上述药品的多个批次多个品种，造成混药的重大生产质量事故。

**问题** 为何会发生此类事故？

答案解析

清洁验证为有文件和记录证明所批准的清洁规程能有效清洁设备，使之符合药品生产的要求。清洁验证主要内容包括：①设备污染物及其性质确认；②清洁剂和消毒剂功能及特性确认；③取样方法和位置设计确认；④残留或清除率确认；⑤活性物质、清洁剂、消毒剂残留和微生物限度确认；⑥残留物检验方法确认；⑦清洁方法稳定性确认。

灭菌消毒效果确认与验证用的生物指指示剂见项目九任务三的内容。

#### （七）计算机系统的确认与验证

计算机系统及计算机化系统验证范围与程度应当基于科学的风险评估，应当充分考虑计算机化系统的使用范围和用途，应当涵盖药品生产质量管理全过程。计算机化系统代替人工操作时，还应当考虑患者安全，真实性，数据完整性、一致性，审计可追踪性和产品质量，应当在计算机化系统生命周期中保持其验证状态。

计算机系统确认与验证内容主要包括人员资质、培训确认；系统供应商操作规程确认；计算机系统及计算机化系统安装位置确认；计算机系统、计算机化系统清单确认；软件验证；首次验证；访问与使用权限验证与确认；人工输入数据的准确性确认与验证；数据完整性、一致性、可追踪性确认与验证；计算机化系统的变更验证与确认；计算机系统故障损坏应急验证与确认；物料与产品放行确认；电子数据合规性确认；数据备份确认与验证。

#### （八）检验方法确认与验证

检验方法确认与验证项目主要内容包括：①鉴别方法确认；②杂质鉴定方法确认；③含量测定及溶出量测定方法确认；④校正因子确认。

检验项目的质量指标确认与验证内容主要包括：①系统适用性确认，仪器检验还包括理论板数、分离度、灵敏度、拖尾因子确认；②准确度确认；③精密度确认，包括重复性、中间精密度和重现性确认；④专属性确认；⑤检测限确认；⑥定量限确认；⑦线性确认；⑧范围和耐用性确认。

**即学即练**

答案解析

最佳选择题

药品生产中为确保生产质量，监视和控制影响关键质量属性的过程可变性参数为（　　）。

A. 关键工艺属性参数　　B. 用户需求　　C. 关键质量属性　　D. 系统边界

## 任务四　确认与验证文件的编制管理

### 一、文件内容的管理

验证文件主要包括验证计划、验证方案、验证原始记录、验证报告等。

#### （一）验证计划

根据验证要求制定验证计划，主要内容包括：确认与验证的基本原则；确认与验证活动团队的人员组成及职责；确认与验证培训；系统界限划分；系统直接影响或非直接影响分析；确认种类确定；待确认或验证项目的概述；确认或验证方案、报告的基本要求；具体计划和日程安排；在确认与验证中偏差处理和变更控制的管理；保持持续验证状态的策略，包括必要的再确认和再验证；所引用的文件、文献等。验证总计划时间表编制方法示例见表7-2。

**表7-2 某项目验证计划时间表**

| 序号 | 任务名称 | 期限 | 2020～2021年 | | | | | | | | | | | |
|---|---|---|---|---|---|---|---|---|---|---|---|---|---|---|
| | | | 03 | 04 | 05 | 06 | 07 | 08 | 09 | 10 | 11 | 12 | 01 | 02 |
| 1 | 项目限定工作日 | 12个月 | ▶ | ▶ | ▶ | ▶ | ▶ | ▶ | ▶ | ▶ | ▶ | ▶ | ▶ | ▶ |
| 2 | 验证准备工作 | 4周 | ▶ | | | | | | | | | | | |
| 3 | 制定验证设计方案 | 1周 | ▮全体人员 | | | | | | | | | | | |
| 4 | 目标讨论、审核 | 1周 | ▮验证小组 | | | | | | | | | | | |
| 5 | 审核验证所需标准 | 1周 | ▮验证小组 | | | | | | | | | | | |
| 6 | 制定准备方案 | 5天 | ▶▶▶▶ | | | | | | | | | | | |
| 7 | 审核供应商文件 | 2周 | | ■验证小组 | | | | | | | | | | |
| 8 | 制定验证计划 | 3周 | | ■验证小组 | | | | | | | | | | |
| 9 | 制定验证方案 | 2周 | | | ■项目小组 | | | | | | | | | |
| 10 | 审核验证方案 | 1周 | | | ▶▶▶▶ | | | | | | | | | |
| 11 | 批准验证方案 | 3天 | | | | ▶▶▶▶ | | | | | | | | |
| 12 | 培训 | 3天 | | | | ▶ 验证小组 | | | | | | | | |
| 13 | 执行 | 40天 | | | | | ▶ 项目小组 | | | | | | | |
| 14 | 校验仪器 | 2天 | | | | | ▶ 项目小组 | | | | | | | |
| 15 | 检验方法验证 | 60天 | | | | | | ▶ 项目小组 | | | | | | |
| 16 | 计算机系统验证 | 20天 | | | | | ■项目小组 | | | | | | | |
| 17 | 清洁验证 | 30天 | | | | | | ■项目小组 | | | | | | |
| 18 | 纠偏及意外处理 | 5天 | | | | | | ▮验证小组 | | | | | | |
| 19 | 重新执行标准测试 | 3周 | | | | | | ■项目小组 | | | | | | |
| 20 | 汇总结果编制报告 | 1周 | | | | | | ▮验证小组 | | | | | | |
| 21 | 审核验证试验结果 | 3天 | | | | | | ▶▶ | | | | | | |
| 22 | 准备验证报告 | 2周 | | | | | | | | | | ■验证小组 | | |
| 23 | 审核验证报告 | 3周 | | | | | | | | | | ■验证小组 | | |
| 24 | 结论和建议 | 1周 | | | | | | | | | | ▮验证小组 | | |

### （二）确认与验证方案

确认与验证方案的起草是设计、检查及试验方案的过程，它是实施验证的工作依据，也是重要的技术标准。确认与验证方案经验证小组审核通过，并交由企业验证负责人批准。

### （三）验证原始记录

验证按预先制定并批准的方案实施。验证方案包括验证方案及记录两大部分，即除了规定了应当如何做、达到什么标准以外，还规定了应当完成的记录。指令有时只有文件的编号，如清场的操作规程，内容需要从相应的规程中查阅。验证的记录应及时、清晰并有适当的说明。

### （四）验证报告

某一验证活动完成后，应同时完成相应的验证报告。这同生产作业一样，每一工序生产作业完成了，就得到该工序的批生产记录。

验证报告应包括确认信息、确认原始记录、数据（文件号、原始记录描述、数据结果）、与确认方案的偏差分析、后续措施、确认与验证报告的审批。

## 二、文件标识的管理

每个文件的封面及页眉应包含下列文件标识性信息：文件编号、版本号（修订版本号）、页码、文件标题；起草人、审核人和批准人的信息如姓名、所属的部门、职务等，以及签署和日期。

验证文件封面应有验证文件修订记录，包括修订日期、修订版本号、修订内容、修订人签名、审核人签名。

验证文件的标识是验证资料具备可追溯性的重要手段，同其他 GMP 文件一样，每一文件都须用专一性的编号进行标识。标识的方法与操作规程或基准批生产记录相类似。

## 三、文件审批的管理

所有的验证文件必须由下述人员审核、批准并签注姓名和日期。

文件须经过质量管理部门负责人签字批准，以保证验证方法、有关试验接受标准、验证实施过程及结果符合 GMP 的要求和企业内控标准的要求。

验证文件是重要的质量体系文件，它直接关系到验证活动的科学性、有效性以及将来的产品质量水平。因此，必须经主管验证企业负责人认可和批准。

生产技术部或设备工程部门负责人应当通过验证熟悉并掌握保持稳定生产的关键因素，以便履行各自的职责。应提供验证所必需的资源、人员、材料、时间及服务。对验证报告和验证小结中的结果、建议及评估结论的认可。

验证实施人员按文件要求实施验证，观察并做好验证原始记录，对实施验证的结果负责。

审核人员通常为专业技术人员，确保文件准确可靠，并审核确认其中的内容与结论。

## 四、档案的管理

质量管理部门的验证主管负责验证文件的文档管理。验证完成后，有关文件的复印件应交付有关部门作为设备档案即历史文件的重要组成部分。确认与验证文件长期保存。

## 示例：××××高效液相色谱仪的性能确认（PQ）方案

| ××× 制药有限公司 | | 页　码 | 第 1 页/共 11 页 |
|---|---|---|---|
| | | 编　码 | STP－YZ－01001－1 |
| ××××高效液相色谱仪的性能确认方案 | | 生效日期 | 2021.03.16 |
| | | 版本号 | №1 |
| 技术标准－STP | | | |
| 题　目 | ××××高效液相色谱仪的性能确认方案 | 颁发部门 | 质量部 |
| 起草人 | ××× | 日　期 | 2020－12－03 |
| 部门主管审核 | ××× | 日　期 | 2021－01－03 |
| QA 主管审核 | ××× | 日　期 | 2021－01－13 |
| 批　准 | ××× | 日　期 | 2021－03－03 |
| 分　发 | 质量部 | | |

××××高效液相色谱仪

## 性能确认（PQ）方案

型号 ××××

名称 高效液相色谱仪

**文件变更记录**

| 验证文件编号/版本号 | 变更内容 | 修订人签名/日期 | 审核人签名/日期 |
|---|---|---|---|
| | | | |
| | | | |
| | | | |
| | | | |

### 1 目的

本方案的目的就是通过对仪器系统运行测试，以及对穿心莲内酯对照品和脱水穿心莲内酯对照品的检测，测试观察、记录及分析数据，证明该高效液相色谱仪的性能稳定，符合《中国药典》（2020 年版）相关检验的仪器分析标准和要求、《药品生产质量管理规范（2010 年修订）》及附录有关质量控制及检验的要求。

### 2 范围

××××高效液相色谱仪系统性能确认的范围主要包括：输送泵流量及流速稳定性、可见波长准确度、基线噪音限度和基线漂移、进样精密度和残留限度、线性、重现性。

### 3 系统描述

本高效液相色谱仪系统由四元梯度泵、智能化温控柱箱、在线脱气机、自动进样器、二极管阵列检测器、色谱柱、数据处理系统组成。

由高压输液泵将规定的流动相泵入色谱柱，自动进样器注入供试品，由流动相带入色谱柱内，各组分在色谱柱内被分离，并依次进入检测器，由色谱工作站软件记录和处理色谱信号，从而达到分析目的。

具有可适用该仪器方法的化学物质的纯度、已知和未知杂质的检出、定量检测等功能。

### 4 执行和引用的标准和规范

- 《药品生产质量管理规范（2010 年修订）》及附录
- GB/T 28671—2012 制药机械（设备）验证导则
- JJ/G 705—2014 液相色谱仪检定规程
- ××××高效液相色谱产品标准（须注明标准编号及标准名称）
- 《中国药典》（2020 年版）四部指导原则 9101 药品质量标准分析方法验证指导原则
- 《中国药典》（2020 年版）四部通则 0512 高效液相色谱法
- Ph. Eur. 第五版

### 5 性能确认实施

5.1 人员确认

通过检查确认，证明所有参与本系统确认验证人员均经过确认与验证专项培训并经考核，其技术知识和业务能力达到能执行和完成确认与验证工作分工任务的要求。

5.1.1 确认方法

列出所有参与人员，包括姓名、部门/公司，核对培训记录表文件××××，确认是否经过培训和考核。

5.1.2 可接受标准

《药品生产质量管理规范（2010年修订）》第6、7、9、10、17~19、24、27、46、138~149条规定的人员、确认与验证要求；

所有的人员已经过培训并考核合格；

所有参与本项目确认与验证人员已登记姓名和部门/公司并知晓自身职责。

5.1.3 结果

填写附表1验证小组成员确认登记表，如果要求不适用，填写“N/A”，并在备注栏中注明原因；

在偏差记录表中记录在实施过程中所发生的不符合项。

5.2 前置条件确认

通过检查运行确认文件，校准已在运行确认时完成。开机测试运行，证明仪器系统启动运行正常平稳，各组件功能操作正常稳定，色谱系统参数进行调整和控制符合限度要求。

5.2.1 确认方法

取《××××高效液相色谱仪系统运行确认报告》等文件，在附表中记录运行确认文件文件名称、文件编号、文件版本号、发布日期，并核实是否可用和经过批准。

开机测试运行，检查有无故障或异常，检测前在限度要求范围内控制色谱系统参数。

5.2.2 可接受标准

运行确认文件齐全且为现行版本且经审核和批准。

液相色谱系统参数及测试条件总体要求

| 色谱参数 | | 允许调整限度 |
|---|---|---|
| 流动相组成 | 比例小的溶剂 | ±30%（相对比例）或±2%（绝对比例） |
| | 其它溶剂 | ±10%（绝对比例） |
| 流动相中水相 pH 值 | | ±0.2<br>±0.1（等测物为中性物质） |
| 流动相中缓冲盐浓度值 | | ±10% |
| 检测波长 | | 不得变动 |
| 色谱柱长度 | | ±70% |
| 色谱柱内径 | | ±25% |
| 充填粒径 | | 粒径不得增加，最低可降低为规定值的50% |
| 流速 | | ±50%<br>标准中给出主峰保留时间，如色谱柱内径有变化，必须调节流速<br>标准中系统适用性有表观理论塔板数要求时不得降低规定流速 |
| 柱温 | | ±10%，最高温度应不超过60℃ |
| 进样体积 | | 可以减少进样体积，如果待测色谱峰的检出和峰面积相对标准偏差符合规定 |

5.2.3 结果

填写附表2前置条件确认表，如果要求不适用，填写“N/A”，并在备注栏中注明原因；

在偏差记录表中记录在实施过程中所发生的不符合项。

5.3　对照品、试剂的确认

通过检查性能确认所需的穿心莲内酯对照品、试剂，确认对照品、试剂的名称、批号、制备人员姓名、制备日期、有效期、首次开启日期、含量等标识正确，并符合性能确认所需要求。

5.3.1　确认方法

取得××××高效液相色谱仪系统性能确认所需对照品和试剂清单，检查对照品、试剂的名称、批号、制备人员姓名、制备日期、有效期、首次开启日期、含量等标识等内容，填写记录。

5.3.2　可接受标准

对照品、试剂应符合《中国药典》（2020年版）四部通则8000试剂与标准物质项下规定。

对照品和试剂管理还应符合GMP第二百二十六条、第二百二十七条项下规定。

5.3.3　结果

填写附表3对照品、试剂确认表，如果要求不适用，填写“N/A”，并在备注栏中注明原因；

在偏差记录表中记录在实施过程中所发生的不符合项。

5.4　泵流速确认

5.4.1　测试方法

根据仪器显示及实验室需求，流量范围在0.5ml/min～5.0ml/min，以水为流动相，将流速分别设定为0.5ml/min、1.0ml/min、2.0ml/min、3.0ml/min、5.0ml/min。待流速稳定后，用一校正过的10ml容量瓶接收流动相并开始计时，当流动相接收至容量瓶刻度时停止计时并计算流速。每种流速做3次，按以下公式计算流速的设定值误差，流速的稳定性误差。

$$S_S=\frac{\overline{F}_m-F_S}{F_S}\times 100\% \qquad \text{（示例-1）}$$

式中，$S_S$为流速设定值误差；$\overline{F}_m$为同一设定流量3次测量值的算术平均值，单位为ml/min；$F_S$为流量设定值，单位为ml/min。

$$F_m=(W_1-W_2)/(\rho_t\cdot t) \qquad \text{（示例-2）}$$

式中，$F_m$为流量实测值，单位为ml/min；$W_2$为容量瓶+流动相的质量，单位为g；$W_1$为容量瓶的质量，单位为g；$\rho_t$为实验温度下流动相的密度，单位为$g/cm^3$（不同温度下流动相的密度参见JJG 705—2014《液相色谱仪检定规程》附录C）；$t$为收集流动相的时间，单位为min。

$$S_R=\frac{F_{max}-F_{min}}{F_m}\times 100\% \qquad \text{（示例-3）}$$

式中，$S_R$为流速稳定性误差；$F_{max}$为同一设定流量3次测量值的最大值，单位为ml/max；$F_{min}$为同一设定流量3次测量值的最小值，单位为ml/min；$F_m$为流量实测值，单位为ml/min。

5.4.2　可接受标准

| 设定流速 | 设定值误差 | 稳定性误差 |
|---|---|---|
| 0.5 | ≤±2% | ≤2% |
| 1.0 | ≤±2% | ≤2% |
| 2.0 | ≤±2% | ≤2% |
| 3.0 | ≤±2% | ≤2% |
| 5.0 | ≤±2% | ≤2% |

5.4.3 结果

测试及确认结果判定填写附表 4 泵流速确认表，如果要求不适用，填写“N/A”，并在备注栏中注明原因；

在偏差报告表中记录在实施过程中所发生的不符合项。

5.5 紫外可见波长检测度准确度的确认

5.5.1 测试方法

波长准确度用波长示值误差表示。波长示值误差是设定检测器的波长与实际波长之间的差值。开启检测器，预热。配置一份 100μg/ml 的穿心莲内酯与脱水穿心莲内酯溶液（穿心莲内酯与脱水穿心莲内酯各一半），当穿心莲内酯与脱水穿心莲内酯溶液从柱子洗脱并流入紫外可见检测器时，停止流速，用 190nm 到 400nm 的波长对穿心莲内酯与脱水穿心莲内酯溶液进行波长扫描，并输出各波长所对应的吸光度，以波长为 X 轴、吸光度为 Y 轴建立一条曲线，曲线拐点对应的 X 值即为波长测得值。所测得的波长与穿心莲内酯溶液特定吸收波长（225nm）、脱水穿心莲内酯溶液特定吸收波长（254nm）的差值即为波长示值误差。

5.5.2 可接受标准

波长准确度（nm）：示值误差≤ ±2nm

5.5.3 结果

测试及确认结果判定填写附表 3，如果要求不适用，填写“N/A”，并在备注栏中注明原因；

在偏差报告表中记录在实施过程中所发生的不符合项。

5.6 基线噪音和基线漂移的确认

5.6.1 测试方法

检查条件：选用 C18 柱，以 100% 甲醇为流动相，流速为 1.0ml/min，紫外检测器的波长选在 254nm。开机预热，待仪器稳定后记录基线 60min，测得 1min 内基线波动幅度作为基线噪音，用检测器自身的物理量（mAU）作单位表示，基线漂移用 60min 内基线偏离原点的值（mAU/60min）作单位表示。

检查方法：监视界面，根据工作站 PC 计算机、记录仪 60min 图谱计算结果。

5.6.2 可接受标准

基线噪音 < $\pm 1.0 \times 10^{-5}$AU，254nm（1ml/min 甲醇下测定）

基线噪声≤$5 \times 10^{-4}$AU；基线漂移≤$5 \times 10^{-3}$AU/30min

基线噪音 <0.5mAU

5.6.3 结果

测试及确认结果判定填写附表 6 基线噪音和基线漂移确认表，如果要求不适用，填写“N/A”，并在备注栏中注明原因；

在偏差报告表中记录在实施过程中所发生的不符合项。

5.7 进样精密度和残留确认

5.7.1 测试方法

选用 4.6mm×250mm 的 C18 柱，流动相：甲醇－水（60∶40），检测波长 225nm，流速 1.0ml/min，进样量 10μl，使用下列商业标准品进样。

标准溶液（a）：穿心莲内酯溶液 100μg/ml

标准溶液（b）：穿心莲内酯溶液 10μg/ml

进以下序列样：标准溶液（a）：穿心莲内酯溶液 100μg/ml，1 针

空白溶液：水，1 针

标准溶液（b）：穿心莲内酯 10μg/ml，1 针

记录色谱图并对穿心莲内酯峰进行积分。分别测定三次，记录结果。

5.7.2　可接受标准

进样残留

峰面积：空白溶液中相应的峰面积与标准溶液（a）中穿心莲内酯峰面积的百分比不超过 0.2%。

峰高：空白溶液中相应的峰高与标准溶液（a）中穿心莲内酯峰高的百分比不超过 0.4%。

进样精密度

峰面积：标准溶液（b）中穿心莲内酯的峰面积是标准溶液（a）中穿心莲内酯峰面积的 9.5%～10.5%。

峰高：标准溶液（b）中穿心莲内酯的峰高是标准溶液（a）中穿心莲内酯峰高的 9%～11%。

5.7.3　结果

测试及确认结果判定填写附表 7 进样精密度确认表，附表 8 进样残留确认表，如果要求不适用，填写“N/A”，并在备注栏中注明原因；

在偏差报告表中记录在实施过程中所发生的不符合项。

5.8　线性的确认

5.8.1　测试方法

选用一根 C18 柱，4.6mm×250mm，5μm，流动相：甲醇－水（60∶40）；流速 1.0ml/min；检测波长 225nm。开启检测系统，将工作波长设置为 225nm，开机等待色谱柱充分平衡且检测器基线稳定，噪声和基线符合规定的要求后，穿心莲内酯标准品溶液进样量分别为 1μl、10μl、20μl、30μl、50μl、70μl、100μl，各进样 1 次。记录色谱图并对穿心莲内酯峰进行积分。

5.8.2　可接受标准

相关系数 $R^2>0.999$

5.8.3　结果

测试及确认结果判定填写附表 9 线性确认表，如果要求不适用，填写“N/A”，并在备注栏中注明原因；

在偏差报告表中记录在实施过程中所发生的不符合项。

5.9　重现性的确认

5.9.1　测试方法

选用一根 C18 柱，4.6mm×250mm，5μm。流动相：甲醇－水（60∶40）；流速：1.0ml/min；进样量：10μl；检测波长：225nm。开启检测器电源，将工作波长设置为 225nm，预热，开启泵的电源开关，流量设置为 1.0ml/min，等待色谱柱充分平衡且检测器基线稳定，噪声和基线应符合规定的要求，穿心莲内酯准品溶液 100μg/ml 10ul，进样五次。对 5 次测试结果计算相对偏差。

5.9.2　可接受标准

定性测量重现性　RSD≤1.0%

定量测量重现性　RSD≤1.0%

5.9.3　结果

测试及确认结果判定填写附表 10 重现性确认表，如果要求不适用，填写“N/A”，并在备注栏中注明原因；

在偏差报告表中记录在实施过程中所发生的不符合项。

## 6　结论

对确认实施的内容和结果进行评价，得出确认结论，各人员签注姓名和日期。

## 7　确认周期

7.1　设定确认周期，根据药监部门或法规要求周期性进行再确认，确保该设备的确认状态没有发生漂移。

7.2　正常检测条件下，规定每两年进行一次定期再确认。

**附表 1　验证小组成员确认登记表**

| 姓名 | | 所属部门 | 职责 | 分工 | 是否培训过 | 审查结果 |
|---|---|---|---|---|---|---|
| 组长 | ××× | 质管部 | 部长 | 负责组织与协调，监督确认的实施，并对确认结果进行评价 | | |
| 小组成员 | ××× | 质检部 | 部长 | 负责组织与协调仪器确认的实施，确认结束写出确认总结报告 | | |
| | ××× | 质检部 | 主管 | 负责仪器确认方案与报告起草及确认过程复核 | | |
| | ××× | 质检部 | 主管 | 起草仪器操作规程、预防性保养规程并进行培训 | | |
| | ××× | 质检部 | 质检员 | 负责确认、填写确认记录 | | |
| | ××× | 质检部 | 质检员 | 负责确认、填写确认记录 | | |
| | ××× | ××× | 厂商工程师 | ××××高效液相色谱仪设备售后服务技术支持 | | |

**附表 2　前置条件确认表**

| № | 文件名称 | 文件号 | 版本/日期 | 可接受标准 | 审查结果 |
|---|---|---|---|---|---|
| | | | | 运行确认文件齐全且为现行版本并经审核和批准 | |
| | | | | | |
| | | | | | |
| | | | | | |
| | | | | | |
| | | | | | |
| | | | | | |
| | | | | | |
| | | | | | |
| | | | | | |

备注

确认人：　　　　　　年　　月　　日　　　　　　　复核人：　　　　　　年　　月　　日

### 附表 3 对照品、试剂确认表

| № | 品名 | 含量 | 批号 | 首次开启日期 | 可接受标准 | 审查结果 |
|---|---|---|---|---|---|---|
| | | | | | 应符合《中国药典》(2020年版）四部通则8000试剂与标准物质项下规定<br>应符合GMP第二百二十六条、第二百二十七条项下规定 | |
| | | | | | | |
| | | | | | | |
| | | | | | | |
| | | | | | | |
| | | | | | | |
| | | | | | | |
| | | | | | | |
| | | | | | | |

备注

确认人： 年 月 日 复核人： 年 月 日

### 附表 4 泵流速确认表

| 设定流速 ml/min | 收集时间 min | 计算流速 ml/min | 平均流速 ml/min | 设定值误差 % | | 稳定性误差% | | 结果判定 |
|---|---|---|---|---|---|---|---|---|
| | | | | 测试结果 | 标准规定 | 测试结果 | 标准规定 | |
| 0.5 | | | | | ±2% | | ≤2% | |
| | | | | | | | | |
| | | | | | | | | |
| 1.0 | | | | | ±2% | | ≤2% | |
| | | | | | | | | |
| | | | | | | | | |
| 2.0 | | | | | +2% | | ≤2% | |
| | | | | | | | | |
| | | | | | | | | |
| 3.0 | | | | | ±2% | | ≤2% | |
| | | | | | | | | |
| | | | | | | | | |
| 5.0 | | | | | ±2% | | ≤2% | |
| | | | | | | | | |
| | | | | | | | | |

测试人： 年 月 日 复核人： 年 月 日

### 附表 5 紫外可见波长检测度准确度确认表

| 波长设定值（nm） | 225 | | | | | 254 | | | | |
|---|---|---|---|---|---|---|---|---|---|---|
| 扫描波长（nm） | | | | | | | | | | |
| 吸光度（mAU） | | | | | | | | | | |
| 二次曲线方程（$Y=ax^2+bx+c$） | | | | | | | | | | |
| 波长测得值（nm） | | | | | | | | | | |
| 示值误差（nm） | | | | | | | | | | |
| 可接受标准 | ≤±2nm | | | | | ≤±2nm | | | | |

续表

| | | |
|---|---|---|
| 结果判定 | | |
| 附件号 | | |

测试人：　　　　年　月　日　　　　复核人：　　　　年　月　日

### 附表 6　基线噪音和基线漂移确认表

| 项　目 | 可接受标准 | 附件号 | 实测结果 | 结果判定 |
|---|---|---|---|---|
| 基线漂移 | 基线漂移：≤$5\times10^{-3}$AU/30min | | | |
| 基线噪声 | <0.05mAU | | | |

测试人：　　　　年　月　日　　　　复核人：　　　　年　月　日

### 附表 7　进样精密度确认表

| | 第一次 | | 第二次 | | 第三次 | | 三次的平均值 | |
|---|---|---|---|---|---|---|---|---|
| | 峰面积 | 峰高 | 峰面积 | 峰高 | 峰面积 | 峰高 | 峰面积 | 峰高 |
| 标准溶液（a） | | | | | | | | |
| 空白溶液 | | | | | | | | |
| 标准溶液（b） | | | | | | | | |

确认人：　　　　年　月　日　　　　复核人：　　　　年　月　日

### 附表 8　进样残留确认表

| | | | |
|---|---|---|---|
| 测试结果 | 进样残留 | 峰面积 | 空白溶液中相应的峰面积与标准溶液（a）中穿心莲内酯峰面积的百分比为　　% |
| | 进样精密度 | 峰高 | 空白溶液中相应的峰高与标准溶液（a）中穿心莲内酯峰高的百分比为　　% |
| | | 峰面积 | 标准溶液（b）中穿心莲内酯的峰面积是标准溶液（a）中穿心莲内酯峰面积的　　% |
| | | 峰高 | 标准溶液（b）中穿心莲内酯的峰高是标准溶液（a）中穿心莲内酯峰高的　　% |
| 结果判定 | 进样残留 | 峰高、峰面积 | |
| | 进样精密度 | 峰高、峰面积 | |

### 附表 9　线性确认表

标准品名称（浓度）/批号：＿＿＿＿＿＿

| 进样量（ul） | 标准品峰面积（mAU·S） | 附件号 |
|---|---|---|
| 1 | | |
| 10 | | |
| 20 | | |
| 30 | | |
| 50 | | |
| 70 | | |
| 100 | | |

标准曲线：

相关系数 $R^2$：　　　　附件号：

确认人：　　　　年　月　日　　　　复核人：　　　　年　月　日

### 附表 10　重现性确认表

标准品名称（浓度）/批号：＿＿＿＿＿＿

| | 1 | 2 | 3 | 4 | 5 | 平均值 | 相对标准偏差（RSD） | 可接受标准（RSD） | 结果判定 |
|---|---|---|---|---|---|---|---|---|---|
| 保留时间（定性） | | | | | | | | ≤1.0% | |
| 峰面积（定量） | | | | | | | | ≤1.0% | |
| 附件号 | | | | | | | | | |

确认人：　　　　年　月　日　　　　复核人：　　　　年　月　日

### 附表 11

<table>
<tr><th colspan="2">评价内容</th><th colspan="2">结论</th></tr>
<tr><td colspan="2">检验方法学验证方案对药品生产质量管理规范的符合性</td><td colspan="2"></td></tr>
<tr><td colspan="2">检验方法学验证方案对执行《中国药典》（2020 年版）四部指导原则 9101 药品质量标准分析方法验证指导原则的符合性</td><td colspan="2"></td></tr>
<tr><td colspan="2">检验方法学验证方案对执行《中国药典》（2020 年版）的符合性</td><td colspan="2"></td></tr>
<tr><td colspan="2">检验方法学验证方案对检验仪器技术要求的符合性</td><td colspan="2"></td></tr>
<tr><td colspan="2">检验方法学验证方案对检验试剂及标准品、对照品要求的符合性</td><td colspan="2"></td></tr>
<tr><td colspan="2">检验方法学验证方案对检验人员相关检验技能要求的符合性</td><td colspan="2"></td></tr>
<tr><td colspan="2">检验结果对检验方法学验证要求的符合性</td><td colspan="2"></td></tr>
<tr><td rowspan="6">验证小组成员签名/日期</td><td>1</td><td rowspan="6">验证负责人签名/日期</td><td rowspan="6"></td></tr>
<tr><td>2</td></tr>
<tr><td>3</td></tr>
<tr><td>4</td></tr>
<tr><td>5</td></tr>
<tr><td>……</td></tr>
</table>

答案解析

## 目标检测

### 一、最佳选择题

1. 采用新的生产处方或生产工艺前，应当验证其常规生产的（　　）。

A. 先进性　　B. 适用性　　C. 严谨性　　D. 成熟性

2. 工艺验证经历阶段不包括（　　）。

A. 工艺设计阶段　　B. 工艺评价阶段

C. 工艺修正阶段　　D. 持续工艺确证阶段

### 二、配伍选择题

[1～2]

A. 再确认与再验证　　B. 验证

C. 确认　　D. 变更验证

1. 影响产品质量的主要因素发生变化或更换时，需进行并达到预期结果的验证为（　　）。

2. 证明厂房、设施、设备能正确运行并可达到预期结果的一系列活动为（　　）。

## 三、综合分析选择题

[1 ~2]

**案例** 2007 年 7 月 6 日，全国多个地区收到不良反应报告，部分医院在使用上海医药（集团）有限公司上海华联制药厂生产的部分批号的鞘内注射用甲氨蝶呤和阿糖胞苷后，一些白血病患者出现行走困难等神经损害症状，还有患者出现下肢疼痛、麻木，继而萎缩甚至瘫痪。公布的调查结果为该药厂有人员故意将硫酸长春新碱尾液混入包括上述药品的多个批次多个品种，造成混药的重大生产质量事故。

1. 清洁方法应当经过验证，证实其清洁的效果，以有效防止（　　）。

A. 污染、交叉污染　　B. 引发化学反应

C. 混淆　　D. 差错

2. 清洁验证中，清洁验证应当综合考虑的因素不包含（　　）。

A. 设备使用情况　　B. 取样温度

C. 取样方法和位置　　D. 残留物的性质

## 四、多项选择题

1. 清洁验证主要内容包括（　　）。

A. 设备使用及被清除物质情况

B. 所使用的清洁剂和消毒剂性质

C. 取样方法和位置

D. 取样回收率

2. 验证文件主要包括（　　）。

A. 验证计划　　B. 验证方案

C. 验证原始记录　　D. 验证报告

## 五、判断正误题

1. 应当根据确认或验证的对象制定确认或验证方案，并经审核、批准。(　　)

2. 关键质量属性是指工艺操作中为确保生产质量，监视和控制影响关键质量属性的过程可变性参数。(　　)

书网融合……

知识回顾　　微课　　习题

（何思煌）

# 项目八　文件管理

PPT

## 学习引导

文件系统是药品生产中药品质量的保障。建立文件系统的作用在于规定使用所有物品的规格标准及生产控制程序，并提供依据和记录。书面文件能避免口头交流和语言上的差错与误解而造成的事故。记录文件可载有所有操作的印迹和时间节点，所有活动都可被追溯。那么在报废物料与产品销毁操作规程中，文件系统如何指引操作呢？药包材的质量标准又有哪些技术指标？

本项目主要学习文件术语的释义；文件的构成；文件制定步骤、编码要求、格式、起草原则；文件使用管理等；质量标准、工艺规程、操作规程、记录编制管理。

## 学习目标

1. **掌握**　GMP带“★”的条款要点；术语释义；文件构成；文件编制与使用管理的主要内容。

2. **熟悉**　GMP带“▲”的条款要点；文件的编码、格式要求；工艺规程、操作规程的编制管理。

3. **了解**　文件制定修订的适用情况；质量标准内容；批记录内容；电子记录的释义和分类。

## GMP
## 第八章　文　件
### 第一节　原　则

**★第一百五十条**　文件是质量保证系统的基本要素。企业必须有内容正确的书面质量标准、生产处方和工艺规程、操作规程以及记录等文件。

**第一百五十一条**　企业应当建立文件管理的操作规程，系统地设计、制定、审核、批准和发放文件。与本规范有关的文件应当经质量管理部门的审核。

**第一百五十二条**　文件的内容应当与药品生产许可、药品注册等相关要求一致，并有助于追溯每批产品的历史情况。

**★第一百五十三条**　文件的起草、修订、审核、批准、替换或撤销、复制、保管和销毁等应当按照操作规程管理，并有相应的文件分发、撤销、复制、销毁记录。

**▲第一百五十四条**　文件的起草、修订、审核、批准均应当由适当的人员签名并注明日期。

**★第一百五十五条** 文件应当标明题目、种类、目的以及文件编号和版本号。文字应当确切、清晰、易懂，不能模棱两可。

**第一百五十六条** 文件应当分类存放、条理分明，便于查阅。

**第一百五十七条** 原版文件复制时，不得产生任何差错；复制的文件应当清晰可辨。

**▲第一百五十八条** 文件应当定期审核、修订；文件修订后，应当按照规定管理，防止旧版文件的误用。分发、使用的文件应当为批准的现行文本，已撤销的或旧版文件除留档备查外，不得在工作现场出现。

**▲第一百五十九条** 与本规范有关的每项活动均应当有记录，以保证产品生产、质量控制和质量保证等活动可以追溯。记录应当留有填写数据的足够空格。记录应当及时填写，内容真实，字迹清晰、易读，不易擦除。

**第一百六十条** 应当尽可能采用生产和检验设备自动打印的记录、图谱和曲线图等，并标明产品或样品的名称、批号和记录设备的信息，操作人应当签注姓名和日期。

**★第一百六十一条** 记录应当保持清洁，不得撕毁和任意涂改。记录填写的任何更改都应当签注姓名和日期，并使原有信息仍清晰可辨，必要时，应当说明更改的理由。记录如需重新誊写，则原有记录不得销毁，应当作为重新誊写记录的附件保存。

**★第一百六十二条** 每批药品应当有批记录，包括批生产记录、批包装记录、批检验记录和药品放行审核记录等与本批产品有关的记录。批记录应当由质量管理部门负责管理，至少保存至药品有效期后一年。

质量标准、工艺规程、操作规程、稳定性考察、确认、验证、变更等其他重要文件应当长期保存。

**第一百六十三条** 如使用电子数据处理系统、照相技术或其他可靠方式记录数据资料，应当有所用系统的操作规程；记录的准确性应当经过核对。

使用电子数据处理系统的，只有经授权的人员方可输入或更改数据，更改和删除情况应当有记录；应当使用密码或其他方式来控制系统的登录；关键数据输入后，应当由他人独立进行复核。

用电子方法保存的批记录，应当采用磁带、缩微胶卷、纸质副本或其他方法进行备份，以确保记录的安全，且数据资料在保存期内便于查阅。

## 第二节　质量标准

**第一百六十四条** 物料和成品应当有经批准的现行质量标准；必要时，中间产品或待包装产品也应当有质量标准。

**▲第一百六十五条** 物料的质量标准一般应当包括：

（一）物料的基本信息：

1. 企业统一指定的物料名称和内部使用的物料代码；
2. 质量标准的依据；
3. 经批准的供应商；
4. 印刷包装材料的实样或样稿。

（二）取样、检验方法或相关操作规程编号；

（三）定性和定量的限度要求；

（四）储存条件和注意事项；

(五) 有效期或复验期。

**第一百六十六条** 外购或外销的中间产品和待包装产品应当有质量标准;如果中间产品的检验结果用于成品的质量评价,则应当制定与成品质量标准相对应的中间产品质量标准。

**第一百六十七条** 成品的质量标准应当包括:

(一) 产品名称以及产品代码;

(二) 对应的产品处方编号(如有);

(三) 产品规格和包装形式;

(四) 取样、检验方法或相关操作规程编号;

(五) 定性和定量的限度要求;

(六) 储存条件和注意事项;

(七) 有效期。

## 第三节 工艺规程

**第一百六十八条** 每种药品的每个生产批量均应当有经企业批准的工艺规程,不同药品规格的每种包装形式均应当有各自的包装操作要求。工艺规程的制定应当以注册批准的工艺为依据。

**▲第一百六十九条** 工艺规程不得任意更改。如需更改,应当按照相关的操作规程修订、审核、批准。

**▲第一百七十条** 制剂的工艺规程的内容至少应当包括:

(一) 生产处方:

1. 产品名称和产品代码;

2. 产品剂型、规格和批量;

3. 所用原辅料清单(包括生产过程中使用,但不在成品中出现的物料),阐明每一物料的指定名称、代码和用量;如原辅料的用量需要折算时,还应当说明计算方法。

(二) 生产操作要求:

1. 对生产场所和所用设备的说明(如操作间的位置和编号、洁净度级别、必要的温湿度要求、设备型号和编号等);

2. 关键设备的准备(如清洗、组装、校准、灭菌等)所采用的方法或相应操作规程编号;

3. 详细的生产步骤和工艺参数说明(如物料的核对、预处理、加入物料的顺序、混合时间、温度等);

4. 所有中间控制方法及标准;

5. 预期的最终产量限度,必要时,还应当说明中间产品的产量限度,以及物料平衡的计算方法和限度;

6. 待包装产品的储存要求,包括容器、标签及特殊储存条件;

7. 需要说明的注意事项。

(三) 包装操作要求:

1. 以最终包装容器中产品的数量、重量或体积表示的包装形式;

2. 所需全部包装材料的完整清单,包括包装材料的名称、数量、规格、类型以及与质量标准有关的每一包装材料的代码;

3. 印刷包装材料的实样或复制品，并标明产品批号、有效期打印位置；

4. 需要说明的注意事项，包括对生产区和设备进行的检查，在包装操作开始前，确认包装生产线的清场已经完成等；

5. 包装操作步骤的说明，包括重要的辅助性操作和所用设备的注意事项、包装材料使用前的核对；

6. 中间控制的详细操作，包括取样方法及标准；

7. 待包装产品、印刷包装材料的物料平衡计算方法和限度。

## 第四节　批生产记录

**第一百七十一条**　每批产品均应当有相应的批生产记录，可追溯该批产品的生产历史以及与质量有关的情况。

**▲第一百七十二条**　批生产记录应当依据现行批准的工艺规程的相关内容制定。记录的设计应当避免填写差错。批生产记录的每一页应当标注产品的名称、规格和批号。

**▲第一百七十三条**　原版空白的批生产记录应当经生产管理负责人和质量管理负责人审核和批准。批生产记录的复制和发放均应当按照操作规程进行控制并有记录，每批产品的生产只能发放一份原版空白批生产记录的复制件。

**▲第一百七十四条**　在生产过程中，进行每项操作时应当及时记录，操作结束后，应当由生产操作人员确认并签注姓名和日期。

**▲第一百七十五条**　批生产记录的内容应当包括：

（一）产品名称、规格、批号；

（二）生产以及中间工序开始、结束的日期和时间；

（三）每一生产工序的负责人签名；

（四）生产步骤操作人员的签名；必要时，还应当有操作（如称量）复核人员的签名；

（五）每一原辅料的批号以及实际称量的数量（包括投入的回收或返工处理产品的批号及数量）；

（六）相关生产操作或活动、工艺参数及控制范围，以及所用主要生产设备的编号；

（七）中间控制结果的记录以及操作人员的签名；

（八）不同生产工序所得产量及必要时的物料平衡计算；

（九）对特殊问题或异常事件的记录，包括对偏离工艺规程的偏差情况的详细说明或调查报告，并经签字批准。

## 第五节　批包装记录

**第一百七十六条**　每批产品或每批中部分产品的包装，都应当有批包装记录，以便追溯该批产品包装操作以及与质量有关的情况。

**▲第一百七十七条**　批包装记录应当依据工艺规程中与包装相关的内容制定。记录的设计应当注意避免填写差错。批包装记录的每一页均应当标注所包装产品的名称、规格、包装形式和批号。

**第一百七十八条**　批包装记录应当有待包装产品的批号、数量以及成品的批号和计划数量。原版空白的批包装记录的审核、批准、复制和发放的要求与原版空白的批生产记录相同。

**▲第一百七十九条**　在包装过程中，进行每项操作时应当及时记录，操作结束后，应当由包装操作人员确认并签注姓名和日期。

**第一百八十条**　批包装记录的内容包括：

（一）产品名称、规格、包装形式、批号、生产日期和有效期；

（二）包装操作日期和时间；

（三）包装操作负责人签名；

（四）包装工序的操作人员签名；

（五）每一包装材料的名称、批号和实际使用的数量；

（六）根据工艺规程所进行的检查记录，包括中间控制结果；

（七）包装操作的详细情况，包括所用设备及包装生产线的编号；

（八）所用印刷包装材料的实样，并印有批号、有效期及其他打印内容；不易随批包装记录归档的印刷包装材料可采用印有上述内容的复制品；

（九）对特殊问题或异常事件的记录，包括对偏离工艺规程的偏差情况的详细说明或调查报告，并经签字批准；

（十）所有印刷包装材料和待包装产品的名称、代码，以及发放、使用、销毁或退库的数量、实际产量以及物料平衡检查。

## 第六节　操作规程和记录

**▲第一百八十一条**　操作规程的内容应当包括：题目、编号、版本号、颁发部门、生效日期、分发部门以及制定人、审核人、批准人的签名并注明日期，标题、正文及变更历史。

**第一百八十二条**　厂房、设备、物料、文件和记录应当有编号（或代码），并制定编制编号（或代码）的操作规程，确保编号（或代码）的唯一性。

**▲第一百八十三条**　下述活动也应当有相应的操作规程，其过程和结果应当有记录：

（一）确认和验证；

（二）设备的装配和校准；

（三）厂房和设备的维护、清洁和消毒；

（四）培训、更衣及卫生等与人员相关的事宜；

（五）环境监测；

（六）虫害控制；

（七）变更控制；

（八）偏差处理；

（九）投诉；

（十）药品召回；

（十一）退货。

答案解析

**即学即练**

多项选择题

批生产记录的每一页应当标注的内容包括（　　）。

A. 产品的名称　　B. 产品的规格　　C. 批号　　D. 操作者姓名

# 任务一　文件的基础管理

## 一、文件的基础知识

### （一）认知文件

GMP 所指的文件包括质量标准、工艺规程、操作规程、记录、报告等。ISO 文件包括质量手册、程序文件、作业指导书、记录等。文件实际上是涉及药品生产管理与质量控制的书面标准和实施过程中的结果记录，这些构成药品生产企业的文件系统，见图 8－1。

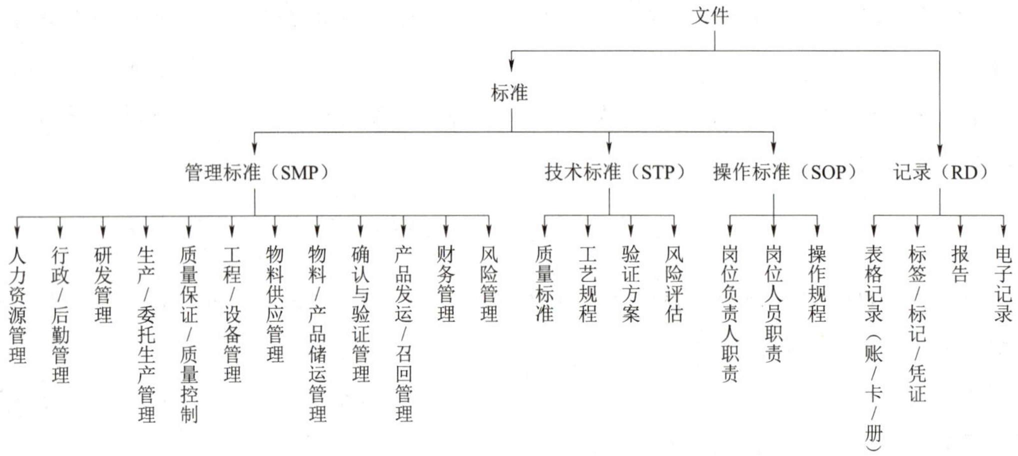


图 8－1　某药品生产企业的文件系统

### （二）文件编码

GMP 第一百八十二条规定，厂房、设备、物料、文件和记录应当有编号，并制定编号编制操作规程，确保编号的唯一性。

**1. 编码要求**　文件编码应符合系统性、准确性、识别性、可追溯性、一致性、发展性要求。

**2. 编码方式**　企业内部文件编码应统一，其代码可选用英文缩写或首个字母、汉语拼音的第一个字母，再加上一组数字组成。企业可根据经营与管理模式确定编码系统，但须制定文件编码系统的操作规程，详细列出编码规定，指导正确编码。企业根据经营和管理特点对文件进行编码。

### （三）文件格式

**1. 表头格式**　药品生产企业的文件系统的所有文件须采用统一格式，标准文件均需设立标识性内容，一些设计成文件表头，一些放置在文件封面。

标准文件的封面及页眉应包含标识性信息，包括文件编号、版本号（含修订版本号）、页码、文件标题，起草人、审核人和批准人姓名、所属的部门、职务及签署日期等。

标准文件封面还应有文件修订记录，包括修订日期、修订版本号、修订内容、修订人签名、审核人签名。记录文件的表头内容采用单独的设计格式。文件表头示例参见项目七示例。

**2. 正文格式**　文件正文可根据文件的需要依次列出目的、原则、适用范围、职责、定义、标准依据等条款，然后再写文件的内容。

文件可按 GB/T 1.1—2009《标准化工作导则　第 1 部分：标准的结构和编写》编写。企业可有自己的编排格式，但必须用专门的规范文件规定文件的标准格式。参见项目七示例。

文件管理分文件制定管理和文件使用管理两个过程，包括文件的设计、编码、起草、修订、审核、批准、替换或撤销、复制、分放、保管和销毁等内容，如图 8－2 所示。

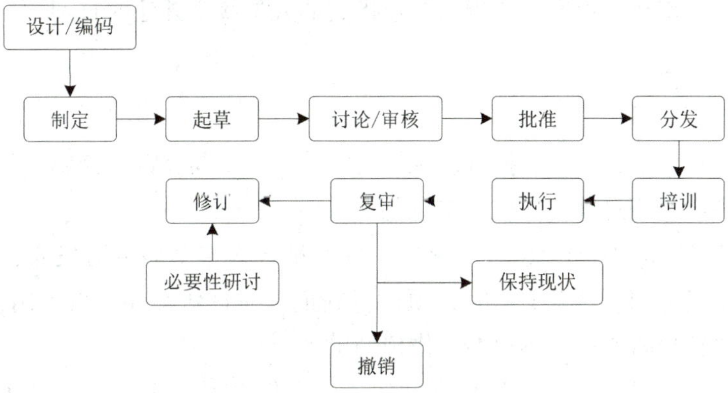


图 8－2　文件管理流程

## 二、文件的制订管理

企业应根据 GMP 的要求及企业的实际情况设计一个文件系统框架，文件系统框架确定后，着手制定文件的格式，文件制定程序、原则、方法等。参与文件制定人员应经培训，然后着手编制文件。

**1. 制订组织**　一般由质量管理部门负责文件的编制管理工作，药品生产企业成立一个专门的文件起草领导小组。

**2. 制订的原则**　文件编制应注重真实性、可靠性、科学性，内容完整、清晰易懂，使每一个操作只有一个标准，做到“令有据、行有迹、追有踪”。具体编写应遵循目标性、统一性、协调性、适用性、一致性、合规性的原则。

**3. 文件制订的流程**　新开办的药品生产企业应在筹办阶段着手制定文件系统，起草文件。已建成运作的企业在下列情况下，应起草、修订和变更文件：①新产品投产前、新设备使用前；②工艺及处方改变时；③验证前和验证后；④厂房、设施、设备、物料使用过程中发现偏差或缺陷需要变更时；⑤法律法规、质量标准及规范发生变更时；⑥组织机构职能变动时；⑦接受 GMP 检查后，缺陷需要改进时。

文件制定流程如下：设计→编码→起草→审核→批准→生效。

（1）设计　各药品生产企业的经营管理模式有所不同，但都以我国颁布的 GMP 为框架运作。企业应根据企业的章程、经营模式、机构与岗位设置及人员配备来设计企业的文件系统。可依据图 8－1 所示的文件系统编排文件目录。

（2）编码　编制文件目录及文件时应编排文件编码。除少部分规程和凭证无编码外，绝大部分文件需编制号码。

（3）起草　文件的起草是形成文件的第一步，文件主要由文件使用部门指定专人负责起草，起草人员应具备相当学历和经验，熟悉法律法规及 GMP 的规定。会稿是起草工作完成以后，一般由起草人员所在部门进行，以保证内容的全面性、准确性。会稿人员一定要和起草人员进行沟通、协商，切不可撇开起草人员进行文件修改。

（4）审核　起草后的文件由文件起草部门负责人审阅再交质量管理部门或主管部门审核，质量主管部门应组织有关部门专业技术人员对文件进行再次修正或修改，注意文件内容的合规性、真实性、一致性、可操作性和可控性，语言是否精练、易懂、确切。

（5）批准和生效　所有的文件在质量管理部门进行审核后，由质量管理部门负责人提交企业负责人批准，按规定的日期宣布生效。

文件的起草、修订、审核、批准均应当由企业指定的人员签字并注明日期。

## 三、文件的使用管理

文件的使用管理包括分放、培训、执行、保管与归档、复审与修订、撤销与销毁等过程，文件使用管理的目的是确保文件的使用过程程序化、规范化。

**1. 分发**　文件不宜多印，应控制份数，标准文件经批准人签字后方可发布，文件一经批准，应在执行前分发至有关人员或部门，分发文件时必须进行登记。一旦新文件生效使用，前版文件必须收回，已撤销和过时的文件除留档备查外，不得在工作现场出现。

**2. 培训**　新文件在执行之前必须进行培训并记录，文件在执行之日前应对文件使用者进行专门培训，可由文件编制人、审定人、批准人之一进行培训，以保证每个使用者了解如何使用文件。

**3. 执行**　文件由执行责任人于执行日期开始严格遵守执行，文件开始执行阶段，相关管理人员应特别注意监督检查执行情况，以保证文件执行的有效性。

**4. 保管与归档**　收存文件的部门应按妥善保存文件，不得丢失、撕毁或涂改，应保持文件齐全和整洁。若需保密的文件，应按有关保密规程管理。如果文件采用计算机化系统，应仅可经授权人员操作。文件的归档包括现行文件归档和各种记录归档，各种记录一旦填写完成，应按类归档，应按档案管理规程来管理归档文件。

**5. 复审与修订**　药品生产企业应定期组织生产技术、质量管理部门和相关的业务部门复审文件，一般每两年复审文件一次，并做好记录。

一般情况下，生产工艺规程每五年修订一次，操作规程每两年修订一次，一旦政策、法规、标准修订和变更，或者原辅料、药包材、生产工艺、主要生产设备以及其他影响药品质量的主要因素发生改变时，应根据变更结果修订文件。

各职能部门因管理需要可提出修订文件申请，由企业负责人组织人员对变更文件的合规性和必要性进行审核，审核通过的可修订文件。

**6. 撤销及销毁**　一旦修订文件生效，旧文件应自动失效，文件管理部门应及时公布撤销文件信息，修订文件生效之日，应由文件分发部门向收存旧文件的部门和人员回收失效文件。

# 任务二　质量标准文件的管理

### 实例分析

**实例**　颗粒剂产品生产的确认与验证中，就有一项通过测试和验证产品包装袋的跌落完好性能，以证明和确认颗粒剂的包装质量、药包材复合膜的质量指标及包装机的热合封口性能符合标准要求并满足客户需求。

**问题**　跌落完好性能测试怎么做？

答案解析

物料和产品的质量标准主要包括原料、辅料、直接接触药品包装材料、印刷包装材料、成品、制药用水的质量标准。企业质量标准的制定和执行应符合国家有关标准，企业应制定高于国家标准或行业标准等法定标准的内控标准，以保证物料和产品的质量。

药品标准是指规定了药品质量指标、检验方法以及生产工艺等技术要求的技术文件。国家药品标准包括《中国药典》（2020 年版）、药品注册标准和其他药品标准。

## 一、原料标准的管理

原料质量标准内容包括：①名称、代码；②成分、来源、药用部位及成分组成，应列出成分组成配方清单或物料处方文件编号；③药品注册证号、批准证明文件编号或备案文号；④标准依据，企业内控标准；⑤企业批准的供应商资料；⑥取样、检验方法或相关操作规程编号；⑦使用的标准品、对照品、标本的编号；⑧定性和定量的限度要求；⑨规格和包装；⑩供应商提供的生产厂商产品的与物料直接接触的包装材料质量标准文号；⑪供应商提供的生产厂商产品印刷包装材料实样，包括印有标签内容相同的药品大、中、小包装的包装材料，使用说明书，产品合格证，封口签，防伪签等印刷品标准样板实样；⑫储存条件及注意事项；⑬有效期或保质期；⑭复验期。

## 二、辅料标准的管理

辅料质量标准内容包括：①名称、代码；②成分、来源及成分组成，应列出成分组成配方清单或物料处方文件编号；③药品注册证号、批准证明文件编号或备案文号；④标准依据，企业内控标准；⑤企业批准的供应商资料；⑥取样、检验方法或相关操作规程编号；⑦使用的标准品、对照品、标准样品、标本的编号；⑧定性和定量的限度要求；⑨规格和包装；⑩供应货商提供的生产厂商产品的与物料直接接触的包装材料质量标准编号；⑪供应商提供的生产厂商产品印刷包装材料实样，包括印有标签内容相同的药品大、中、小包装的包装材料，使用说明书，产品合格证，封口签，防伪签等印刷品标准样板实样；⑫储存条件及注意事项；⑬有效期或保质期；⑭复验期。

## 三、包装材料标准的管理

### （一）药包材

（1）名称、代码　药包材的命名应按照用途、材质和形制的顺序编制，文字应简洁，如口服药用铝箔。

（2）材质　包装材料的构成、材料组成及化学成分。

（3）注册证号或备案文号　包括药包材注册证号或备案文号。

（4）标准依据　应依据 GB 国家标准系列、YBB 行业标准系列如《药包材标准（2015 年版）》制定的，质量指标等同或高于上述标准的企业内控标准。

（5）企业批准的供应商资料。

（6）取样、检验方法或相关操作规程编号。

（7）使用的标准品、对照品、标准样品、标本的编号。

（8）技术指标

①规格及偏差：包括尺寸、厚度、壁厚、容积、直线度、圆口精度、管端切割精度等，必要时提供模具图纸。

②外观质量要求：玻璃类，包括透明度、结石、节瘤、裂纹、合缝线、刻度线、字、标记、满口容量、垂直轴偏差、标线容量；金属类，包括洁净度、平整度、针孔度；塑料类，包括透明度、透光率、粗糙度、平整度等。

③物理性能：玻璃类，包括线热膨胀系数鉴别、121℃颗粒耐水性、内表面耐水性、热稳定性、耐热冲击、耐内压力；金属类，包括阻隔性能、黏合层热合强度、保护层黏合性、保护层耐热性、黏合剂涂布量差异、开卷性能、破裂强度、管帽配合、尾涂均匀性、内涂层连续性、韧性；塑料类，包括90℃颗粒耐水性、温度适应性、穿刺力、穿刺部位不渗透性、悬挂力、蒸气透过量。

④化学性能：玻璃类，包括耐酸性、耐碱性、内表面耐水性、砷和锑等溶出量；金属类，包括荧光物质、挥发物、溶出物试验、内涂层化学稳定性、耐灭菌性；塑料类，包括炽灼残渣、金属元素限量检测、溶出物检测。

⑤生物性能：玻璃类，包括微生物限度；金属类，包括微生物限度，应有生产厂商应提供原性皮肤刺激试验证明文件；塑料类，包括微生物限度，应有生产厂商提供的细菌内毒素、细胞毒性、皮肤致敏、皮内刺激、急性全身毒性、溶血等试验证明文件。

⑥印刷质量要求：有印刷标识的，应有印刷用色标、条形码基准、商标基准、标准样版；规格、质量控制项目、合格水平、判定方法及说明；如文字准确、清晰，图案不得有错位、遗漏，不同批次印刷不得有明显的色差。

（9）规格和包装。

（10）储存条件及注意事项。

（11）保存期。

（12）复验期。

## 知识链接

### 物料、设备性能、产品确认与验证项目

### 复合膜制成袋跌落完好性能测试方法

微课

颗粒剂药品生产的确认与验证中，就有一项通过测试和验证产品包装袋的跌落完好性能，以证明药包材复合膜及其制成袋的质量、包装机的热合封口性能符合标准要求。

复合膜系指各种塑料与纸、金属或其他塑料通过黏合剂组合而形成的膜，其厚度一般不大于0.25mm。

复合袋系将复合膜通过热合的方法而制成的袋，按制袋形式可分为三边封袋、中封袋、风琴袋、自立袋、拉链袋等。

**跌落完好性能测试法**　取5个袋，袋内填充约1/2袋容量的水，并热合封口（参照生产工艺采用的热合条件）。将试样按表8－1的高度逐个自由落于光滑、坚硬的水平面（如水泥地面），目视。

**可接受标准**　不得破裂。

**表8－1　复合膜制成袋跌落试验表**

| 袋与袋内装物总质量（g） | 跌落高度（mm） |
| --- | --- |
| <100 | 800 |
| 101～400 | 500 |
| 401～1000 | 300 |

### （二）印刷包装材料

（1）材料名称：包装材料的命名应按照用途、材质和形制的顺序编制，文字简洁，不使用夸大修饰语言，尽量不使用外文缩写。

（2）材质：指包装材料的构成材料成分。

（3）规格及偏差。

（4）标准依：应依据 GB 国家标准系列、行业标准制定的，质量指标同等或高于上述标准的企业内控标准。

（5）企业批准的供应商资料。

（6）取样、检验或相关操作规程编号。

（7）技术指标：①规格及偏差，必要时提供模具图纸；②外观质量要求，洁净、平整度、透明度、粗糙度；③物理性能，应具备的物理机械强度；④印刷质量要求，应符合包装材料标识印刷标准。

（8）规格和包装。

（9）储存条件及注意事项。

（10）保存期。

（11）复验期。

### （三）包装材料标识印刷标准

（1）名称、编号　包括识别品种、包装配套、印刷版次。

（2）文字内容标准　包装、标签及说明书所用文字必须以中文为主，并使用国家语言文字工作委员会公布的规范化汉字。文字及图案不得加入任何未经审批的内容。

（3）文字设计的样稿及复印件。

（4）标准依据　应依据法律法规、药品标签和说明书管理规定、化学药品和生物制品说明书规范细则、中药及天然药物处方药说明书的格式内容书写要求及撰写指导原则、GB 国家标准系列制定内控标准。

（5）印刷质量要求　有印刷标识的，应有印刷用色标、条形码基准、商标基准等标准、标准样版，规格、质量控制项目、合格水平、判定方法及说明如文字准确、清晰，图案不得有错位、遗漏，不同批次印刷不得有明显的色差。

## 四、成品标准的管理

成品质量标准包括下列内容：①产品名称、代码；②药品注册证号、药品批准证明文号；③处方来源，处方编号；④标准依据，企业内控标准；⑤取样、检验方法或相关操作规程编号；⑥定性和定量的限度要求；⑦产品规格和产品包装；⑧印刷包装材料标准样板，包括印有标签内容相同的药品大、中、小包装的包装材料，使用说明书，产品合格证，封口签，防伪签等印刷品标准样板；⑨包装材料质量标准编号；⑩储存条件及注意事项；⑪有效期。

## 五、制药用水标准的管理

### （一）标准依据

**1. 饮用水**　GB 5749—2006《生活饮用水卫生标准》；GB 5750—2006《生活饮用水标准检验方法》。

**2. 纯化水** 《中国药典》(2020 年版) 二部。

**3. 注射用水** 《中国药典》(2020 年版) 二部。

**4. 灭菌注射用水** 《中国药典》(2020 年版) 二部。

**(二) 标准内容**

质量标准内容包括：①名称、代码；②原料水来源；③标准依据，企业内控标准；④取样、检验方法或相关操作规程编号；⑤使用的标准品、对照品、标准样品、标本的编号；⑥定性和定量的限度要求；⑦储存条件及注意事项。

质量标准指标包括性状、pH 值、电导率、氨化物、硫酸盐与钙、总有机碳、二氧化碳、硝酸盐、亚硝酸盐、重金属、易氧化物、不挥发物限度，注射用水和灭菌注射用水质量标准指标，还包括需氧菌、细菌内毒素限度。

# 任务三 生产技术文件的管理

## 一、工艺规程的管理

工艺规程 为生产特定数量的成品而制定的一个或一套文件，包括生产处方、生产操作要求和包装操作要求，规定原辅料和包装材料的数量、工艺参数和条件、加工说明包括中间控制、注意事项等内容。

工艺规程的制定应当以注册批准的工艺为依据。工艺规程不得任意更改。如需更改，应当经过工艺验证，按照相关的操作规程修订、审核、批准。

**(一) 化学原料药生产工艺规程**

(1) 品名、产品概述、化学反应及副反应过程、生产工艺及设备流程图。

(2) 工艺流程及生产操作要求。包括：①物料、中间产品名称及代码，投料量、投料比；②工艺过程及参数，操作顺序及要求；③物料、中间产品储存条件及期限，标签、包装材料。

(3) 生产过程的质量控制，物料、中间产品、成品的质量标准，取样方法。

(4) 设备，包括型号、材质及主要设备能力的一览表。

(5) 预防措施及注意事项，技术安全及防火、劳动保护，原料消耗定额和技术经济指标，副产品、回收品的处理，“三废”治理及排放标准。

(6) 操作工时与生产周期，单个步骤或整个工艺过程的时限，劳动组织与岗位定员。

(7) 附录包括有关理化常数、曲线、图表、计算公式、换算表等。

**(二) 制剂生产工艺规程**

请参阅 GMP 条文。

## 二、操作规程的管理

操作规程是指经批准用来指导设备操作、维护与清洁、验证、环境控制、取样和检验等药品生产活动的通用性文件，确保每次活动都以相同的方式执行的书面和批准的程序，也称标准操作规程，英文缩写为SOP。

在药品生产从物料采购到产品销售及售后服务均应有相应的操作规程，其过程和结果应当有记录。

操作规程内容包括：①操作名称；②编写依据；③操作范围及条件，应注明时间、地点、对象、目的；④操作步骤或程序包括准备过程，操作过程、结束过程；⑤操作标准；⑥操作结果的验收、检验标准；⑦操作过程复核与控制；⑧操作过程的安全事项与注意事项；⑨操作中使用的物品、设备、器具及其编号；⑩操作异常情况处理等。

## 三、批记录的管理

批记录即用于记述每批药品生产、质量检验和放行审核的所有文件和记录，可追溯所有与成品质量有关的历史信息。

批记录包括：批生产指令记录、批包装指令记录、批生产记录和批包装记录、批检验记录、批放行记录。

生产中的批指令一般包括批生产指令和批包装指令。

### （一）批生产指令

批生产指令包括以下主要内容：①记录表格编码；②产品名称及代码、规格、批号、生产日期；③计划产量；④生产技术依据、生产操作规程编号；⑤专用模具代码清单；⑥原辅料定额量、计划领用量；⑦编制人、审批人批准签名及日期。

### （二）批生产记录

批生产记录是指一个批次的待包装品生产过程的详细情况记录。

批生产记录可追溯该批产品的生产历史以及与质量有关的情况。批生产记录应当依据现行批准的工艺规程相关内容制定。记录的设计应当避免填写差错。批生产记录的每一页应当标注产品的名称、规格和批号。

原版空白的批生产记录应当经生产管理负责人和质量管理负责人审核和批准。批生产记录的复制和发放均应当按照操作规程进行控制并有记录，在生产过程中，进行每项操作时应当及时记录，操作结束后，应当由生产操作人员确认并签注姓名和日期。

批生产记录的内容请参阅GMP条文。

### （三）批包装指令

批包装指令包括以下主要内容：①记录表格编码；②包装产品名称及代码、包装规格、批号、生产日期；③计划产量；④包装方法、包装要求、作业顺序、SOP编号、生产地点、使用设备与生产线及其编号；⑤专用模具代码清单；⑥包装材料定额量、计划领用量；⑦编制人、审批人批准签名及日期。

### （四）批包装记录

批包装记录是指一个批次的待包装产品变成成品所需的包括分装、贴签等所有生产操作步骤的详细情况记录。但无菌生产工艺中产品的无菌灌装，以及最终灭菌产品的灌装等不视为包装。

每批产品或每批中的部分产品包装，都应当有批包装记录，以便追溯该批产品包装操作以及与质量有关的情况。

批包装记录的内容请参阅GMP条文。

### （五）批检验记录

所有原料、辅料、包装材料、中间产品和成品都必须经过检验，确保符合相应标准并有记录。检验记录包括：①原辅料、药包材的检验项目，检验结果报告单；②中间产品检验项目，检验结果报告单；③成品检验项目，检验结果报告单。

### （六）放行审核记录

放行审核记录包括对物料和产品的放行，产品包括药品的中间产品、待包装产品和成品。

物料与产品的放行应符合放行要求，详见模块三项目十任务四项下内容。

中间产品、待包装产品和成品放行应进行合规性审查，对药品生产现场的人员操作、清洁及环境监测过程进行核查，审核批生产、批包装、批检验等记录，实施电子记录的，应对电子记录予以审核和确认。对于批记录审核合格的，须经受权人或质量管理负责人批准放行，中间产品可进入下个工序或使用，成品可发运投放市场。

## 四、电子记录的管理

### （一）术语

**1. 电子生产记录（以下简称 EPR）** 实施计算机化系统管理的企业在执行控制配方和生产操作过程中存储来自生产相关活动中的数据和信息，数据和信息可由系统产生以及人工输入或单纯人工输入。电子数据可能保存在一个或多个系统或数据库中。一般有两种类型：电子批生产记录和电子设备历史记录。

**2. 电子批生产记录（以下简称 EBR）** 用来记录一个批次，含回收、重新加工、返工批次，或连续过程中药品生产和质量控制的电子数据信息。

**3. 电子设备历史记录（以下简称 EDHR）** 一系列的记录涵盖一个已完成的电子设备的历史记录。

自动化控制和电子生产记录的使用可以提供保证，即保证所生产产品或设备符合相应的规范和标准。该系统具备向工作人员提供其所关注的有关生产过程的执行状况与结果方面的实时信息及完工报告的能力，审查和事务处理报告应该与这种能力相适应。

EPR 管理也包括电子数据形式和纸质记录形式共同使用的情形。

### （二）电子记录审核

电子记录审核指对从生产相关的运行中得到的数据进行筛选，用于编制审核与事务处理例如发布、隔离、拒绝报告的方法，该方法既包括对关键工艺异常的审核，也包括减少或取消对可接受数据和趋势的审核。

EPR 审核适用于生产的全过程或工艺步骤的一部分，计算机化系统或与纸质记录形式共同使用的情形。

审核可采用人工审核和系统附带的自动审核功能，系统自动审核会产生大量电子数据。该方法应用于产品配方生产逻辑或实际盘库的程序执行，如中间产品、成品以及非产品配方清单例如物料的准备、设备选择、安装、清理和消毒的程序执行。

在完整的生产报告使用数据审核之前，可以用分阶段的方法来实施数据审核。如果有程序化的技术控制措施来控制管理方法，可将每个报告作为整体报告的一部分进行管理，而各个单独的报告和数据审核报告可以结合使用。

审核报告中的异常状况示例应含背景信息，以便审核人员可按流程调用或自动调用，帮助处理流程的相关异常数据，也包括实际数据或者数据源的索引或链接。

电子记录审核确保达到以下要求：①将工艺保持在规定的可接受偏差范围内；②准确地记录数据与事件；③当超出了规定的偏差范围或其他操作规定时，发出警报和得出警告结果；④电子记录是准确、可信且安全的，用来进行流程产品审核的生产报告是准确的。

### （三）电子记录数据库

生产过程中包含了大量主要数据，比如物料规格说明、工艺参数、警报与警告限制，或者由几个系统共同控制的工艺步骤程序，见图 8－3。可以将来自单一来源或多个来源的主要数据，无论是直接输入的方法获得，还是通过链接到相关系统的方法获得，整合在数据清单内，然后将其传送到生产环境中以便使用。系统设计和/或规程控制措施应该能保证主要数据的版本是已知可控的，而且能为任何具体的主数据清单提供说明。

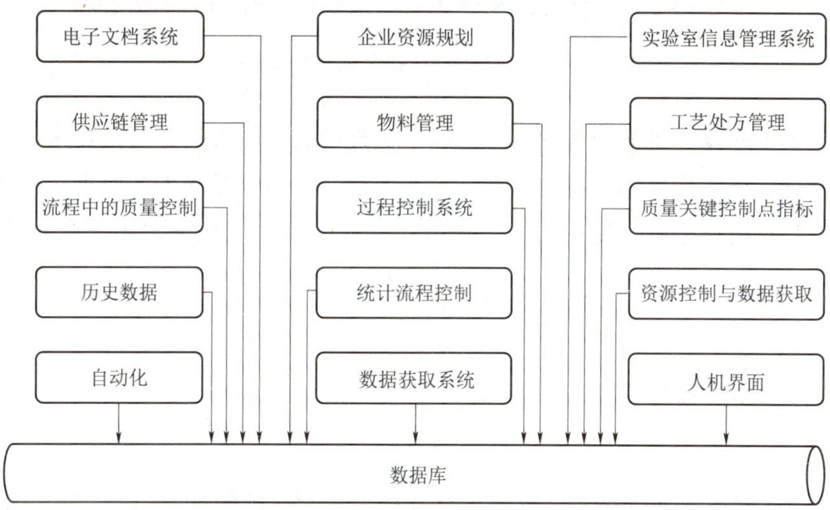


图 8－3　生产数据库示意图

工艺员的责任是证明数据的设计由供应商或用户配置、执行和使用是准确无误且可控的，并且 EPR 数据类型及其相关用途和保留要求都以文件形式完成存档。

### （四）电子表格

可以用应用程序工具来创建各种最终用户应用程序，包括定制的统计数据分析、本地数据库创建、数据挖掘、多元分析。

由于电子表格的灵活性和处理能力，在主要的临床研究、生产管理和质量控制中，用户可用其进行从简单计算到复杂分析的各种应用，用户端使用个人计算机可以创建电子表格应用程序，还可以使用它们来处理受控数据。

电子表格的应用类型包括一次性电子表格、存档电子表格、数据库电子表格、模板电子记录表格、桌面数据库。

EPR 审核、迁移、实时发布流程见图 8－4。

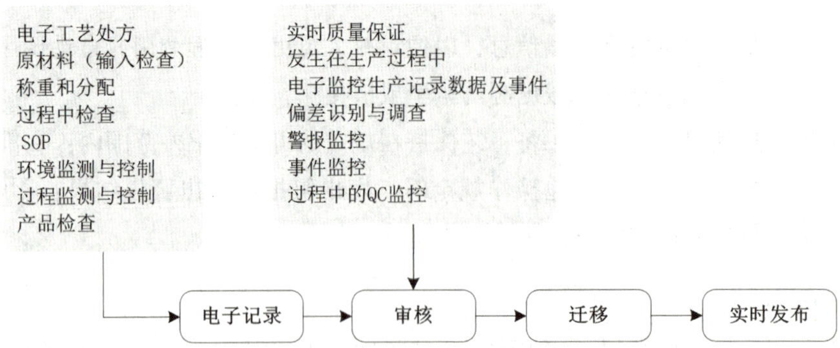


图 8－4　电子记录审核、迁移、实时发布流程

# 实践实训

## 实训三　颗粒剂分装工序操作规程的编制

### 一、实训目的

1. 掌握制剂生产工序操作规程的编制方法，计算机绘制文件图表的方法及要求。

2. 熟悉编制制剂生产工序操作所需的标准、工艺方法、工艺设备和工艺要求，技术文件检索方法。

3. 培养和练习计算机办公软件使用技能，利用计算机及互联网检索参考文献技能，练习提升技术文件编制技能。

### 二、实训任务

颗粒剂分装工序操作规程的编制。

### 三、实训方式

课程授课至项目八时安排实训任务，落实教材及相关技术文件的学习内容，熟悉实训要求，检索所需文献资料，制作草案。

结合班级相关制药工艺与设备实训，按同学实训的项目和操作的制药设备同步开展本实训项目。

根据同学各自实训的工艺和操作的设备获得的信息和数据为素材，编制颗粒剂分装工序操作规程。如无此实训项目，可用其他制剂操作实训项目替代，实训多种生产工艺、操作多种设备的可选择其中一种。每位同学提交拓展名为“. pdf”的颗粒剂分装工序操作规程文件即 PDF 文件。

### 四、实训要求

#### （一）文件格式要求

文件应包含以下内容：①操作名称；②编写依据；③操作范围及条件，应注明时间、地点、对象、目的；④操作步骤或程序，包括准备过程、操作过程、结束过程；⑤操作标准；⑥操作结果的验收、检验标准；⑦操作过程复核与控制；⑧操作过程的安全事项与注意事项；⑨操作中使用的物品、设备、器具及其编号；⑩操作异常情况处理等。

按照项目七××××高效液相色谱仪性能确认（PQ）方案示例的格式编制文件。

### （二）排版编辑标准

按 GB/T 1. 1—2009《标准化工作导则 第 1 部分：标准的结构和编写》标准和项目七××××高效液相色谱仪性能确认（PQ）方案示例编写，请参阅相关内容。

可参照项目七示例××××高效液相色谱仪性能确认（PQ）方案的封面，设计和填写确认文件的封面信息。

排版编辑标准按实训一的排版编辑标准执行。

## 五、考核与评价标准

根据每位学生实训报告按实训标准中的文件内容标准、排版编辑标准及同学操作的设备实操结果考核、评价实训成果，百分制计分。

答案解析

# 目标检测

## 一、最佳选择题

1. 企业应当建立文件管理的操作规程，管理的内容不涉及（　　）。

A. 文件设计　　B. 文件装订　　C. 文件审核　　D. 文件替换

2. 企业应当按规程对文件管理进行操作，相关操作有记录的为（　　）。

A. 文件分发　　B. 文件撤销　　C. 文件复制　　D. 以上都是

## 二、配伍选择题

［1～2］

A. 质量标准　　B. 工艺规程　　C. 操作规程　　D. 记录

1. 为生产特定数量的成品而制定的，包括生产处方、生产操作要求和包装操作要求的文件为（　　）。
2. 规定了药品质量指标、检验方法以及生产工艺等技术要求的技术文件为（　　）。

## 三、综合分析选择题

［1～2］

**实例**　“欣弗”事件案例中，安徽华源生物药业有限公司因更新灭菌设备后未经确认和灭菌验证，擅自更改灭菌工艺参数和操作规程，导致严重质量事故。

1. 应当长期保存的文件为（　　）。

A. 确认和验证文件　　B. 批生产记录

C. 设备招标文件　　D. 批检验记录

2. 依据 GMP 文件的规定，下列表述错误的为（　　）。

A. 确认和验证应有操作规程，过程和结果应当有记录

B. 工艺规程保存期为五年

C. 工艺规程不得任意更改。如需更改，应当按照相关的操作规程修订、审核、批准

D. 变更控制应有操作规程，过程和结果应当有记录

## 四、多项选择题

1. 管理文件和操作文件应当标明的内容包括（　　）。

A. 题目　　B. 文件编号　　C. 目的　　D. 版本号

2. 采用生产和检验设备自动打印的记录、图谱和曲线图等原始记录文件标明的内容应包括（　　）。

A. 记录设备信息　　B. 产品或样品的批号

C. 操作人签名　　D. 审核人签名

## 五、判断正误题

1. 文件的起草、修订、审核、批准均应当由适当的人员签名并注明日期。(　　)
2. 记录应当及时填写，内容真实，字迹清晰、易读，不易擦除。(　　)

书网融合……

知识回顾　　微课　　习题

（侯安源）

# 项目九　生产管理

PPT

## 学习引导

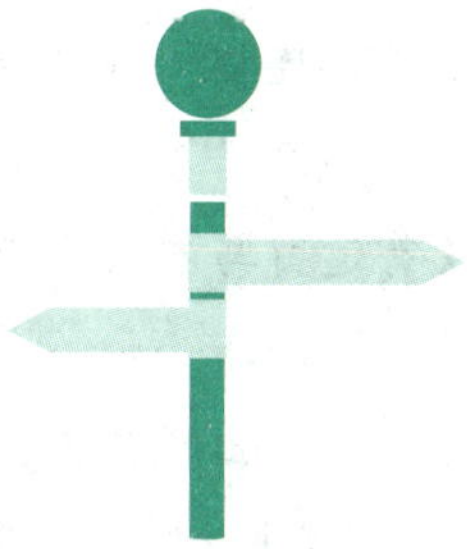

药品生产质量管理应重视生产过程的控制。药品生产过程是一个以工序生产为基础的过程，任何要素出现变化，都会影响药品质量。因此，加强生产过程管理、保证药品质量是 GMP 的核心思想。那么产品批号中为何会有亚批号？进口冷链食品口岸的仓储、装卸、运输等从业人员为何会感染新冠肺炎？

本项目主要介绍药品生产的批号、生产日期管理；批次划分；生产及包装阶段技术管理；污染预防措施、清场管理等。

## 学习目标

1. **掌握**　GMP 带“★”的条款要点；术语释义；批号、生产日期制定要求。
2. **熟悉**　GMP 带“▲”的条款要点；批次划分方式；生产阶段及包装阶段的技术管理要点；污染预防措施；清场范围。
3. **了解**　生产指令管理；混淆产生原因及预防措施。

## GMP

## 第九章　生产管理

### 第一节　原　则

**▲第一百八十四条**　所有药品的生产和包装均应当按照批准的工艺规程和操作规程进行操作并有相关记录，以确保药品达到规定的质量标准，并符合药品生产许可和注册批准的要求。

**★第一百八十五条**　应当建立划分产品生产批次的操作规程，生产批次的划分应当能够确保同一批次产品质量和特性的均一性。

**★第一百八十六条**　应当建立编制药品批号和确定生产日期的操作规程。每批药品均应当编制唯一的批号。除另有法定要求外，生产日期不得迟于产品成型或灌装（封）前经最后混合的操作开始日期，不得以产品包装日期作为生产日期。

**第一百八十七条**　每批产品应当检查产量和物料平衡，确保物料平衡符合设定的限度。如有差异，必须查明原因，确认无潜在质量风险后，方可按照正常产品处理。

**★第一百八十八条**　不得在同一生产操作间同时进行不同品种和规格药品的生产操作，除非没有发生混淆或交叉污染的可能。

**第一百八十九条**　在生产的每一阶段，应当保护产品和物料免受微生物和其他污染。

**▲第一百九十条** 在干燥物料或产品，尤其是高活性、高毒性或高致敏性物料或产品的生产过程中，应当采取特殊措施，防止粉尘的产生和扩散。

**★第一百九十一条** 生产期间使用的所有物料、中间产品或待包装产品的容器及主要设备、必要的操作室应当贴签标识或以其他方式标明生产中的产品或物料名称、规格和批号，如有必要，还应当标明生产工序。

**★第一百九十二条** 容器、设备或设施所用标识应当清晰明了，标识的格式应当经企业相关部门批准。除在标识上使用文字说明外，还可采用不同的颜色区分被标识物的状态（如待验、合格、不合格或已清洁等）。

**第一百九十三条** 应当检查产品从一个区域输送至另一个区域的管道和其他设备连接，确保连接正确无误。

**★第一百九十四条** 每次生产结束后应当进行清场，确保设备和工作场所没有遗留与本次生产有关的物料、产品和文件。下次生产开始前，应当对前次清场情况进行确认。

**第一百九十五条** 应当尽可能避免出现任何偏离工艺规程或操作规程的偏差。一旦出现偏差，应当按照偏差处理操作规程执行。

**▲第一百九十六条** 生产厂房应当仅限于经批准的人员出入。

## 第二节 防止生产过程中的污染和交叉污染

**★第一百九十七条** 生产过程中应当尽可能采取措施，防止污染和交叉污染，如：

（一）在分隔的区域内生产不同品种的药品；

（二）采用阶段性生产方式；

（三）设置必要的气锁间和排风；空气洁净度级别不同的区域应当有压差控制；

（四）应当降低未经处理或未经充分处理的空气再次进入生产区导致污染的风险；

（五）在易产生交叉污染的生产区内，操作人员应当穿戴该区域专用的防护服；

（六）采用经过验证或已知有效的清洁和去污染操作规程进行设备清洁；必要时，应当对与物料直接接触的设备表面的残留物进行检测；

（七）采用密闭系统生产；

（八）干燥设备的进风应当有空气过滤器，排风应当有防止空气倒流装置；

（九）生产和清洁过程中应当避免使用易碎、易脱屑、易发霉器具；使用筛网时，应当有防止因筛网断裂而造成污染的措施；

（十）液体制剂的配制、过滤、灌封、灭菌等工序应当在规定时间内完成；

（十一）软膏剂、乳膏剂、凝胶剂等半固体制剂以及栓剂的中间产品应当规定储存期和储存条件。

**▲第一百九十八条** 应当定期检查防止污染和交叉污染的措施并评估其适用性和有效性。

## 第三节 生产操作

**★第一百九十九条** 生产开始前应当进行检查，确保设备和工作场所没有上批遗留的产品、文件或与本批产品生产无关的物料，设备处于已清洁及待用状态。检查结果应当有记录。

生产操作前，还应当核对物料或中间产品的名称、代码、批号和标识，确保生产所用物料或中间产品正确且符合要求。

**★第二百条** 应当进行中间控制和必要的环境监测，并予以记录。

**★第二百零一条** 每批药品的每一生产阶段完成后必须由生产操作人员清场，并填写清场记录。清场记录内容包括：操作间编号、产品名称、批号、生产工序、清场日期、检查项目及结果、清场负责人及复核人签名。清场记录应当纳入批生产记录。

## 第四节 包装操作

**★第二百零二条** 包装操作规程应当规定降低污染和交叉污染、混淆或差错风险的措施。

**★第二百零三条** 包装开始前应当进行检查，确保工作场所、包装生产线、印刷机及其他设备已处于清洁或待用状态，无上批遗留的产品、文件或与本批产品包装无关的物料。检查结果应当有记录。

**第二百零四条** 包装操作前，还应当检查所领用的包装材料正确无误，核对待包装产品和所用包装材料的名称、规格、数量、质量状态，且与工艺规程相符。

**★第二百零五条** 每一包装操作场所或包装生产线，应当有标识标明包装中的产品名称、规格、批号和批量的生产状态。

**★第二百零六条** 有数条包装线同时进行包装时，应当采取隔离或其他有效防止污染、交叉污染或混淆的措施。

**第二百零七条** 待用分装容器在分装前应当保持清洁，避免容器中有玻璃碎屑、金属颗粒等污染物。

**▲第二百零八条** 产品分装、封口后应当及时贴签。未能及时贴签时，应当按照相关的操作规程操作，避免发生混淆或贴错标签等差错。

**第二百零九条** 单独打印或包装过程中在线打印的信息（如产品批号或有效期）均应当进行检查，确保其正确无误，并予以记录。如手工打印，应当增加检查频次。

**▲第二百一十条** 使用切割式标签或在包装线以外单独打印标签，应当采取专门措施，防止混淆。

**第二百一十一条** 应当对电子读码机、标签计数器或其他类似装置的功能进行检查，确保其准确运行。检查应当有记录

**第二百一十二条** 包装材料上印刷或模压的内容应当清晰，不易褪色和擦除。

**第二百一十三条** 包装期间，产品的中间控制检查应当至少包括下述内容：

（一）包装外观；

（二）包装是否完整；

（三）产品和包装材料是否正确；

（四）打印信息是否正确；

（五）在线监控装置的功能是否正常。

样品从包装生产线取走后不应当再返还，以防止产品混淆或污染。

**第二百一十四条** 因包装过程产生异常情况而需要重新包装产品的，必须经专门检查、调查并由指定人员批准。重新包装应当有详细记录。

**第二百一十五条** 在物料平衡检查中，发现待包装产品、印刷包装材料以及成品数量有显著差异时，应当进行调查，未得出结论前，成品不得放行。

**第二百一十六条** 包装结束时，已打印批号的剩余包装材料应当由专人负责全部计数销毁，并有记录。如将未打印批号的印刷包装材料退库，应当按照操作规程执行。

# 任务一　批次、批号和生产日期的管理

## 一、认知批次和批号

### （一）批次和批号术语

**1. 批**　即批次，经一个或若干个加工过程生产的、具有预期均一质量和特性的一定数量的原辅料、包装材料或成品。

**2. 批号**　用于识别一个特定批的具有唯一性的数字和（或）字母的组合。

### （二）批次的划分

药品生产批次，一定要具有质量的代表性。一般按下列方式划分批次。

**1. 口服制剂**　以同一混合机或配液罐最终混合或配制的均质产品为一批。

**2. 大容量或小容量注射剂**　以同一配液罐最终一次配制的药液所生产的均质产品为一批，同一批产品如用不同的灭菌设备或同一灭菌设备分次灭菌的，应当可以追溯。

**3. 粉针剂**　以一批无菌原料药在同一连续生产周期内生产的均质产品为一批。

**4. 冻干产品**　以同一批配制的药液使用同一台冻干设备在同一生产周期内生产的均质产品为一批。

**5. 眼用制剂、软膏剂、乳剂和混悬剂等**　以同一配制罐最终一次配制所生产的均质产品为一批。

## 二、批号的编制管理

（1）正常批号　一般采用年＋月＋流水号，如 20160823 批，即 2016 年 8 月的第 23 批。

另一种方法是利用计算机系统软件以某一生产日期生产的批次生成相同位数的随机数字与英文字母组合，编制出无规律的随机批号，再将批号数据输入包装设备上的批号打印机或激光喷码机在产品上印制批号，生产日期与批号信息资料存入数据库，并提供给药监部门，在流通市场查验产品真伪，可消除产品被假冒的情况。

（2）返工或重新加工产品批号　返工后的批号不变，只是在原批号后加一代号以示区别，代号由企业自定，例如 20160823－R，即 2016 年 8 月 23 日投料生产的药品经返工处理。重新加工产品批号需重新编制。

（3）合箱批号　同一性质和质量的最后包装不足一箱的药品，因批号不同要合并一箱时，只可连续二个批次的成品合箱，合箱外应标明全部批号，并建立合箱记录。

（4）生产部门下达生产指令时，同时下达该批产品批号，如采用无规律批号时应下达产品批号生产日期。

（5）生产批号一经给定就具有专一性。任何人无权变动。

药品批号有时会用到亚批号，下列情形须编制亚批号。

使用数台灭菌设备灭菌或使用同一灭菌设备分数次灭菌时，批号应能区别所用的不同灭菌设备或不同次数灭菌。待包装产品在内包装或定量分装时使用不同的分装线或分装设备同时分装的批次，如使用数条塑料瓶分装生产线、铝塑包装机、双铝箔包装机等分装药品，亚批号的表示法如 20160823－1，

20160823－2。

## 三、生产日期的确定

生产日期按以下原则确定。

（1）最严格的应按工艺规程初始时原料投料日期为生产日期。化学合成原料药及使用化学原料药制剂的生产日期均按此标示。生产日期不得迟于产品成型或灌装或灌封前经最后混合的操作开始日期，不得以产品包装日期作为生产日期。

（2）原料药或中间产品混合批次的生产日期和有效期应当根据参与混合的最早批次产品的生产日期确定。

# 任务二　生产过程的管理

生产管理是为了保证药品生产全过程处于受控状态，从文件记录、物料到生产的每一步对发生或有可能发生异常情况或不合格等情况的处理做出规定、要求，以确保生产秩序良好，符合 GMP 的要求，生产过程的技术管理包括以下内容。

第四十四条 药品应当按照国家药品标准和经药品监督管理部门核准的生产工艺进行生产。生产、检验记录应当完整准确，不得编造。

## 一、准备阶段的技术管理

**1. 编制及发放生产指令和记录文件**　生产管理部门根据企业的产品库存和市场需求情况安排生产计划，编制批生产指令发放到生产、供应、仓库等相关部门。同时，将相应的记录文件发放至生产车间。

生产指令包括包装指令，在每批生产结束时须汇入相应的批生产记录中。

**2. 下达生产计划、领料**　生产车间按生产指令、工艺规程及操作规程，由车间工艺员向各工序分别下达生产计划，各工序根据计划向仓库限额领取物料。领料时须核对品名、规格、批号、生产厂家、数量及检验合格报告单等，并填写领料记录。

**3. 生产前的检查**　生产操作开始前，操作人员必须对设备、清洁等状况等进行检查，检查内容如下：

（1）检查生产场所是否符合该区域洁净要求；

（2）更换品种、规格前应有前一批产品的清场合格证副本，未取得清场合格证副本则不得进行另一个品种或同品种不同规格产品的生产；

（3）设备完好清洁，有设备状态标识；

（4）计量器具清洁完好，有校准或检定合格证并在周检有效期之内；

（5）衡器、量具使用前应进行检查、调试，对生产上用于测定、测试的仪器、仪表，应进行必要的调试；

（6）所用各种物料、中间产品应按质量标准核对检验报告单，盛装容器要桶、盖编号一致，并有明显标志；

（7）盛装物料的容器外必须具有标签，标签上应注明品名、规格、批号、重量、工序名称、操作人等。

## 二、生产阶段的技术管理

### （一）物料的投料、称量、计算管理

按 GMP 规定，生产过程中物料的投料、称量、计算等操作，都必须有其他人员复核，操作人、复核人应在操作记录上签名，车间工艺员、QC 均应对此关键操作进行监督。对于麻醉药品、精神药品、医疗用毒性药品、放射性药品等生产，应按国家有关规定严格执行，使用后剩余的散装物料应及时密封，由操作人在容器上注明启封日期，剩余数量，使用者、复核者签字后，由专人办理退库手续。再次启封使用过的原辅料时，应核对记录，检查外观性状，如发现有异常情况或性质不稳定时，应再次送检，无异常的方可使用。

每批生产结束后的剩余物料，操作人员应及时退库，生产现场不得存放未使用完的剩余物料，但暂存室存放的中间产品除外。

### （二）生产工艺及操作的管理

企业生产管理部门和车间工艺员应对生产工艺规程和操作规程的执行情况进行检查，以保证工艺规程及操作规程的准确执行。工艺检查内容由企业按各岗位操作规程的要求，检查各工艺参数执行情况、洁净室温湿度，以及定期检查尘粒数、微生物数、质量抽查记录及批生产记录。操作人员必须熟悉相关岗位的工艺控制点，质量控制点，并严格进行监控。

生产过程中如发现物料或中间产品异常或可能存在质量问题，操作人员不可自作主张，须向相关技术人员及车间负责人报告，按偏差处理程序进行处理，最终由质量受权人决定物料的使用。

### （三）定置管理

洁净区的定置管理是指洁净区的设备、物料、容器、操作台等应在固定位置放置。

为避免发生污染、混淆和差错的可能性，车间应进行定置管理。可移动的生产设备及操作应按生产工艺的物料流转方向流动，避免物料的交叉流动，减少交叉污染的可能性，且不可遗漏任何生产工序。生产中所使用的器具须专用，在使用完毕后都应放回原位，不可随意乱放，以免被其他工序误用或遗留在设备内部导致事故发生。暂存室等其他区域也应进行定置管理，洁具间应规定各种清洁工具的存放位置。

### （四）状态标识的管理

与设备连接的主要固定管道包括制药用水管道。应标明管道内物料的名称及流向；管道应安装整齐、有序，用不同的颜色进行喷涂以示区别。各企业可按实际情况自定，以喷涂颜色和方向表示物料和流向。

各生产操作间也应有状态标识来说明操作间当前的生产状态，生产时应标明所生产的品种、规格、批号、生产日期、操作者等，未生产时应用“已清场”“待清场”等表示，已清场状态应标明清场日期、清场人等。

设备的状态有“已清洁”“运行中”“备用”“待清洁”“待维修”等，设备固定状态标识应标明设备的型号、设备负责人等。对已损坏报废的设备，应从生产线上移除。设备运行时应标明所生产的品

种、规格、批号、生产日期、操作人等。

物料和使用容器也应有状态标识，标明容器内容物的情况，如品名、规格、批号、状态。

### （五）暂存室的管理

车间生产的中间产品，应存放在暂存室内，不得长时间存放于操作间。暂存室存放的范围包括中间产品、返工或重新加工的产品、清洁的周转容器等，除上述范围以外的物品不得存放于暂存室。暂存室应随时保持清洁，不得有散落的物料，地面散落的物料不得回收使用。进入暂存室的物品，其外包装必须清洁，无浮尘。

中间产品在暂存室应有明显的状态标识，注明品名、批号、规格、数量，操作人员每天及时将物料存放到暂存室，填写暂存室收料记录，并由送料人及暂存室管理员共同签字，填写进站日期，将物料按规定摆放整齐。暂存室管理员填写中间产品台账及暂存室物料卡。

暂存室存放的物料要求账、卡、物一致，质量管理部门管理人员或受权人及车间工艺员应定期对暂存室的物料状况进行检查。

根据车间下达的工序生产指令，暂存室管理员可向下一工序发放合格的中间产品，并填写中间产品发料记录，由下一工序的领料人员复核品名、重量或数量等，在暂存室发料记录上共同签字，同时填写台账。

暂存室应上锁管理，管理人员在上锁后方可离开。

### （六）不合格品的处理

经质量管理部门检验确认不合格的产品，由检验部门发出不合格品检验报告单，车间及时将不合格品存放于规定的不合格品存放区内。由生产管理部门会同有关部门执行偏差处理程序，调查、分析、评估，提出处理意见，后报质量管理部门审核同意后，由企业主管负责人批准执行，限期处理，并填写处理记录。

### （七）模具、筛网的管理

车间设备管理人员应对生产使用的模具建立档案，存放于相应的模具间。模具使用前后均应检查其洁净度、零配件是否齐全、有无破损、是否符合生产要求等，并填写模具使用发放记录。

筛网使用前应检查其完好程度，并检查是否符合生产工艺的要求。每一存放的筛网都应标明其规格，如目数或孔径。

### （八）生产中产生的废弃物的管理

生产废弃物是指生产过程中因试机或正常生产中产生的不能继续使用的废品，以及分装中因截切或切割等工艺产生的废料、物品。应按照废弃物管理规程，由生产操作人员及时将废弃物装入专门盛放废弃物的密闭容器中，由专门人员收集后由废弃物通道传出洁净区。

### （九）物料平衡核算的管理

**1. 物料平衡**　产品或物料实际产量或实际用量及收集到的损耗之和与理论产量或理论用量之间的比较，并考虑可允许的偏差范围。

通过物料平衡核算可以判断物料与产品间的定量转变关系，以及计算各种物料的消耗量，各种中间产品、副产品的产量、损耗量及组成。

如超出范围，要按偏差处理程序进行分析调查，采取措施要经质量管理部门批准，在得出合理解释，确认无潜在的质量风险后，方可进入下一道工序，避免出现差错造成物料失衡。

**2. 物料平衡及产率的计算** 计算公式如下。

$$MB = \frac{AO + LA}{TY} \times 100\% \tag{9-1}$$

$$MB = \frac{BD + LA}{TD} \times 100\%$$

$$Y = \frac{AO}{TY} \times 100\%$$

$$Y = \frac{TD}{BD + LA} \times 100\%$$

式中，$MB$ 为物料平衡，$AO$ 为实际产量，$LA$ 为实际损耗量，$TY$ 为理论产量，$BD$ 为实际用量，$TD$ 为理论用量，$Y$ 为收率。

企业应建立并规定物料平衡检查标准，密切关注生产过程中物料消耗和收率的数据，对物料平衡严格控制，使之在合理的范围内，对不正常的情况进行分析处理，这是防止差错和混淆的有效方法之一。

**3. 物料平衡检查的注意事项**

（1）生产必须按照处方标示量的 100% 投料；

（2）物料平衡核算时适当考虑允许正常的偏差，正常偏差值是根据同品种的行业水平和本企业历史水平、技术条件制定的；

（3）每批产品在生产作业完成后，及时填写暂存室物流卡并做物料平衡检查。如有显著差异，必须查明原因，在得出合理解释、确认无潜在质量事故后，方可按正常产品入库。出现偏差时，要及时执行偏差处理程序。

#### （十）偏差的处理

生产过程中可能出现的偏差包括物料平衡超出规定范围，生产过程时间控制超出工艺规定范围，生产过程工艺条件发生偏移、变化，生产过程中设备发生异常，可能影响产品质量等。发现偏差时，车间管理层应进行核查确认，记录并执行偏差处理程序。

## 三、包装阶段的技术管理

对符合生产工艺规程要求，在质量管理部门和车间工艺员的监控下完成生产全过程，检验合格的待包装产品可由生产管理部门下达批包装指令。对于一些检验耗费时间长，需要在检验结果前包装的制剂产品，则允许先包装后入库按待验处理，检验合格后才办理入库手续。

#### （一）药包材的管理

药包材应由专人验收保管，有专门的房间分类存放，包装容器上贴的标志要求内容齐全、清晰，不同的产品包装材料不能互用或代用。

#### （二）印刷包装材料的管理

印刷包装材料应对外包装进行除尘、清洁工作，尽量减少外界灰尘及不洁物随包装一起进入厂房，切割式标签或其他散装印刷包装材料应当分别置于密闭容器内储运，以防混淆。车间还应由专人负责标签、说明书和小盒的领用和发放，并按品种、规格分类，存放在标签库内，上锁保管，并有记录登记。已印批号待用的标签按批存放，产品包装时，由包装工序根据批包装指令派专人向车间领取并填写领用记录。

**1. 领用**　印刷包装材料由车间专职标签保管员负责领用。

仓库按生产管理部门下达包装指令单，对车间领用内包装材料及印刷包装材料的品种、规格、数量负责审核，并按计划限额发料。

车间印刷包装材料保管员对照内包装材料质量标准和印刷包装材料标准样张进行核对，仓库保管员和领料人员均在领料单上签字。

车间印刷包装材料保管员领用印刷包装材料后，将标签按品种、规格直接存放于车间标签暂存室相应的柜中，上锁存放，其他印刷包装材料按品种、规格直接存放于车间标签暂存室中，上锁存放，并做记录。由工序专人领取进行包装生产，已打印批号的标签存放柜与无打印批号的标签存放柜应分开设置。

**2. 标签计数**　根据标签使用经验，有以下几种计数方式：

（1）对于数量不多的标签，逐张清点；

（2）标签在激光喷码机印制批号中自动计数；

（3）各小组在标签保管员处领用标签时，须逐张清点；

（4）对于整叠大页不干胶标签，可以先计算每页标签数量，然后乘以页数，即为标签总数；

（5）切割式标签可用称重法计数。

**3. 发放**　印刷包装材料及印有批号的印刷包装材料须经车间质监员的检查后方可投入使用。

车间标签保管员在发放印刷包装材料时，须及时记录，各小组每天或批生产结束后须同车间标签保管员合数，发放数与使用数、残损数、结存数之和须一致。

**4. 使用**　印刷包装材料在使用过程中，须随时注意其质量情况，如有套色偏差超过规定、印刷不清、切割偏离等质量问题的标签不得使用。车间班组长作为班组级质监员，须经常检查各小组包装材料质量情况及批号打印情况，如出现较为严重的偏差，须及时向车间 QA 汇报。

印刷包装材料不得随便涂划，不得挪作他用，不得带出车间。

**5. 剩余材料的退库及废弃物的销毁**　车间剩余的没有打印批号且完好的印刷包装材料退库应清洁、完整、整齐，经仓库保管员核对无误后，由车间标签保管员填写退料单，办理退库手续。剩余的残损印刷包装材料不得退库，须经车间标签保管员、质监员在场清点数量，及时销毁，记录销毁数量并签字。长期不用或淘汰的印刷包装材料由仓库保管员核对数量，报受权人、企业生产负责人批准销毁，经批准销毁的印刷包装材料由仓库保管员在场清点数量后，在质监员的监督下及时销毁，销毁人、监督人须在销毁记录上签字。

每批产品在包装完成后应及时填写包装记录，如实填写所领用的包装材料数量，如果使用数、剩余数、残损数之和与领用数不相符合时，应查明原因，并做好记录，标签不得改作他用或涂改后再使用。

**即学即练**

答案解析

多项选择题

生产操作间应有状态标识，状态标识应标明的内容至少包括（　　）。

A. 品种、规格　　B. 批号　　C. 生产日期　　D. 操作者

# 任务三　污染的预防措施

## 实例分析

**实例**　自2020年10月开始，国内多地的冷库储存的进口冷冻食品表面及包装标本中，新冠肺炎病毒核酸检测呈阳性，并造成多起从业人员感染新冠肺炎。为加强疫情防控，防止病毒传播扩散，国内全面采取进口冷冻食品追溯和消杀制度，并实施全民免费注射新冠疫苗防疫，对高风险从业人员定期做核酸检测和优先疫苗免疫，体现了党和政府对人民生命安全和身体健康的关怀和重视。

**问题**　进口冷冻食品中的新冠肺炎病毒是怎么来的？这与药品生产的人员卫生管理有何关系？

答案解析

## 一、分区域生产

生产区和储存区应当有足够的空间，确保有序地存放设备、物料、中间产品、待包装产品和成品，避免不同产品或物料的污染、混淆或差错。

各生产操作室的面积以满足生产操作、安置必要的生产设备为宜，不宜大量堆放各种物料作储存室使用。在同一厂房内有数台生产设备或数条生产线时，尽可能每台设备或每条生产线置于独立的操作间内，不宜在同一操作室内放置多套设备，特别是生产能力较大的生产线或设备，以免造成交叉污染、混淆或差错。

制剂生产车间除应具有生产的各工序用室外，还应配套足够面积的生产辅助用室，应有原辅料暂存室，称量室，备料室，中间产品、内包材料等各自的暂存室，工具、器具与周转容器的洗涤、干燥、存放室，清洁用具的洗涤、干燥、存放室，工作服的洗涤、整理、保管室，并按需配置制水间，空调净化机房，车间检验室等。清洁间设置应合理，方便清洁操作，清洁室的洁具应设置带集水功能和烘干功能的地拖架或存放柜悬挂地拖，以便晾干和烘干。

在同一生产区域包括相应的辅助生产区域如煮浆室，尽可能进行同一批号、同一规格的相同产品生产操作，如辅助区域通过前室或缓冲走廊隔开则无限制。在同一生产区域绝不可同时生产不同品种、规格的药品，避免混淆。提供适当的原辅料、包装材料处理区，中间体、中间产品储存区，不同净化级别的清洁区和通道，减少人流物流混杂也是防止物料混淆的方法。

对于生物制品、毒性药材、高致敏药品等的生产，所使用的设备、输送管道、容器及其他设施等应专用，使用后必须进行彻底清洗、消毒处理，检验无残留物才能再用于生产。

中药制剂的生产操作区应与中药的前处理、提取、浓缩以及动物脏器、组织的洗涤或处理等生产操作区应严格分开。

## 二、阶段性生产

阶段性生产方式是指在共用生产区内，在一段时间内集中生产某一产品，再对相应的共用生产区、设施、设备、工器具等进行彻底清洁，更换生产另一种产品的方式。阶段性生产须通过清场操作确保预防污染。

生产某些激素类、细胞毒性类、高活性化学药品应当使用专用设施，如独立的空气净化系统和设备；特殊情况下，如采取特别防护措施并经过必要的验证，上述药品制剂则可通过阶段性生产方式共用同一生产设施和设备。

而生产高致敏性药品如青霉素类或生物制品如卡介苗或其他用活性微生物制备而成的药品，β－内酰胺结构类药品、性激素类避孕药品等高风险药品不可采用阶段性生产方式生产，只能使用独立厂房或独立区域和独立的空气净化设施。

## 三、洁净区的空气压差控制

应当根据药品品种、生产操作要求及外部环境状况等配置空气净化系统，使生产区有效通风，并有温度、湿度控制和空气净化过滤，保证药品的生产环境符合要求。各操作室根据净化要求保持一定的压差。洁净区与非洁净区之间、不同级别洁净区之间的压差应当不低于 10 帕斯卡（Pa）。必要时，相同洁净度级别的不同功能区域之间也应当保持适当的压差梯度。

## 四、人员的卫生管理

人员卫生是指人员身体健康及着装洁净，在生产等过程中不造成具有化学或微生物特性的杂质或异物的不利影响。

进入洁净区人员严格遵守更衣程序。参观人员和未经培训的人员不得进入生产区和质量控制区，特殊情况确需进入的，应当事先对个人卫生、更衣等事项进行指导。任何进入生产区的人员均应当按照规定更衣。洁净防护服专人专用，不得穿离洁净区。

进入洁净生产区的人员不得化妆和佩戴饰物。生产区、仓储区应当禁止吸烟和饮食，禁止存放食品、饮料、香烟和个人用药品等非生产用物品。

进入洁净区，消毒后不得再做与生产无关的动作，不得再接触非生产用品。操作人员应当避免裸手直接接触药品、药包材和设备表面，手套接触其他物件应在 1 分钟内用 75% 乙醇喷雾消毒。人员进入洁净区更衣程序见图 9－1、图 9－2。

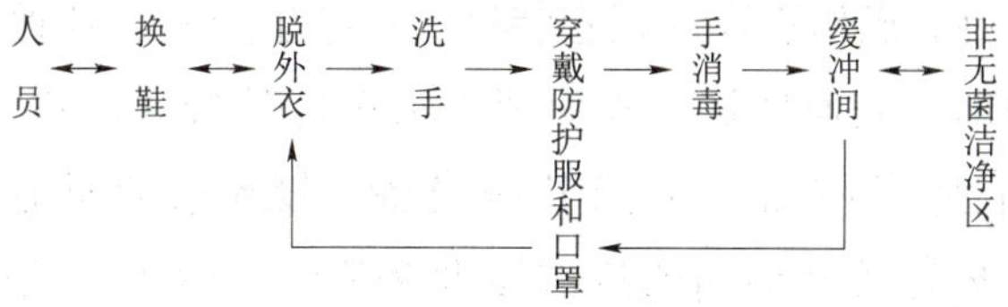


**图 9－1　人员进入非无菌药品生产洁净区更衣程序**

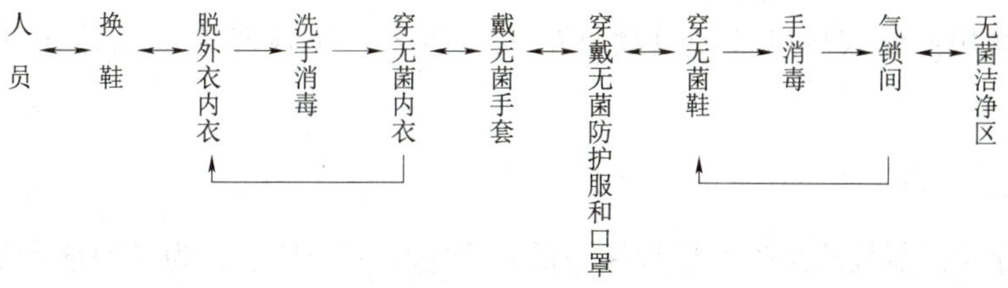


**图 9－2　人员进入无菌药品生产洁净区更衣程序**

实例分析中进口冷冻食品沾染的新冠肺炎病毒明显是从业人员携带的，而病毒通过人的呼吸，形成气溶胶传播，沾染到食品表面和包装物上，由于病毒耐低温，未经彻底消毒或杀灭，故在国内冷库中能检出并传染给从业人员，导致核酸检测阳性甚至确诊为新冠肺炎。所以药品生产中，由于操作不当或者直接接触药品人员患有传染性疾病而未调离岗位的，都会有物料、产品污染或交叉污染的风险。

## 五、交叉污染的控制

交叉污染是指不同原料、辅料及产品之间发生的相互污染。

交叉污染就是在洁净厂房内，在两种以上药品同时生产过程中，生产、取样、包装、储存或运输时，彼此的组成成分进入或沾染对方原料、中间产品或成品造成的污染。

为防止污染，对进入洁净室的人员和物品要进行净化处理，人流、物流应简单合理，无菌生产所需的物料经消毒处理后再从传递窗或货淋室传送，房间应装有防尘及捕尘设施。工艺过程中进行产生粉尘有害物质和易燃、易爆物质的工序时，其操作室与其他房间或区域之间应保持相对负压，而洁净走廊保持正压，走廊洁净度应与生产房间相同。洁净室内使用的设备尽量密闭并附有吸尘装置，生产所用的设备容器等，尤其是与药物直接接触的部分必须使用不与药品起作用、不吸附药物的材料。

## 六、中间控制

中间控制也称过程控制，是指为确保产品符合有关标准，生产中对工艺过程加以监控，以便在必要时进行调节而做的各项检查。可将对环境或设备控制视作中间控制的一部分。

物料的投料、称量、计算操作管理，定置管理，状态标识管理，暂存室管理，模具、筛网管理，偏差处理等都为中间控制，生产过程中严格执行生产操作规程。

## 七、清洁、灭菌和消毒的管理

### （一）清洁管理

药品生产过程中严格按厂房、设备、物料清洁管理和工艺卫生管理规程操作，保持清洁生产状态，有灭菌和消毒要求的，按相关规程执行。

进入洁净区人员严格按更衣操作规程规范着装进入洁净生产区，各种物料进入生产区域必须在物料净化解包室进行解包、清洁、表面擦拭、表面消毒灭菌等处理才能进入，进入生产操作车间的生产用具，必须经过严格的清洁。投料前应认真检查设备，投料后的原辅料的包装应及时清理回收，不允许乱放。设备、工具、容器等在使用前后应该彻底清洗、消毒。维修、检查设备时，不得污染物料及产品，按规定清洁消毒生产场地、走廊、更衣室等，做到内表面洁净、完好，门、窗、各种管道、灯具以及其他设施，墙壁与地面的交界处保持洁净无灰尘。严格控制进入生产车间的人数，仅限于生产车间该区域操作人员以及经过批准的人员进入，工作时应关闭操作间的门，并尽量减少进出入次数。

### （二）灭菌和消毒管理

生产洁净区消毒或灭菌是药品生产质量保证的一个重要生产环节，为了保证产品质量免受生产过程中微生物的污染，需在每次生产结束后对一些环境空间、设施设备和物品进行消毒或灭菌。选择合适的消毒方式尤为重要。常用的灭菌和消毒方法有干热灭菌法、湿热灭菌法、紫外线消毒灭菌、气体消毒法等。灭菌效果的监控、验证和评估常采用灭菌用生物指示剂和物理化学指示物来辅助实现。

### 1. 灭菌用生物指示剂

（1）生物指示剂是一种对特定灭菌程序有确定及稳定耐受性的特殊活微生物制成品。可用于工艺、确认中的灭菌效果的监控、验证和评估等。除电离辐射外，微生物芽孢较菌体有更强的耐受性，更适合用于制备生物指示剂。

（2）生物指示剂分类

①载体型生物指示剂　该类生物指示剂是由微生物芽孢和载体装在内层包装中。载体可以是碟形或条状的滤纸、玻璃、塑料或其他材料。

a. 内层包装：保护染菌载体免受损坏和污染，而不阻碍灭菌因子穿透的体系。

b. 外层包装：装有已包装的生物指示物，供运输和贮存的包装体系。

②芽孢悬液生物指示剂　将芽孢混悬于液体中，若用于液体物品灭菌，必须测定生物指示剂在灭菌液体物品中的芽孢数和 D 值。

③自含式生物指示剂　由芽孢和能够恢复微生物生长的培养基组成的系统，系统中的培养基用于培养灭菌后的生物指示剂，应制定程序确认该培养基能保证残存微生物的生长。微课

（3）生物指示剂特性

①菌种的耐受性应大于需灭菌物品中所有可能污染菌的耐受性；②菌种应无致病性；③菌株应稳定，存活期长，易于保存；④易于培养；⑤生物指示剂的芽孢含量应在 90% 以上。

（4）生物指示剂的选择

①湿热灭菌法：嗜热脂肪芽孢杆菌、生孢梭菌、枯草芽孢杆菌、凝结芽孢杆菌。

②干热灭菌法：萎缩芽孢杆菌。

③环氧乙烷灭菌法：萎缩芽孢杆菌。

④过氧化氢汽相灭菌法：嗜热脂肪芽孢杆菌、萎缩芽孢杆菌、生孢梭菌等，使用金属、玻璃或塑料为载体，不宜使用纤维类截体。

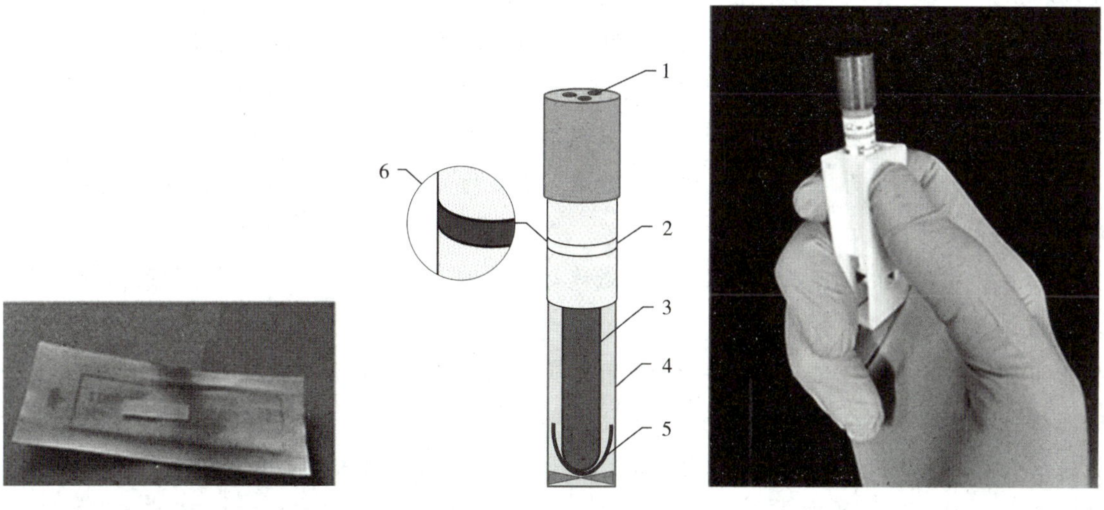


a.拆外层包装的载体生物指示卡　　b.自含式生物指示剂　　c.专用工具夹破安瓿操作

**图 9-3　灭菌用生物指示剂**

1. 透气无菌滤膜；2. 带灭菌化学指示的标签；3. 含培养基的安瓿；4. 塑料管；5. 生物指示卡；6. 灭菌后变色的指示卡

**2. 灭菌用物理或化学指示物**

指示物：指示剂及其衬底（指示卡、片、条、带、器等）按预定使用形式的组合。

指示剂：因灭菌或消毒操作而激发物理变化或化学变化的要素或各要素的组合。

指示物分为工艺指示物、用于特定试验的指示物、单项参数指示物、多项参数指示物、综合指示物、模拟指示物（周期验证指示物）。

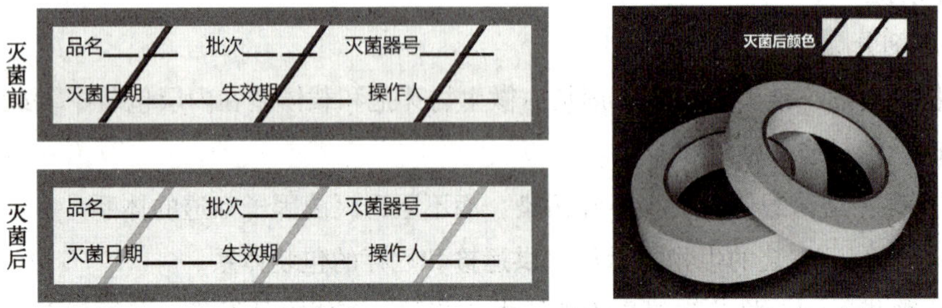


a.化学指示卡　　b.化学指示胶带

图 9－4　灭菌用化学指示物

对于各种不同灭菌工艺，下列参数都可以定义为评价性的参数。

湿热：时间，温度和蒸汽饱和度。

干热：时间和温度。

环氧乙烷：时间、温度、湿度和环氧乙烷浓度。

辐射：总吸收剂量。

甲醛蒸汽：时间、温度、湿度和甲醛浓度。

### 知识链接

**生物指示剂适用性确认与验证——质量参数的检查**

生物指示剂的主要质量参数包括总芽孢数、D 值和存活时间、杀灭时间。

生物指示剂的总芽孢数一般为标示值的 50% ~300%。

生物指示剂耐受性是指其所含的微生物能够耐受各种灭菌程序的能力。一般用 D 值来表示。

D 值是指将试验微生物杀灭 90% 所需的灭菌时间或灭菌剂量。

不同灭菌方法生物指示剂 D 值的测定一般采用不同的仪器或程序。例如湿热灭菌用生物指示剂的 D 值测定，其常用设备是抗力仪（能够实现短时升温和降温的灭菌器）和油浴仪（能够设定到 100℃ 以上的恒温设备）等。

生物指示剂的 D 值测定可采用阴性分数法或残存曲线法。阴性分数法是根据各组的阴性与阳性结果来计算 D 值。

生物指示剂的耐受性 D 值可以用存活时间和杀灭时间来确认，存活时间组的培养结果均应为阳性。杀灭时间组的培养结果均应为阴性。

在选择灭菌用生物指示剂或使用前应对其灭菌耐受性进行检查或确认，确保灭菌效果的监控、验证和评估准确性。

# 任务四 清场管理

## 一、认知清场

### （一）术语

**1. 混淆** 是指一种或一种以上的其他原材料或成品与已标明品名的原材料或成品相混，通俗地说就是“混药”。

**2. 清场** 是指在药品生产过程中，每一个生产阶段完成后，由生产人员按规定的程序和方法对生产过程中所涉及的文件、设施、设备、仪器、物料等进行清理并进行严格彻底清洗和消毒，以便下一阶段的品种和更换其他品种的生产。清场的目的是为了防止药品污染、混淆和差错。

### （二）防止混淆的措施

**1. 生产批号管理** 在药品生产企业中，同一品种的产品不一定是质量完全相同的产品，只有相同批号的同一品种的产品才是相同的产品。因此，批号的管理就显得非常重要，要防止混淆，严格执行批号管理，避免造成混批。

**2. 生产操作管理** 药品生产过程中，不正确的操作是导致混淆发生的主要原因。因此，针对生产操作，应采取以下措施。

（1）生产区域要专一 在同一生产区域包括相应的辅助生产区域，只能生产同一批号、同一规格的相同产品。

（2）生产前要检查 每个品种或每个批号药品生产开始前，应认真检查设备、器具、容器等是否洁净或消毒灭菌，以及是否有前次生产的遗留物，否则不能进行新的生产操作。

（3）人员控制 生产开始前后，应对生产区和辅助生产区人员进出和生产操作的人员进行严格控制，防止操作人员行为不规范或外来人员造成混淆和差错。

（4）工序衔接要合理 在药品生产中，工艺布局的合理性是保证药品正常生产秩序的关键，也是确保厂房设施、生产管理与 GMP 符合性的关键。

（5）状态标识要明确 药品生产厂房中的生产区域、辅助区域、设备使用状态标识，容器等标明容器内容物的情况，如品名、规格、批号、状态。防止污染和混淆。

## 二、清场的范围与内容

**1. 清场的范围** 应涵盖生产操作的所有区域和空间，包括生产区和辅助生产区，以及涉及的一切设施、设备、仪器及物料等。在药品生产过程中，经常出现重视生产现场的清场工作，而往往被忽视本次生产相关的辅助生产区的清理，或者清理不彻底的情况。

**2. 清场的内容** 应包括以下几个方面。

（1）物料清理 生产中所用到的物料包括原料、辅料、中间产品、包装材料、剩余物料等，应对全部物料进行相应的清理、退库、储存或销毁工作。

（2）配件、器具清理 对下次生产不使用的设备配件、模具、器具、容器等清出现场，应将所有能够拆除的设备全部拆卸，或将可移动设备移出生产区在清洁区域清洗。

（3）文件清理　生产中所用到的各种规程、指令、记录，包括各种状态标识等的清除、交还、交接和归档工作。

（4）清洁、消毒、灭菌　对生产区域和辅助区域进行清洁、消毒或灭菌工作，并对现场、设备、器具进行残留检验。

（5）残留检验　对生产设备及其管道采用擦拭法、冲洗法取样，采用经验证的、具有检测残留物或污染物的灵敏度的分析方法，检验是否仍有前次生产残留物，限度须符合规定要求。

## 三、清场过程的管理

车间各工序在本批产品生产完毕后，必须及时进行清场，填写清场记录。清场工作由各岗位操作人员严格按照各岗位清场标准操作程序进行。

**1. 清场的程序与要求**

（1）地面无积尘、无结垢，门窗、室内照明灯、风管、墙面、开关箱外壳无积尘，室内不得存放与下次生产无关的物品（包括物料、中间产品、产品、文件、记录等），生产废弃物已处理，地漏、卫生洁具已清洁消毒；

（2）使用的工具、容器已清洁，无异物、无遗留物；

（3）设备内外无生产遗留物、无油垢；

（4）非专用设备、管道、工具、容器已按规定拆洗或消毒；

（5）凡直接接触药品的设备、管道、工具、容器应每天或每批清理，同一设备连续加工同一非无菌产品时，其清洗周期可按生产工艺规程及标准操作程序执行；

（6）包装工序更换品种或规格时，多余的标签、包装材料应全部按规定退库。

**2. 清场记录**　清场操作应有清场记录，清场记录内容应包括工序名称、产品名称、规格、批号、清场日期、清场项目、清场人、检查人等。包装清场记录一式两份，正本纳入本批批包装记录，副本纳入下一批批包装记录，其余工序清场记录纳入本批生产记录。

**3. 清场检查**　清场结束后先由车间工艺员按清场检查细则进行自检，合格后再由质量管理部质量管理人员按清场检查细则复检，并填写清场检查记录，应由质检员采样检验是否仍有前次生产残留物。

清场检查合格后，由质量管理人员签发清场合格证；清场检查不合格，必须由操作人员重新进行清场，直到清场检查合格后，方可签发清场合格证。清场合格证一式两份，分正本和副本，作为生产凭证之一，正本纳入本批生产记录，副本流入下一批生产记录中。清场合格证应规定有效期，超过有效期的应重新进行检查。未取得“清场合格证”的不得进行另一个品种或同一品种不同批号的产品的生产。生产接班时，应检查清场合格证，在确认无误后方可执行生产作业。

## 目标检测

答案解析

### 一、最佳选择题

1. 每批药品均应当编制唯一的（　　）。

A. 批次　　B. 批号　　C. 亚批号　　D. 生产日期

2. 有数条包装线同时进行包装时，采取有效防止污染、交叉污染或混淆的措施至少应有（　　）。

A. 隔离　　B. 转移　　C. 密封　　D. 以上都是

## 二、配伍选择题

[1～2]

A. 口服固体制剂　　B. 表皮外用软膏剂

C. 大容量可灭菌注射剂　　D. 注射粉末

1. 以同一配制罐最终一次配制所生产的非无菌均质产品为一批的是（　　）。
2. 以同一配液罐最终一次配制的药液所生产的无菌均质产品为一批的是（　　）。

## 三、综合分析选择题

[1～2]

**实例**　自2020年10月开始，国内多地的冷库储存的进口冷冻食品表面及包装标本中，新冠肺炎病毒核酸检测呈阳性，并造成多起从业人员感染新冠肺炎。为加强疫情防控，防止病毒传播扩散，国内全面采取进口冷冻食品追溯和消杀制度，并实施全民免费注射新冠疫苗防疫，对高风险从业人员定期做核酸检测和优先疫苗免疫，体现了党和政府对人民生命安全和身体健康的关怀和重视。

1. 灭菌消毒用生物指示剂特性之一就是生物指示剂的芽孢含量应在（　　）。

A. 50%以上　　B. 60%以上　　C. 80%以上　　D. 90%以上

2. 灭菌消毒用生物指示剂的特性是菌种应当（　　）。

A. 易于培养　　B. 无致病性　　C. 易于保存　　D. 以上都是

## 四、多项选择题

1. 关于药品生产日期的规定，下列表述正确的包括（　　）。

A. 生产日期不得迟于产品成型或灌装（封）前经最后混合的操作开始日期

B. 生产日期不得迟于产品成型或灌装（封）前经最后混合的操作结束日期

C. 生产日期不得迟于产品外包装操作的开始日期

D. 不得以产品包装日期作为生产日期

2. 产品须及时贴签的操作是指在（　　）。

A. 分装后　　B. 封口后　　C. 装盒后　　D. 装箱后

## 五、判断正误题

1. 使用切割式标签或在包装线以外单独打印标签，应当采取专门措施，防止混淆。（　　）
2. 包装材料上印刷或模压的内容应当清晰，不易褪色和擦除。（　　）

书网融合……

知识回顾　　微课　　习题

（景大为）

# 项目十　质量控制与质量保证

PPT

## 学习引导

药品生产需要适时进行质量检验，为纠正偏差及预防出现产品不合格时，应执行变更控制、稳定性考察以及放行。如何选择好的供应商及物料，这些都是药品生产面临和需要解决的问题。那么在检验中如何确定抽样数量？如何使用干燥器和化学试剂保持恒湿环境？如何区别食用明胶与工业明胶？重大变更报批和中等变更备案情形如何区分？

本项目主要学习检验的管理，放行的要求，供应商管理，偏差处理、变更控制、纠正和预防措施、产品数据追溯管理等主要内容。

## 学习目标

1. **掌握**　GMP 带“★”的条款要点；检验的管理、变更控制的内容。

2. **熟悉**　GMP 带“▲”的条款要点；放行的要求；不合格品、偏差的处理方式；供应商的评估内容；产品数据追溯管理；不良反应有关术语的释义；严重不良反应的情形。

3. **了解**　物料与产品的留样、持续稳定性考察的管理；纠正和预防措施、产品质量回顾分析的要求。

## GMP

## 第十章　质量控制与质量保证

### 第一节　质量控制实验室管理

**第二百一十七条**　质量控制实验室的人员、设施、设备应当与产品性质和生产规模相适应。

企业通常不得进行委托检验，确需委托检验的，应当按照第十一章中委托检验部分的规定，委托外部实验室进行检验，但应当在检验报告中予以说明。

**第二百一十八条**　质量控制负责人应当具有足够的管理实验室的资质和经验，可以管理同一企业的一个或多个实验室。

**▲第二百一十九条**　质量控制实验室的检验人员至少应当具有相关专业中专或高中以上学历，并经过与所从事的检验操作相关的实践培训且通过考核。

**★第二百二十条**　质量控制实验室应当配备药典、标准图谱等必要的工具书，以及标准品或对照品等相关的标准物质。

**★第二百二十一条**　质量控制实验室的文件应当符合第八章的原则，并符合下列要求：

（一）质量控制实验室应当至少有下列详细文件：

1. 质量标准；

2. 取样操作规程和记录；

3. 检验操作规程和记录（包括检验记录或实验室工作记事簿）；

4. 检验报告或证书；

5. 必要的环境监测操作规程、记录和报告；

6. 必要的检验方法验证报告和记录；

7. 仪器校准和设备使用、清洁、维护的操作规程及记录。

（二）每批药品的检验记录应当包括中间产品、待包装产品和成品的质量检验记录，可追溯该批药品所有相关的质量检验情况；

（三）宜采用便于趋势分析的方法保存某些数据（如检验数据、环境监测数据、制药用水的微生物监测数据）；

（四）除与批记录相关的资料信息外，还应当保存其他原始资料或记录，以方便查阅。

**▲第二百二十二条**　取样应当至少符合以下要求：

（一）质量管理部门的人员有权进入生产区和仓储区进行取样及调查；

（二）应当按照经批准的操作规程取样，操作规程应当详细规定：

1. 经授权的取样人；

2. 取样方法；

3. 所用器具；

4. 样品量；

5. 分样的方法；

6. 存放样品容器的类型和状态；

7. 取样后剩余部分及样品的处置和标识；

8. 取样注意事项，包括为降低取样过程产生的各种风险所采取的预防措施，尤其是无菌或有害物料的取样以及防止取样过程中污染和交叉污染的注意事项；

9. 储存条件；

10. 取样器具的清洁方法和储存要求。

（三）取样方法应当科学、合理，以保证样品的代表性；

（四）留样应当能够代表被取样批次的产品或物料，也可抽取其他样品来监控生产过程中最重要的环节（如生产的开始或结束）；

（五）样品的容器应当贴有标签，注明样品名称、批号、取样日期、取自哪一包装容器、取样人等信息；

（六）样品应当按照规定的储存要求保存。

**★第二百二十三条**　物料和不同生产阶段产品的检验应当至少符合以下要求：

（一）企业应当确保药品按照注册批准的方法进行全项检验；

（二）符合下列情形之一的，应当对检验方法进行验证：

1. 采用新的检验方法；

2. 检验方法需变更的；

3. 采用《中华人民共和国药典》及其他法定标准未收载的检验方法；

4. 法规规定的其他需要验证的检验方法。

（三）对不需要进行验证的检验方法，企业应当对检验方法进行确认，以确保检验数据准确、可靠；

（四）检验应当有书面操作规程，规定所用方法、仪器和设备，检验操作规程的内容应当与经确认或验证的检验方法一致；

（五）检验应当有可追溯的记录并应当复核，确保结果与记录一致。所有计算均应当严格核对；

（六）检验记录应当至少包括以下内容：

1. 产品或物料的名称、剂型、规格、批号或供货批号，必要时注明供应商和生产商（如不同）的名称或来源；

2. 依据的质量标准和检验操作规程；

3. 检验所用的仪器或设备的型号和编号；

4. 检验所用的试液和培养基的配制批号、对照品或标准品的来源和批号；

5. 检验所用动物的相关信息；

6. 检验过程，包括对照品溶液的配制、各项具体的检验操作、必要的环境温湿度；

7. 检验结果，包括观察情况、计算和图谱或曲线图，以及依据的检验报告编号；

8. 检验日期；

9. 检验人员的签名和日期；

10. 检验、计算复核人员的签名和日期。

（七）所有中间控制（包括生产人员所进行的中间控制），均应当按照经质量管理部门批准的方法进行，检验应当有记录；

（八）应当对实验室容量分析用玻璃仪器、试剂、试液、对照品以及培养基进行质量检查；

（九）必要时应当将检验用实验动物在使用前进行检验或隔离检疫。饲养和管理应当符合相关的实验动物管理规定。动物应当有标识，并应当保存使用的历史记录。

**▲第二百二十四条** 质量控制实验室应当建立检验结果超标调查的操作规程。任何检验结果超标都必须按照操作规程进行完整的调查，并有相应的记录。

**★第二百二十五条** 企业按规定保存的、用于药品质量追溯或调查的物料、产品样品为留样。用于产品稳定性考察的样品不属于留样。

留样应当至少符合以下要求：

（一）应当按照操作规程对留样进行管理；

（二）留样应当能够代表被取样批次的物料或产品；

（三）成品的留样：

1. 每批药品均应当有留样；如果一批药品分成数次进行包装，则每次包装至少应当保留一件最小市售包装的成品；

2. 留样的包装形式应当与药品市售包装形式相同，原料药的留样如无法采用市售包装形式的，可采用模拟包装；

3. 每批药品的留样数量一般至少应当能够确保按照注册批准的质量标准完成两次全检（无菌检查和热原检查等除外）；

4. 如果不影响留样的包装完整性，保存期间内至少应当每年对留样进行一次目检观察，如有异常，应当进行彻底调查并采取相应的处理措施；

5. 留样观察应当有记录；

6. 留样应当按照注册批准的储存条件至少保存至药品有效期后一年；

7. 如企业终止药品生产或关闭的，应当将留样转交受权单位保存，并告知当地药品监督管理部门，以便在必要时可随时取得留样。

（四）物料的留样：

1. 制剂生产用每批原辅料和与药品直接接触的包装材料均应当有留样。与药品直接接触的包装材料（如输液瓶），如成品已有留样，可不必单独留样；

2. 物料的留样量应当至少满足鉴别的需要；

3. 除稳定性较差的原辅料外，用于制剂生产的原辅料（不包括生产过程中使用的溶剂、气体或制药用水）和与药品直接接触的包装材料的留样应当至少保存至产品放行后两年。如果物料的有效期较短，则留样时间可相应缩短；

4. 物料的留样应当按照规定的条件储存，必要时还应当适当包装密封。

**第二百二十六条**　试剂、试液、培养基和检定菌的管理应当至少符合以下要求：

（一）试剂和培养基应当从可靠的供应商处采购，必要时应当对供应商进行评估；

（二）应当有接收试剂、试液、培养基的记录，必要时，应当在试剂、试液、培养基的容器上标注接收日期；

（三）应当按照相关规定或使用说明配制、储存和使用试剂、试液和培养基。特殊情况下，在接收或使用前，还应当对试剂进行鉴别或其他检验；

（四）试液和已配制的培养基应当标注配制批号、配制日期和配制人员姓名，并有配制（包括灭菌）记录。不稳定的试剂、试液和培养基应当标注有效期及特殊储存条件。标准液、滴定液还应当标注最后一次标化的日期和校准因子，并有标化记录；

（五）配制的培养基应当进行适用性检查，并有相关记录。应当有培养基使用记录；

（六）应当有检验所需的各种检定菌，并建立检定菌保存、传代、使用、销毁的操作规程和相应记录；

（七）检定菌应当有适当的标识，内容至少包括菌种名称、编号、代次、传代日期、传代操作人；

（八）检定菌应当按照规定的条件储存，储存的方式和时间不应当对检定菌的生长特性有不利影响。

**第二百二十七条**　标准品或对照品的管理应当至少符合以下要求：

（一）标准品或对照品应当按照规定储存和使用；

（二）标准品或对照品应当有适当的标识，内容至少包括名称、批号、制备日期（如有）、有效期（如有）、首次开启日期、含量或效价、储存条件；

（三）企业如需自制工作标准品或对照品，应当建立工作标准品或对照品的质量标准以及制备、鉴别、检验、批准和储存的操作规程，每批工作标准品或对照品应当用法定标准品或对照品进行标化，并确定有效期，还应当通过定期标化证明工作标准品或对照品的效价或含量在有效期内保持稳定。标化的过程和结果应当有相应的记录。

## 第二节　物料和产品放行

**第二百二十八条**　应当分别建立物料和产品批准放行的操作规程，明确批准放行的标准、职责，并有相应的记录。

★**第二百二十九条** 物料的放行应当至少符合以下要求：

（一）物料的质量评价内容应当至少包括生产商的检验报告、物料包装完整性和密封性的检查情况和检验结果；

（二）物料的质量评价应当有明确的结论，如批准放行、不合格或其他决定；

（三）物料应当由指定人员签名批准放行。

★**第二百三十条** 产品的放行应当至少符合以下要求：

（一）在批准放行前，应当对每批药品进行质量评价，保证药品及其生产应当符合注册和本规范要求，并确认以下各项内容：

1. 主要生产工艺和检验方法经过验证；
2. 已完成所有必需的检查、检验，并综合考虑实际生产条件和生产记录；
3. 所有必需的生产和质量控制均已完成并经相关主管人员签名；
4. 变更已按照相关规程处理完毕，需要经药品监督管理部门批准的变更已得到批准；
5. 对变更或偏差已完成所有必要的取样、检查、检验和审核；
6. 所有与该批产品有关的偏差均已有明确的解释或说明，或者已经过彻底调查和适当处理；如偏差还涉及其他批次产品，应当一并处理。

（二）药品的质量评价应当有明确的结论，如批准放行、不合格或其他决定；

（三）每批药品均应当由质量受权人签名批准放行；

（四）疫苗类制品、血液制品、用于血源筛查的体外诊断试剂以及国家食品药品监督管理局规定的其他生物制品放行前还应当取得批签发合格证明。

## 第三节 持续稳定性考察

▲**第二百三十一条** 持续稳定性考察的目的是在有效期内监控已上市药品的质量，以发现药品与生产相关的稳定性问题（如杂质含量或溶出度特性的变化），并确定药品能够在标示的储存条件下，符合质量标准的各项要求。

**第二百三十二条** 持续稳定性考察主要针对市售包装药品，但也需兼顾待包装产品。例如，当待包装产品在完成包装前，或从生产厂运输到包装厂，还需要长期储存时，应当在相应的环境条件下，评估其对包装后产品稳定性的影响。此外，还应当考虑对储存时间较长的中间产品进行考察。

▲**第二百三十三条** 持续稳定性考察应当有考察方案，结果应当有报告。用于持续稳定性考察的设备（尤其是稳定性试验设备或设施）应当按照第七章和第五章的要求进行确认和维护。

★**第二百三十四条** 持续稳定性考察的时间应当涵盖药品有效期，考察方案应当至少包括以下内容：

（一）每种规格、每个生产批量药品的考察批次数；

（二）相关的物理、化学、微生物和生物学检验方法，可考虑采用稳定性考察专属的检验方法；

（三）检验方法依据；

（四）合格标准；

（五）容器密封系统的描述；

（六）试验间隔时间（测试时间点）；

（七）储存条件（应当采用与药品标示储存条件相对应的《中华人民共和国药典》规定的长期稳定性试验标准条件）；

（八）检验项目，如检验项目少于成品质量标准所包含的项目，应当说明理由。

**★第二百三十五条**　考察批次数和检验频次应当能够获得足够的数据，以供趋势分析。通常情况下，每种规格、每种内包装形式的药品，至少每年应当考察一个批次，除非当年没有生产。

**▲第二百三十六条**　某些情况下，持续稳定性考察中应当额外增加批次数，如重大变更或生产和包装有重大偏差的药品应当列入稳定性考察。此外，重新加工、返工或回收的批次，也应当考虑列入考察，除非已经过验证和稳定性考察。

**第二百三十七条**　关键人员，尤其是质量受权人，应当了解持续稳定性考察的结果。当持续稳定性考察不在待包装产品和成品的生产企业进行时，则相关各方之间应当有书面协议，且均应当保存持续稳定性考察的结果以供药品监督管理部门审查。

**第二百三十八条**　应当对不符合质量标准的结果或重要的异常趋势进行调查。对任何已确认的不符合质量标准的结果或重大不良趋势，企业都应当考虑是否可能对已上市药品造成影响，必要时应当实施召回，调查结果以及采取的措施应当报告当地药品监督管理部门。

**第二百三十九条**　应当根据所获得的全部数据资料，包括考察的阶段性结论，撰写总结报告并保存。应当定期审核总结报告。

## 第四节　变更控制

**第二百四十条**　企业应当建立变更控制系统，对所有影响产品质量的变更进行评估和管理。需要经药品监督管理部门批准的变更应当在得到批准后方可实施。

**▲第二百四十一条**　应当建立操作规程，规定原辅料、包装材料、质量标准、检验方法、操作规程、厂房、设施、设备、仪器、生产工艺和计算机软件变更的申请、评估、审核、批准和实施。质量管理部门应当指定专人负责变更控制。

**第二百四十二条**　变更都应当评估其对产品质量的潜在影响。企业可以根据变更的性质、范围、对产品质量潜在影响的程度将变更分类（如主要、次要变更）。判断变更所需的验证、额外的检验以及稳定性考察应当有科学依据。

**第二百四十三条**　与产品质量有关的变更由申请部门提出后，应当经评估、制定实施计划并明确实施职责，最终由质量管理部门审核批准。变更实施应当有相应的完整记录。

**▲第二百四十四条**　改变原辅料、与药品直接接触的包装材料、生产工艺、主要生产设备以及其他影响药品质量的主要因素时，还应当对变更实施后最初至少三个批次的药品质量进行评估。如果变更可能影响药品的有效期，则质量评估还应当包括对变更实施后生产的药品进行稳定性考察。

**▲第二百四十五条**　变更实施时，应当确保与变更相关的文件均已修订。

**▲第二百四十六条**　质量管理部门应当保存所有变更的文件和记录。

## 第五节　偏差处理

**★第二百四十七条**　各部门负责人应当确保所有人员正确执行生产工艺、质量标准、检验方法和操作规程，防止偏差的产生。

**▲第二百四十八条**　企业应当建立偏差处理的操作规程，规定偏差的报告、记录、调查、处理以及

所采取的纠正措施，并有相应的记录。

**第二百四十九条** 任何偏差都应当评估其对产品质量的潜在影响。企业可以根据偏差的性质、范围、对产品质量潜在影响的程度将偏差分类（如重大、次要偏差），对重大偏差的评估还应当考虑是否需要对产品进行额外的检验以及对产品有效期的影响，必要时，应当对涉及重大偏差的产品进行稳定性考察。

**▲第二百五十条** 任何偏离生产工艺、物料平衡限度、质量标准、检验方法、操作规程等的情况均应当有记录，并立即报告主管人员及质量管理部门，应当有清楚的说明，重大偏差应当由质量管理部门会同其他部门进行彻底调查，并有调查报告。偏差调查报告应当由质量管理部门的指定人员审核并签字。

企业还应当采取预防措施有效防止类似偏差的再次发生。

**▲第二百五十一条** 质量管理部门应当负责偏差的分类，保存偏差调查、处理的文件和记录。

## 第六节 纠正措施和预防措施

**▲第二百五十二条** 企业应当建立纠正措施和预防措施系统，对投诉、召回、偏差、自检或外部检查结果、工艺性能和质量监测趋势等进行调查并采取纠正和预防措施。调查的深度和形式应当与风险的级别相适应。纠正措施和预防措施系统应当能够增进对产品和工艺的理解，改进产品和工艺。

**第二百五十三条** 企业应当建立实施纠正和预防措施的操作规程，内容至少包括：

（一）对投诉、召回、偏差、自检或外部检查结果、工艺性能和质量监测趋势以及其他来源的质量数据进行分析，确定已有和潜在的质量问题。必要时，应当采用适当的统计学方法；

（二）调查与产品、工艺和质量保证系统有关的原因；

（三）确定所需采取的纠正和预防措施，防止问题的再次发生；

（四）评估纠正和预防措施的合理性、有效性和充分性；

（五）对实施纠正和预防措施过程中所有发生的变更应当予以记录；

（六）确保相关信息已传递到质量受权人和预防问题再次发生的直接负责人；

（七）确保相关信息及其纠正和预防措施已通过高层管理人员的评审。

**第二百五十四条** 实施纠正和预防措施应当有文件记录，并由质量管理部门保存。

## 第七节 供应商的评估和批准

**第二百五十五条** 质量管理部门应当对所有生产用物料的供应商进行质量评估，会同有关部门对主要物料供应商（尤其是生产商）的质量体系进行现场质量审计，并对质量评估不符合要求的供应商行使否决权。

主要物料的确定应当综合考虑企业所生产的药品质量风险、物料用量以及物料对药品质量的影响程度等因素。

企业法定代表人、企业负责人及其他部门的人员不得干扰或妨碍质量管理部门对物料供应商独立做出质量评估。

**▲第二百五十六条** 应当建立物料供应商评估和批准的操作规程，明确供应商的资质、选择的原则、质量评估方式、评估标准、物料供应商批准的程序。

如质量评估需采用现场质量审计方式的，还应当明确审计内容、周期、审计人员的组成及资质。需采用样品小批量试生产的，还应当明确生产批量、生产工艺、产品质量标准、稳定性考察方案。

**第二百五十七条**　质量管理部门应当指定专人负责物料供应商质量评估和现场质量审计，分发经批准的合格供应商名单。被指定的人员应当具有相关的法规和专业知识，具有足够的质量评估和现场质量审计的实践经验。

**▲第二百五十八条**　现场质量审计应当核实供应商资质证明文件和检验报告的真实性，核实是否具备检验条件。应当对其人员机构、厂房设施和设备、物料管理、生产工艺流程和生产管理、质量控制实验室的设备、仪器、文件管理等进行检查，以全面评估其质量保证系统。现场质量审计应当有报告。

**第二百五十九条**　必要时，应当对主要物料供应商提供的样品进行小批量试生产，并对试生产的药品进行稳定性考察。

**▲第二百六十条**　质量管理部门对物料供应商的评估至少应当包括：供应商的资质证明文件、质量标准、检验报告、企业对物料样品的检验数据和报告。如进行现场质量审计和样品小批量试生产的，还应当包括现场质量审计报告，以及小试产品的质量检验报告和稳定性考察报告。

**▲第二百六十一条**　改变物料供应商，应当对新的供应商进行质量评估；改变主要物料供应商的，还需要对产品进行相关的验证及稳定性考察。

**▲第二百六十二条**　质量管理部门应当向物料管理部门分发经批准的合格供应商名单，该名单内容至少包括物料名称、规格、质量标准、生产商名称和地址、经销商（如有）名称等，并及时更新。

**▲第二百六十三条**　质量管理部门应当与主要物料供应商签订质量协议，在协议中应当明确双方所承担的质量责任。

**第二百六十四条**　质量管理部门应当定期对物料供应商进行评估或现场质量审计，回顾分析物料质量检验结果、质量投诉和不合格处理记录。如物料出现质量问题或生产条件、工艺、质量标准和检验方法等可能影响质量的关键因素发生重大改变时，还应当尽快进行相关的现场质量审计。

**▲第二百六十五条**　企业应当对每家物料供应商建立质量档案，档案内容应当包括供应商的资质证明文件、质量协议、质量标准、样品检验数据和报告、供应商的检验报告、现场质量审计报告、产品稳定性考察报告、定期的质量回顾分析报告等。

## 第八节　产品质量回顾分析

**▲第二百六十六条**　应当按照操作规程，每年对所有生产的药品按品种进行产品质量回顾分析，以确认工艺稳定可靠，以及原辅料、成品现行质量标准的适用性，及时发现不良趋势，确定产品及工艺改进的方向。应当考虑以往回顾分析的历史数据，还应当对产品质量回顾分析的有效性进行自检。

当有合理的科学依据时，可按照产品的剂型分类进行质量回顾，如固体制剂、液体制剂和无菌制剂等。

回顾分析应当有报告。

企业至少应当对下列情形进行回顾分析：

（一）产品所用原辅料的所有变更，尤其是来自新供应商的原辅料；

（二）关键中间控制点及成品的检验结果；

（三）所有不符合质量标准的批次及其调查；

（四）所有重大偏差及相关的调查、所采取的整改措施和预防措施的有效性；

（五）生产工艺或检验方法等的所有变更；

（六）已批准或备案的药品注册所有变更；

（七）稳定性考察的结果及任何不良趋势；

（八）所有因质量原因造成的退货、投诉、召回及调查；

（九）与产品工艺或设备相关的纠正措施的执行情况和效果；

（十）新获批准和有变更的药品，按照注册要求上市后应当完成的工作情况；

（十一）相关设备和设施，如空调净化系统、水系统、压缩空气等的确认状态；

（十二）委托生产或检验的技术合同履行情况。

**第二百六十七条** 应当对回顾分析的结果进行评估，提出是否需要采取纠正和预防措施或进行再确认或再验证的评估意见及理由，并及时、有效地完成整改。

**第二百六十八条** 药品委托生产时，委托方和受托方之间应当有书面的技术协议，规定产品质量回顾分析中各方的责任，确保产品质量回顾分析按时进行并符合要求。

### 第九节 投诉与不良反应报告

**▲第二百六十九条** 应当建立药品不良反应报告和监测管理制度，设立专门机构并配备专职人员负责管理。

**▲第二百七十条** 应当主动收集药品不良反应，对不良反应应当详细记录、评价、调查和处理，及时采取措施控制可能存在的风险，并按照要求向药品监督管理部门报告。

**▲第二百七十一条** 应当建立操作规程，规定投诉登记、评价、调查和处理的程序，并规定因可能的产品缺陷发生投诉时所采取的措施，包括考虑是否有必要从市场召回药品。

**第二百七十二条** 应当有专人及足够的辅助人员负责进行质量投诉的调查和处理，所有投诉、调查的信息应当向质量受权人通报。

**▲第二百七十三条** 所有投诉都应当登记与审核，与产品质量缺陷有关的投诉，应当详细记录投诉的各个细节，并进行调查。

**▲第二百七十四条** 发现或怀疑某批药品存在缺陷，应当考虑检查其他批次的药品，查明其是否受到影响。

**▲第二百七十五条** 投诉调查和处理应当有记录，并注明所查相关批次产品的信息。

**第二百七十六条** 应当定期回顾分析投诉记录，以便发现需要警觉、重复出现以及可能需要从市场召回药品的问题，并采取相应措施。

**第二百七十七条** 企业出现生产失误、药品变质或其他重大质量问题，应当及时采取相应措施，必要时还应当向当地药品监督管理部门报告。

## 任务一 质量控制实验室的管理

质量控制是质量管理的一部分，是按照规程对原辅料、包装材料、中间产品和成品进行取样、检验，确保物料和产品的质量、检验方法符合规定要求，检验结果准确、可靠。

## 一、人员

质量控制实验室检验人员的职责，包括以下主要内容。

（1）执行物料与产品的内控标准，检验室管理及检验操作的有关规程与标准。

（2）对物料、产品进行取样、检验、留样；对物料和产品取样，进行持续稳定性考察。

（3）正确使用检验用的仪器及计量器具，做好校准、检定的管理工作。

（4）负责标定检验用的标准品、对照品。

（5）负责监测洁净室的尘粒数和微生物数。

（6）为有关部门提供产品的检验及质量信息，为纠正和预防偏差及确保质量提供信息。

## 二、设施

质量控制实验室应根据需要设置各类实验室，实验室应与药品生产区分开。请参阅模块二项目四任务三项下的内容。

## 三、仪器、试剂

质量控制实验室应根据规定和相关物料、产品的检验所需条件，配备足够数量的与其适应的检验仪器，并按要求配备试剂、标准品或对照品等相关的标准物质。

应当确保检验用的关键衡器、量具、仪器、仪表、记录与控制的设备，经过检定、校准，所得数据应准确、可靠。试剂、试液、培养基、标准菌株、工作菌株、标准品或对照品的管理应符合 GMP 第二百二十六条、第二百二十七条的要求。

## 四、文件

质量控制实验室应当配备现行版的《中国药典》、标准图谱等必要的工具书。质量控制实验室的文件应当符合企业文件系统的原则，至少应有以下文件：①质量标准；②取样、检验操作规程和记录；③检验报告或证书；④洁净室空气监测的操作规程、记录和报告；⑤物料、产品的检验方法确认与验证文件；⑥仪器校准和设备使用、清洁、维护的操作规程及记录。

# 任务二　检验的管理

严格按照法定标准和内控标准对物料与产品进行检验。检验方法发生变更或采用新检验方法的，应对检验方法进行验证，并上报药监部门批准。检验用实验动物在使用前应进行检验或隔离检疫。饲养和实验管理应符合相关的实验动物管理规定，动物使用应有标识和记录。

## 一、取样

取样是指为某一特定目的，从某一物料或产品的总体物质中抽取部分具有代表性作为样品的操作。取样规程应与取样的目的、物料及产品相适应，防止造成所抽取样品的物料、产品、样品的污染和交叉污染。

### （一）取样人员

取样人员应经过相应的取样操作培训并有记录。取样时应穿着符合相应要求的防护服，防止人员受到伤害及污染物料和产品。

### （二）取样方法及原则

应按 GMP 附录 9 取样的要求，制定取样规程，内容包括取样方法、所用器具、样品量、分样方法等。

### （三）抽样方案

质量控制实验室可参照 GB/T 2828.1—2012 计数抽样检验程序 第 1 部分：按接收质量限（AQL）检索的逐批检验抽样计划（以下简称 GB/T 2828.1）的要求，结合企业实际设计可操作的取样方案。

实施取样前，应做好抽样方案的设计工作。

（1）确认产品适用 GB/T 6378.1 抽样，确定产品“批次”，规定的检验水平，多数采用一般检验水平Ⅱ。

（2）确定抽样方案类型，药品生产涉及的检验抽样一般采用 S 法及一般检验水平Ⅱ。

从批量产品中抽取供检验用的样本，参照表 10－1、表 10－2，确定与检验方法对应的样本抽取量。例如：某产品批量为 2000 盒，按一般检验水平Ⅱ检验，则根据表 10－1，样本量字码为 K，根据表 10－2，按 S 法正常和加严检验，抽取的样品量为 50 盒。

表 10－1 样本量字码和检验水平

| 产品批量范围 | 特殊检验水平 | | | | 一般检验水平 | | |
|---|---|---|---|---|---|---|---|
| | S－1 | S－2 | S－3 | S－4 | Ⅰ | Ⅱ | Ⅲ |
| 2～8 | B | B | B | B | B | B | B |
| 9～15 | B | B | B | B | B | B | C |
| 16～25 | B | B | B | B | B | C | D |
| 26～50 | B | B | B | C | C | D | E |
| 51～90 | B | B | C | C | C | E | F |
| 91～150 | B | B | C | D | D | F | G |
| 151～280 | B | C | D | E | F | G | H |
| 281～500 | B | C | D | E | F | H | J |
| 501～1200 | C | C | E | F | G | J | K |
| 1201～3200 | C | D | E | G | H | K | L |
| 3201～10000 | C | D | F | G | J | L | M |
| 10001～35000 | C | D | F | H | K | M | N |
| 35001～150000 | D | E | G | J | L | N | P |
| 150001～500000 | D | E | G | J | M | P | Q |
| 500001 及以上 | D | E | H | K | N | Q | R |

注：1. 产品批量：指批中单位产品的数量。
2. 样本量：指样本中单位产品的数量。
3. 摘自 GB/T 6378.1—2008。

表 10-2　样本量字码与检验方法对应的抽取样本量

| 样本量字码 | S 法 | | σ 法 | | GB/T 2828.1 等效计数抽样方案 | |
|---|---|---|---|---|---|---|
| | 正常和加严检验 | 放宽检验 | 正常和加严检验 | 放宽检验 | 正常和加严检验 | 放宽检验 |
| B | 3 | 3 | 2 | 2 | 3 | 2 |
| C | 4 | 3 | 3 | 2 | 5 | 2 |
| D | 6 | 3 | 4 | 2 | 8 | 3 |
| E | 9 | 4 | 6 | 3 | 13 | 5 |
| F | 13 | 6 | 8 | 4 | 20 | 8 |
| G | 18 | 9 | 10 | 6 | 32 | 13 |
| H | 25 | 13 | 12 | 8 | 50 | 20 |
| J | 35 | 18 | 15 | 10 | 80 | 32 |
| K | 50 | 25 | 18 | 12 | 125 | 50 |
| L | 70 | 35 | 21 | 15 | 200 | 80 |
| M | 95 | 50 | 25 | 18 | 315 | 125 |
| N | 125 | 70 | 32 | 21 | 500 | 200 |
| P | 160 | 95 | 40 | 25 | 800 | 315 |
| Q | 200 | 125 | 50 | 32 | 1250 | 500 |
| R | 250 | 160 | 65 | 40 | 2000 | 800 |

注：1. GB/T 6378.1—2008 中给出的样本量字码和检验水平与 GB/T 2828.1 给出的相对应。
2. 摘自 GB/T 6378.1—2008。

在《中国药典》（2020 年版）四部通则 0211 中，对药材和饮片的取样做出如下规定：①批量总数不足 5 件的，逐件抽取样；②在 5～99 件的，随机抽 5 件样本取样；③在 100～1000 件的，按 5% 比例样本数量取样；④超过 1000 件的，超过部分按 1% 比例样本数量取样。

新修订药品 GMP 附录 9 取样对检验抽样做出如下规定。

被抽检的物料与产品是均匀的，且来源可靠，应按批取样。若总件数为 $n$，则当 $n \leq 3$ 时，每件取样；当 $3 < n \leq 300$ 时，按 $\sqrt{n}+1$ 件随机取样；当 $n > 300$ 时，按 $\sqrt{n}/2+1$ 件随机取样。

GMP 附录 9 取样、《中国药典》（2020 年版）及 GB/T 6378.1—2008 三者对比，在抽样方案设计和样本数量上是有差别的。

## （四）取样量

**1. 药材、饮片和贵细药材**　一般药材和饮片抽取 100～500 克；粉末状药材和饮片抽取 25～50 克；贵重药材和饮片抽取 5～10 克。最终抽取的供检验用样品量，一般不得少于检验所需用量的 3 倍，即 1/3 供实验室分析用，另 1/3 供复核用，其余 1/3 留样保存。

**2. 原辅料**　取样量原则上与药材取样量相同。无菌物料的取样，应充分考虑取样对于物料的影响，取样过程应严格遵循无菌操作的要求进行，取样件数可按照《中国药典》（2020 年版）三部通则无菌检查法中单批次出厂产品最少检验数量的要求计算。

**3. 中间产品和待包装产品**　按批号每批抽取，因无留样需要，故取样量为供两次全检用量。

**4. 成品**　成品按批取样，一般不得少于检验所需用量的 3 倍，即 1/3 供实验室检验用，另 1/3 供复核用，其余 1/3 留样保存，留样不得少于两次全检量。以包装单位为箱、袋、盒、桶等，在已包装好的包装件中按上述规定随机抽取。

## （五）取样方法

采用 GB/T 6378.1—2008 方案取样法，取样前应先核对被取样品的品名、规格、批号、编号、数量等是否与请检单相符，包装是否完好无损、标志及其内容是否齐全。确认无误后，对批量产品样本按自然数“1”开始顺序编号，按抽样方案采用附带随机数计算模式的电子计算器、随机数骰子法、随机数表法、伪随机数法、扑克牌法取样。随机数计算工具见图 10－1。

a. 计算器法

b. 骰子法

图 10－1　随机数计算工具

非无菌原辅料、无菌物料、血浆等原辅料以及成品，按《中国药典》（2020 版）、GMP 附录 9 规定的要求进行计算取样。

印刷包装材料，可参考 GB/T 2828.1—2012/ISO 2859—1:1999 要求计算取样。

样品的容器应当贴有标签，注明样品名称、批号、取样日期、取自哪一包装容器、取样人等信息，样品应当按照规定的储存要求保存。

取样后应分别进行样品的外观检查，必要时进行鉴别检查。若每个样品的结果一致，则可将其合并为一份样品，并分装为检验样品、留样样品，检验样品作为实验室全检样品。

#### （六）分样方法

将抽取的样品混匀，即为抽取样品总量。若抽取固体样品总量超过检验用量数倍时，参照《中国药典》（2020 年版）四部通则 0211 的方法，可采用四分法再取样，即将所有样品摊成正方形，依对角线划“×”，分为四等份，取用对角两份；再如上操作，反复数次，直至最后剩余量能满足供检验用样品量。

### 二、检验

计量器具、仪器必须按规定进行检定和校准。在检验中，严格按质量标准和检验规程操作，每个检验项目及所用方法均应符合标准要求，所有检验数据必须确保真实性、精确性、完整性、可靠性、可追溯性。

### 三、记录与报告

**1. 记录**　检验的所有记录须用黑色签字笔或蓝黑墨水笔书写，字迹清楚，端正完整。更改错误时，应保持原记录清晰仍可辨认，并签上更改人的名字或盖章，仔细做好记录核对后签名，然后交负责人复核签名。

**2. 报告**　检验报告单要以检验原始记录为依据，填写检验报告单时，检验依据必须明确，检验结论必须清楚，并有检验人员签章、检验部门负责人复核签章、质量管理部门负责人审查和部门签章。

检验记录、检验报告书必须按品种分类、以批号顺序装订，同时检验报告单还需编号，建立检验台账，并由专人归档保管。

## 任务三　留样管理

留样指企业按规定保存的、用于药品质量追溯或调查的物料、产品样品。用于产品持续稳定性考察的样品属于考察样品，不属留样。

留样管理的内容包括留样要求、留样范围、留样包装、留样储存条件、留样期限、留样观察等内容。请参阅 GMP 条文，不再赘述。

留样仅供观察研究在储存期内质量变化规律之用，任何人不可取用或赠送。必要时须经质量管理部门负责人同意，办理手续后方可取用留样。观察期满的留样产品，由留样观察人员填写留样处理申请表，报质量管理部门负责人批准后进行处理，不得提供给患者使用。

# 任务四　物料与产品的放行及不合格品的处理

放行是指对一批物料或产品进行质量评价，批准使用或发运及其他决定的操作过程。

放行涉及物料、中间产品、待包装产品和成品，应有相应的放行规程，药品生产企业一般指定专人负责物料的放行，质量受权人负责产品出厂和上市放行。

## 一、物料与产品的放行要求

**1. 物料的放行**　物料的放行应当至少符合以下要求。物料应来自于经批准的物料供应商；接收的物料包装完整、密封或严封，标识信息正确、完整；随货同行的文件齐全；生产厂商的检验报告中的检验项目与执行标准一致；物料验收、取样、检验符合企业规程，操作无异常；有特殊储运要求的物料入库前均符合企业规程；物料的检验结果符合质量标准。符合放行要求的物料方可批准发放使用。

**2. 产品的放行**　产品包括药品的中间产品、待包装产品和成品。产品放行应进行合规性审查，实施电子记录的应对电子记录予以审核和确认。

产品生产过程和检验应审查以下内容。产品批号、数量与指令文件相符；生产操作过程和时间应与SOP和指令相符，如有偏差或变更，应有处理记录或审批记录，操作记录清晰，更改规范；原辅料的检验报告齐全，检验操作正确，结果应符合内控标准。审查应确保生产和检验的合规性、真实性、完整性、一致性和可追溯性，对于批记录审核合格的可批准放行，中间产品可进入下工序或使用，成品可发运投放市场。

## 二、不合格品的处理

验收或检验不合格的物料，按不合格品退货处理。

制剂产品不得进行重新加工；不合格的制剂中间产品、待包装产品和成品一般不得进行返工；生产过程中不合格的中间产品，由车间会同有关人员调查原因，提出纠正措施或变更措施，并进行风险评估，报质量管理部门审核批准。如确认可能影响产品的质量不能使用，则应报废销毁。

# 任务五　持续的稳定性考察管理 微课

**实例分析**

**实例**　许多商场在销售高档商品时会使用展示橱窗和橱柜，并在角落里放置一个盛装有水的小水杯。

**问题**　为何要放置水杯？

答案解析

## 一、认知稳定性试验和持续的稳定性考察

**1. 稳定性试验**　目的是指考察药品研制和生产的原料药物、原料药、制剂或生物制品在温度、湿

度、光线的影响下随时间变化的规律，为药品的生产工艺、处方、包装、贮存、运输条件提供科学依据，也是制定产品质量标准的基础，通过试验建立药品的有效期。

**2. 持续的稳定性考察**　目的是在有效期内监控已上市药品的质量，以发现药品与生产相关的稳定性问题（如杂质含量或溶出度特性的变化），并确定药品能够在标示的储存条件下，符合质量标准的各项要求。

持续稳定性考察是利用稳定性试验的方法，在已上市药品的有效期内，获得待包装产品、成品的质量在湿度、湿度和光线的影响下随储存时间的变化情况，以发现药品与生产相关的稳定性问题。

持续稳定性试验考察的批次数量和检验频次应能够获得足够的数据，以供趋势分析，如重大变更或生产和包装有重大偏差的药品应当列入稳定性试验考察，重新加工、返工或回收的批次，也应当考虑列入试验考察，除非已经过验证和稳定性考察。频次为每年至少考察一批，除非当年没有生产。

可见，药品生产的持续稳定性考察与药品研发的稳定性试验在试验的目的与频次是有差别的。

## 二、稳定性试验

稳定性试验分为原料药（含原料药物）和制剂两个部分的考察。均包括影响因素试验、加速试验、长期试验。影响因素试验又分为高温试验、高湿度试验、强光照射试验。

制剂质量的“显著变化”通常定义为含量与初始值相差5%。

影响因素试验用1个批次的原料药（含原料药物）或制剂进行，如果试验结果不明确，则应加试2个批次的样品。加速试验与长期试验要求用3批。原料药物的供试品应具有一定规模化生产，原料药物及其制剂的加速试验与长期试验所用的供试品包装应与拟上市的产品一致。原料药及其制剂所用供试品均为商业化生产规模，供试品与商业化生产规模产品的质量标准应一致，应采用专属性强、准确、精密、灵敏的检验方法并经验证。

生物制品的稳定性试验管理，请参阅《中国药典》（2020年版）四部指导原则9402。

原料药（含原料药物）及制剂的稳定性试验项目及重点考察项目见表10－3、表10－4。

**表10－3　原料药（含原料药物）及制剂稳定性试验项目及条件**

| 试验类别 | 试验项目 | 试验环境条件 | 放置时间 | 取样时间 | 考察项目 |
|---|---|---|---|---|---|
| 影响因素<br>1批 | 高温试验 | 首次高于加速试验10℃；首次质量有明显变化则适当降低试验温度 | 30天 | 第0、5、10、30天 | 表10－4重点考察项目 |
| | 高湿试验 | 首次25℃ 相对湿度90%±5%；<br>首次吸湿增重5%以上则置于25℃相对湿度75%±5% | 10天 | 第5、10天 | |
| | 强光照射 | 4500lx±500lx | | | |
| 加速试验<br>拟上市包装3批 | | 常规条件：40℃±2℃、相对湿度75%±5%<br>中间条件：25℃±2℃、相对湿度60%±5%（温度敏感） | 6个月 | 第0、3、6个月 | |
| | | 冷冻偏离条件：5℃±3℃或25℃±2℃（测试短期偏离标示温度对拟冷冻贮藏药物的影响） | 短期 | 适时检验 | |
| 长期试验<br>拟上市包装3批 | | 我国北方：25℃±2℃；相对湿度60%±5%<br>我国南方：30℃±2℃；相对湿度65%±5%<br>冷藏条件：20℃±5℃；<br>冷冻条件：－20℃±5℃； | 12个月 | 第0、6、9、12个月 | |

注：1. 原料药（含原料药物）的影响因素试验，摊成≤3mm厚的薄层，疏松原料药物可略厚。
2. 制剂（含药物制剂）的影响因素试验，除去外包装，视需要去除内包装并置于适宜的开口容器中，注射用无菌粉末不能打开瓶盖。
3. 原料药（含原料药物）进行加速试验与长期试验所用的包装应采用模拟小桶，但所用材料与封装条件应与大桶一致。
4. 摘自《中国药典》（2020年版）四部指导原则9001。

**表 10－4　原料药（含原料药物）及制剂稳定性的重点考察项目参考节选**

| 剂型 | 稳定性重点考察项目 |
|---|---|
| 原料药 | 性状、熔点、含量、有关物质*、吸湿性及根据品种性质选定的考察项目 |
| 片剂 | 性状、含量、有关物质、崩解时限或溶出度或释放度 |
| 胶囊剂 | 性状、含量、有关物质、崩解时限或溶出或释放度、水分，软胶囊应检查内溶物有无沉淀 |
| 注射剂 | 性状、含量、pH 值、可见异物、不溶性微粒、有关物质，应考察无菌 |
| 栓剂 | 性状、含量、融变时限、有关物质 |
| 软膏剂 | 性状、匀性、含量、粒度、有关物质 |
| 眼用制剂 | 如为溶液，应考察性状、可见异物、含量、pH 值、有关物质；如为混悬液，还应考察粒度、再分散性；洗眼剂还应考察无菌；眼丸剂应考察粒度与无菌 |
| 口服溶液剂 | 性状、含量、澄清度、有关物质 |
| 颗粒剂 | 性状、含量、粒度、有关物质、溶化性或溶出度或释放度 |
| 丸剂 | 性状、含量、有关物质、溶散时限 |
| 口服乳剂 | 性状、含量、分层现象、有关物质 |

注：1. *：有关物质，含降解产物及其他变化所生成的产物，应说明其生成产物的数目及量的变化，如有可能，应说明有关物质中何者为原料中的中间体，何者为降解产物，稳定性试验重点考察降解产物。

2. 摘自《中国药典（2020 年版）》四部指导原则 9001。

## 知识链接

### 恒湿环境

恒湿条件可在密闭容器如干燥器下部放置饱和盐溶液，根据不同相对湿度的要求选择不同的饱和盐溶液，见表 10－5。

**表 10－5　饱和盐溶液恒湿温度条件**

| 饱和盐溶液 | 温度（℃） | 恒定相对湿度（%） |
|---|---|---|
| $CH_3COOK \cdot 1.5H_2O$ | 40 ± 2 | 25 ± 5 |
| $Na_2CrO_4$ | 30 | 64.8 |
| NaCl | 15.5 ~ 60 | 75 ± 1 |
| $KNO_3$ | 25 | 92.5 |

注：摘自《中国药典》（2020 年版）四部指导原则 9001。

## 即学即练

配伍选择题

[1 ~ 2]

A. 1 批　　B. 2 批　　C. 3 批　　D. 5 批

药品的稳定性试验中

1. 药品制剂的影响因素试验使用的样品批次数量为（　　）。

2. 长期试验使用的样品批次数量为（　　）。

答案解析

# 任务六　变更控制

## 一、认知变更控制

变更是指已上市的药品，在药品注册管理事项和生产监管事项上的变更。主要包括注册标准，原料药和制剂的生产工艺、生产场地，原料药的供应商，制剂处方中辅料和药包材，生产批量，有效期和贮藏条件等关键因素发生的变化。

在药品生产管理过程中，为避免随意变更，防止造成不利影响及导致不期望的后果，确保产品质量稳定，便于追溯，使变更后生产管理与质量控制仍处于受控制状态，须对变更进行控制。必要时需进行验证确认。

## 二、变更控制的类型与类别

### （一）变更类型

根据管理方式、实施步骤及行政许可要求归纳，变更概括为以下几种类型。

**1. 永久性变更与临时性变更**　永久性变更为批准后将长期执行的变更。临时性变更是因某种原因而做出的临时改变，随后即恢复到现行状态。

**2. 计划性变更与紧急性变更**　属永久性的变更按计划性变更执行，偏差处理的变更归属为紧急性变更。

**3. 行政变更与内部变更**　行政变更，就是超出原来的工艺处方、物料与供货方式、生产工艺和质量标准的描述，对产品质量有直接或潜在影响的变更，需报国务院药品监督管理部门批准或向省级药品监督管理部门备案或报告。

### （二）变更类别

按照变更控制对象的范围对产品质量影响程度归纳，变更控制主要分为三个类别。

**1. 重大变更**　对药品的安全性、有效性或质量可控性产生影响的可能性为重大的变更属于重大变更。例如：生产场地、制剂用原料药供应商变更；工艺根本变化、影响关键质量属性的工艺变更、变更无菌原料药、变更无菌工艺；烘箱变更为流化床、成品检验方法变更；放宽限度、贮存条件和因工艺、处方和药包材等导致有效期的变更等。

**2. 中等变更**　对药品安全性、有效性或质量可控性产生影响的可能性为中等的变更属于中等变更。例如：不影响关键质量属性的原料药和制剂的生产工艺变更；有效期和贮存条件变更；不影响制剂的关键质量属性的工艺参数、原料和中间产品内控标准的检验方法的变更；包衣有机溶剂改为水、设计和工作原理不同的设备替换、增加检验项目等。

**3. 微小变更**　对药品的安全性、有效性或质量可控性产生影响的可能性为微小的变更属于微小变更。例如：不影响有效期的辅料以及药包材的变更；设计和原理相同的设备替换；增加过筛以去除结块。

对药品生产过程中的变更，按照其对药品安全性、有效性和质量可控性的风险和产生影响的程度，监督管理部门的规定备案或者报告。

## 三、变更控制的管理过程

**1. 变更控制系统**　由企业质量受权人、生产管理、工程设备、质量管理、研发、药物不良反应监测、物料供应等部门负责人或业务骨干组成，必要时聘请医药领域内相关学科专家。

**2. 变更控制系统的职责**　按照变更控制规程对变更进行分类、评估，审核、批准，确定额外的检验、稳定性考察、确认与验证的必要性以及文件的充分性和技术依据。

**3. 变更控制流程**　变更控制过程包括以下流程。

（1）变更申请　变更通常由变更发生的部门发起。变更应提出申请，主要内容包括变更描述，变更理由，受影响的文件和产品，受影响的供应商、客户，支持变更的依据、文件及需要追加的文件，实施计划及需要进行的验证。

（2）变更评估　应由变更控制小组应基于风险管理评估变更可能带来的影响并确定应采取的行动，评估内容包括对产品质量的影响、质量标准、检验方法、稳定性研究、生物等效性研究、工艺验证、杂质等情况。需报送药品监管部门批准或备案的，企业批准变更前应备齐相关资料，报经药监部门批准方可实施。

（3）变更的审核和批准　变更控制系统的管理人员应负责变更申请文件的形式审查，确保资料填写齐全，内容准确，所附资料完整，符合规程的要求。如果变更影响到其他供应商、客户等，则应通知外部并获得其认可。

（4）变更执行　变更批准后方可执行变更，质量管理部门及相关部门应建立追踪监控体系以确保变更的实施，对于不影响注册内容的内部变更，批准后即可执行。

（5）变更效果的评估　变更执行后质量管理部门应组织效果评估，以确认变更是否已达到预期目标。

（6）变更关闭　当变更执行完毕，相关文件已被更新，完成评估并得出变更的有效性和可控性结论后，变更即关闭。

变更控制流程见图 10－2。

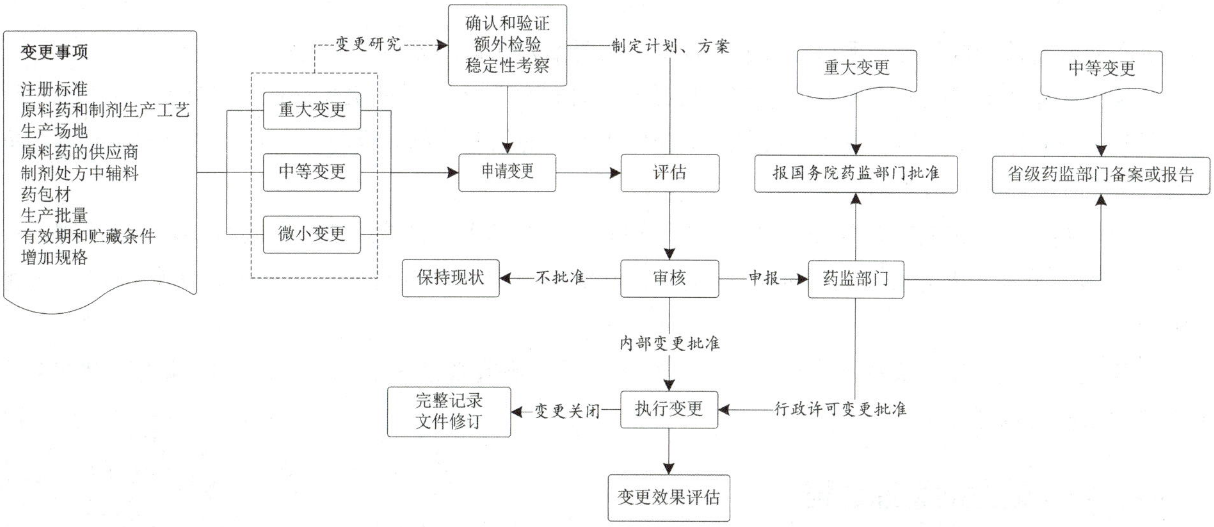


**图 10－2　变更控制流程**

# 任务七　偏差处理

## 一、认知偏差

偏差是指影响关键工艺属性参数、关键质量属性的要素偏离规范或无法纠正的差异情况。

## 二、偏差处理的意义

**1. 防止偏差再次发生避免事故**　通过执行偏差调查、评估程序，采取纠正和预防措施，可防止类似的偏差再次发生，避免造成事故。

**2. 确保实施 GMP 的符合性**　确保出现的偏差被识别、记录、调查、评估并处理，保持药品生产管理与质量控制的合规性、可控性、真实性、一致性。

**3. 降低质量风险**　通过偏差处理，采取纠正和预防措施，消除和降低偏差与质量风险。

## 三、偏差的类型与类别

### （一）偏差的类型

按偏差发生的领域，可将偏差分为生产偏差和检验偏差两类。

**1. 生产偏差**　是指偏离生产工艺、规程和过程控制的情况。包括工艺偏差和非工艺偏差。非生产工艺偏差系指人为操作错误、设备故障、生产环境等原因所引起的对产品质量产生实际或潜在影响的偏差。生产工艺偏差是指生产工艺不完善，主要设施及工艺设备在设计和安装存在缺陷，引起对产品质量产生可发现或潜在影响的偏差，即使人员操作和物料完全正确也不可避免。

**2. 检验偏差**　是指因质量控制实验室检验过程的相关因素引起的检验结果偏差。包括取样、仪器、试剂、检验操作、计算错误等引起的偏差，也称为实验室偏差。厂房、设施、设备、仪器、物料等在设计、安装、遴选上的偏差处理可参阅项目七。

### （二）偏差的类别

生产偏差与检验偏差按严重程度为重大偏差、次要偏差和轻微偏差三个类别。

**1. 重大偏差**　可能对产品的质量、安全性或有效性产生严重后果的偏差；或涉及多个批次的产品，或与国家法规和标准不符的，可能导致产品不合格或报废的偏差。例如混药，中间产品或成品受到污染导致报废，检验结果超出纠偏限度。

**2. 次要偏差**　可能对产品质量产生实际或潜在影响的偏差；或者影响工艺属性参数及控制，性质严重，影响范围较大的偏差。例如工艺参数超出规程规定，物料平衡超出标准，检验结果超过警戒限度。

**3. 轻微偏差**　轻微偏离法规或规程，对产品质量无影响或者经评估风险可接受的偏差。例如非关键部位的设备故障等。

## 四、偏差处理的管理过程

企业应建立由质量管理部门主持的偏差处理系统，应覆盖生产管理和质量控制的全过程，质量管理部门负责偏差处理文件的起草和修订，部门负责人负责文件审批。

**1. 偏差发现与识别**　各职能部门所有药品生产管理和质量控制相关人员应经培训，理解偏差内涵并具备识别偏差的能力。

**2. 偏差记录与报告**　所有岗位人员发现偏差或潜在偏差应立即报告并填写偏差记录，尽可能详细描述偏差情况。确认后应尽快向质量管理部门或质量受权人报告。

**3. 偏差分类**　质量管理部门或质量受权人对上报的偏差进行编号、登记和分类。偏差分类的主要依据是对产品质量的影响程度。

**4. 偏差原因调查**　调查方法与偏差的级别相适应，一般偏差可不填写调查部分，对重大偏差或次要偏差需联合调查，其中重大偏差需成立跨部门联合调查团队调查。

**5. 偏差影响评估**　确定偏差的根本原因后，应联合调查团队对偏差影响的范围和程度进行评估，包括对产品质量的影响和对质量管理体系的影响。对主要偏差和重大偏差还应考虑是否对产品进行额外的检验及对产品有效期的影响，必要时进行稳定性考察。

**6. 纠正和预防措施（CAPA）**　根据原因调查和评估结果，制定纠正措施，应明确相关的负责人和完成时限，CAPA 实施前应经质量管理部门批准。

**7. 偏差处理的关闭**　纠正行动执行完毕后，质量受权人和质量管理部门的偏差管理员应确认纠正措施与预防措施执行情况，偏差报告、调查表和 CAPA 完成后经确认后，经质量受权人批准，该偏差处理关闭，转入相应的 CAPA 执行跟踪程序。

**8. 审核放行**　质量受权人收到偏差完成报告并确认偏差原因、后果调查清楚，评估和纠正措施正确，没有影响产品质量，CAPA 实施后可对合格的中间产品或成品放行。

**9. 偏差处理档案**　质量管理部门负责偏差处理档案资料的保存，重大偏差和次要偏差处理文件在完成偏差处理及效果评估后应长期保存。

偏差处理流程见图 10－3。

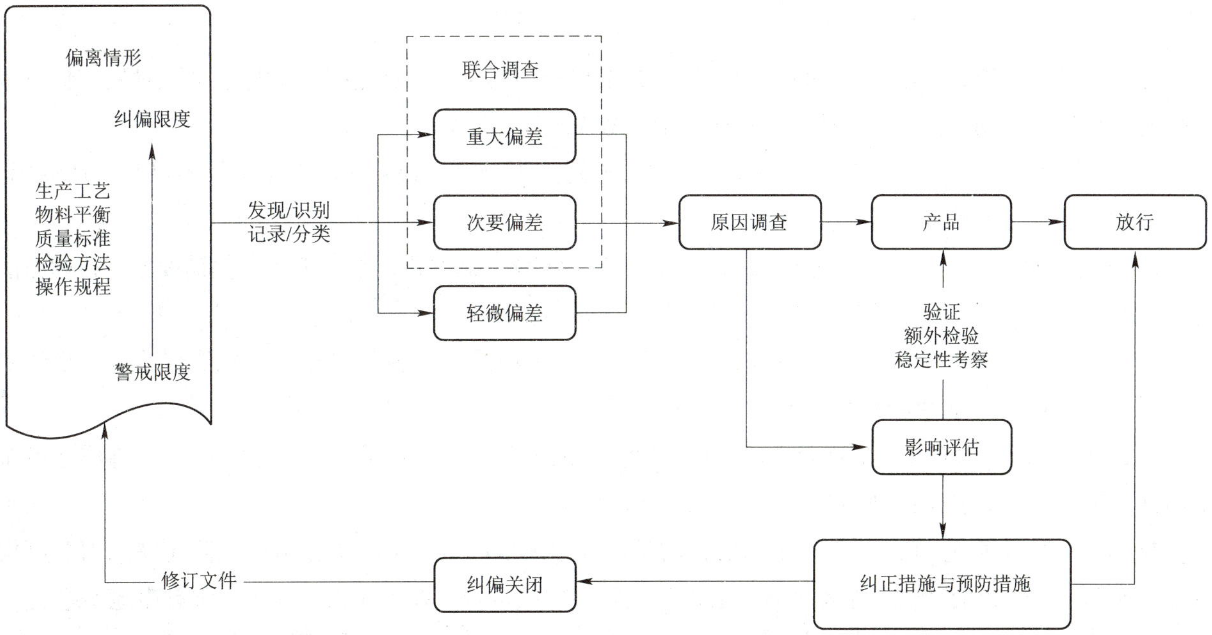


**图 10－3　偏差处理流程**

# 任务八　纠正和预防措施

## 一、认知纠正和预防措施

**1. 纠正措施（corrective action）**　指消除已发现的不符合和不良原因所采取的措施，防止问题再次出现。

**2. 预防措施（preventive action）**　指消除潜在的不符合或其他隐患所采取的措施，防止问题出现。

**3. 纠正和预防措施**　简称 CAPA，是“纠正措施”和“预防措施”的英文首字母缩写组合。纠正措施和预防措施区别在于纠正措施是防止问题再次发生，而预防措施是防止问题发生。企业应当建立纠正和预防措施系统，对投诉、召回、偏差、自检或外部检查结果、工艺性能和质量监测趋势等进行调查并采取 CAPA。

## 二、纠正和预防措施的意义

建立一个规范的、完善有效的纠正和预防措施系统并实施，具有以下意义。

（1）消除偏差、缺陷、不规范或其他隐患。

（2）防止已识别的偏差以及潜在隐患再次发生，可降低因缺陷无法消除造成的风险。

（3）减少已知的偏差和事故造成的药品召回频次，确保一次合格率提高。

（4）确保生产管理和质量控制符合药品标准和监督管理法规要求。

（5）使生产管理和质量控制过程更严格、持续，提高客户满意度。

## 三、纠正和预防措施的管理

在生产管理和质量控制过程中发现偏差后，按偏差处理程序对问题进行识别与记录，对发生情况进行分析并报告，启动应急措施，按以下程序采取 CAPA。

**1. 调查与评估**　问题调查即原因分析，通过分析造成不合格、缺陷或潜在隐患及不良趋势的原因，最终找到问题产生的根本原因。

**2. 制定 CAPA 计划和方案**　根据评估结果，制定 CAPA，对物料、生产工艺、关键设备、检验方法等改进和变更，应增加额外的检验、稳定性考察、确认与验证。

**3. CAPA 计划批准与发布**　CAPA 措施制定出后，一般由质量管理部门和相关职能部门进行评估审核，以确保 CAPA 实施的有效性。

**4. CAPA 执行**　CAPA 完成期限可以根据 CAPA 的内容和难易程度而定，一般 CAPA 措施应在最短的时间内完成，性质轻微的缺陷项目可在现场立即纠正。

**5. CAPA 跟踪确认**　CAPA 跟踪确认的目的是监督相关部门 CAPA 的执行情况，防止缺陷情况再次发生，确认 CAPA 的有效性。跟踪确认一般由质量管理部门负责，以确保跟踪确认正常有序地实施。

**6. CAPA 关闭**　质量管理部门针对缺陷情况采取 CAPA 后，进行可控性跟踪确认，并有记录，可宣布 CAPA 关闭。

纠正和预防措施管理流程见图 10－4。

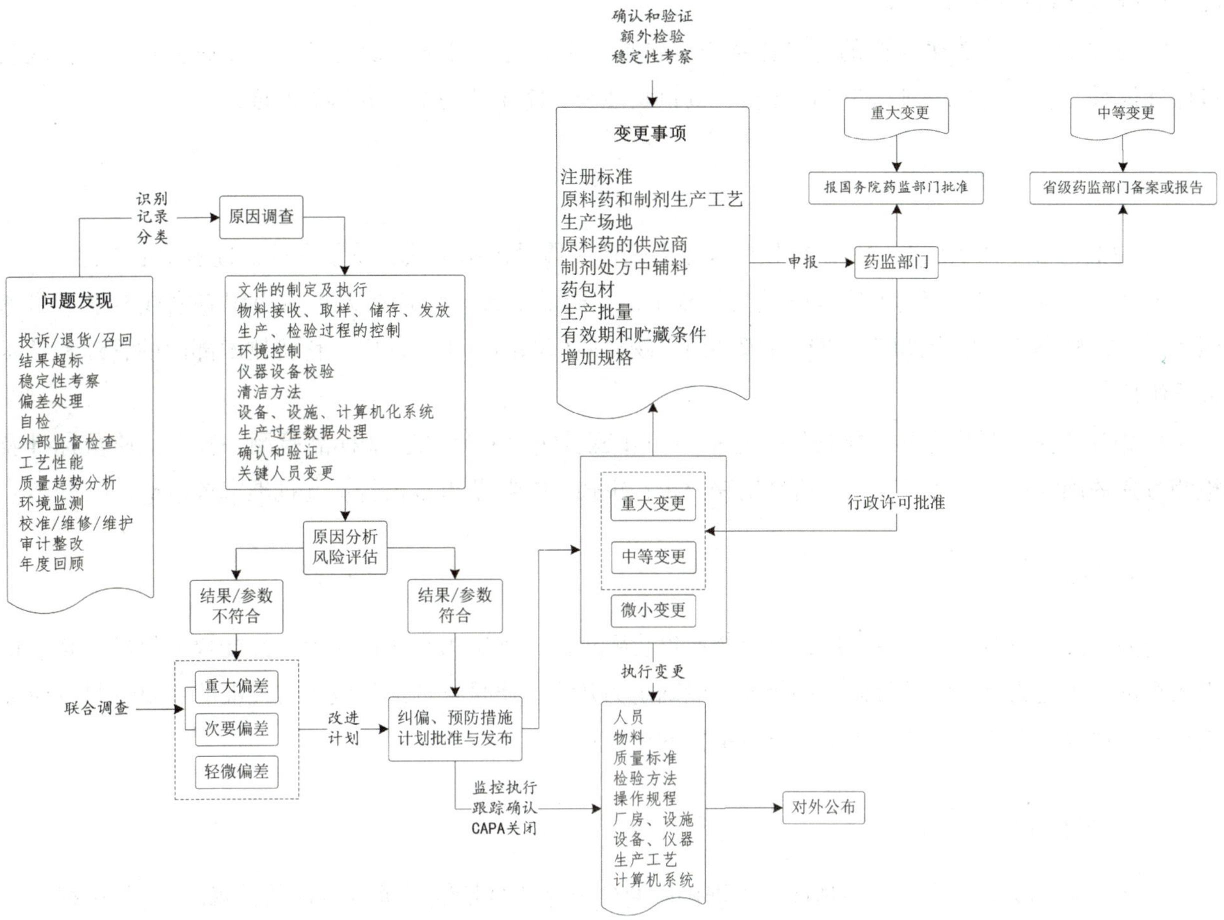


图 10－4　纠正和预防措施管理流程

# 任务九　供应商的管理

物料采购是药品生产和质量控制的首要环节，原辅料及内包装材料应选择具有资质的供应商。供应商质量管理包括供应商的调查、审核、批准、监控、档案管理等内容。

## 一、供应商的调查

### 1. 企业资质

（1）物料　除未实施审批管理的药材，原料药供应商应为药品上市许可持有人、具有生产和经营资格的企业；药品上市许可持有人、生产企业应持有药品注册证书；采购中药提取物的，双方还需在药品监督管理部门专门备案；辅料供应商应有生产、经营证照；新的药用辅料和安全风险较高的药用辅料应有药用辅料注册证书，其他辅料产品应有批准证明文件，一些属于药品关联审评审批的原料、辅料已报药品监督管理部门登记备案。

药品上市许可持有人是指取得药品注册证书的企业或者药品研制机构等。

（2）药包材　已有药包材国家标准的药包材供应商企业应证照齐全，并持有《药包材注册证》；药包材在药品关联审评审批中已报药品监督管理部门登记备案；未有国家标准的，应符合国家食品包装标准，印刷包装材料企业应具合法资质。

**2. 质量体系** 考察供应商的质量体系内容包括：①厂房、设施、设备条件；②原材料来源；③质量保证体系；④人员及培训；⑤产品质量；⑥供货能力；⑦企业信誉；⑧协作态度。

## 二、供应商的审核

**1. 审核内容** 对供应商的质量审核内容主要是产品质量体系审核、质量审核、过程质量审核。

**2. 审核组织** 对供应商的审核应成立审核小组，药品上市许可持有人也应组织专家或专业人员参照执行。审核小组由供应部门、质量管理部门、物料使用部门、生产部门、科研技术部门的管理和技术人员组成。

**3. 审核程序** 供应商的审核程序应包括以下步骤：①材料审核；②样品检测、验证、质量标准及检测方法的确定；③实地考察；④信息反馈及跟踪审核；⑤起草审核报告；⑥批准审核结论。

## 三、供应商的批准

药品生产企业对供应商审核后，符合企业供货要求的，确定为企业供应商，经受权人核准，企业负责人批准后确定为企业的供货商。供货商一般确定为几家。质量管理部门应当与批准的主要物料供应商签订质量协议，在协议中应当明确双方所承担的质量责任。

## 四、供应商的监控

**1. 供应商的定期审计** 一般情况可根据供应商的产品质量情况，进行再评估，每 1 ~ 2 年进行一次审计。审计内容包括其资质是否在有效期内；是否发生变更；购进物料是否仍在该供应商的生产经营范围内；变更后是否更新资料等。

**2. 供应商评审及调整** 对供货合同协议期内供应商的产品质量评审，根据评审结果对供应商服务按优秀、合格、不合格进行归类，对优秀供应商采取互利政策，建立互利共赢的战略伙伴关系，对于达不到企业采购要求的供应商应及时终止与其合作。

## 五、供应商的档案

经过对选择确定的供应商批准后，应与供应商签订质量保证协议，明确双方的质量责任和供货的质量条款，并建立供应商档案，包括供应商的资质证明文件、质量协议、质量标准、检验报告、现场审计报告、产品稳定性考察报告、定期的质量回顾分析报告等。由专人负责管理，新选择确定的和淘汰的供应商资料应当及时收集和整理，保证各项文件及时归档。

# 任务十　产品的追溯管理

## 一、产品追溯的术语

**1. 追溯系统** 基于药品生产企业的产品追溯码、文件记录、相关软硬件设备和通信网络，实现现代信息化管理并可获取产品追溯过程中相关数据的集成。

**2. 追溯参与方** 在供应链中从事药品生产的前处理、生产加工、包装、仓储、运输、配送、销售、消费（使用）等相关业务的组织或个人。

**3. 追溯单元** 需要对药品生产历史、应用情况或所处位置的相关信息进行记录，标识并可追溯的单个产品、同一批次产品或同一品类产品。

**4. 基本追溯信息** 能够实现药品追溯系统中各参与方之间有效链接的必需信息。这些信息可以是责任主体备案信息、产品名称、产品唯一代码、追溯单元，追溯码等。

药品上市许可持有人、药品生产企业应当建立并实施药品追溯制度，按照规定赋予药品各级销售包装单元追溯标识，通过信息化手段实施药品追溯，及时准确记录、保存药品追溯的数据，并向药品追溯的协同服务平台提供追溯信息。

**5. 扩展追溯信息** 除药品基本追溯信息外，与产品追溯相关的其他信息。这些信息可以是产品质量或用于商业目的的信息，也可以是生产流程、参与人员及时间等信息。

## 二、产品数据追溯系统的管理

### （一）总体要求

药品生产企业产品数据追溯系统的建设和运行应符合国家相关法律、法规与标准的规定，并充分满足管理部门、消费者、供应链中的企业等不同类型用户的差异化需求。

追溯系统建设方应明确其在供应链中的位置，并将涉及的供应链环节中质量安全相关信息作为追溯内容，以便在供应链上形成全程信息可追溯链条。

追溯参与方应建立追溯数据存储和管理机制，可利用区块链、防伪等技术完整记录追溯信息，确保数据真实、准确、完整。

追溯系统应能实现内部追溯和外部追溯，对接追溯主体的内部管理信息系统和追溯参与方的供应链信息系统。

追溯系统应对追溯信息进行分户管理，向消费者、相关部门，相关企业等用户按需要、按权限提供追溯信息。

追溯系统宜使用云计算、物联网、区块链、防伪技术等信息技术建设。

### （二）数据追溯系统的建设要求

追溯系统建设要求包括追溯参与方信息管理、产品信息管理、交易信息管理、赋码信息管理、产品仓储信息管理、产品运输信息管理、权限管理等。

### （三）追溯数据的管理要求

主要包括数据格式要求、信息存储要求、信息交换要求、信息共享要求。

### （四）数据追溯系统的运作维护要求

企业应为企业内部参与者提供培训，明确追溯系统管理者和运作维护人员岗位、权限与职责，具备实施追溯系统的能力，确保追溯系统的有效实施。企业应有系统运行故障的应急处理预案。

### （五）数据追溯系统的安全要求

应采取适当的安全防护措施，防止追溯系统及其访问权限受到攻击，实现安全可靠连续运行。应有完整的不可随意更改的用户操作日志记录功能。

药品生产追溯数据信息见图 10－5。

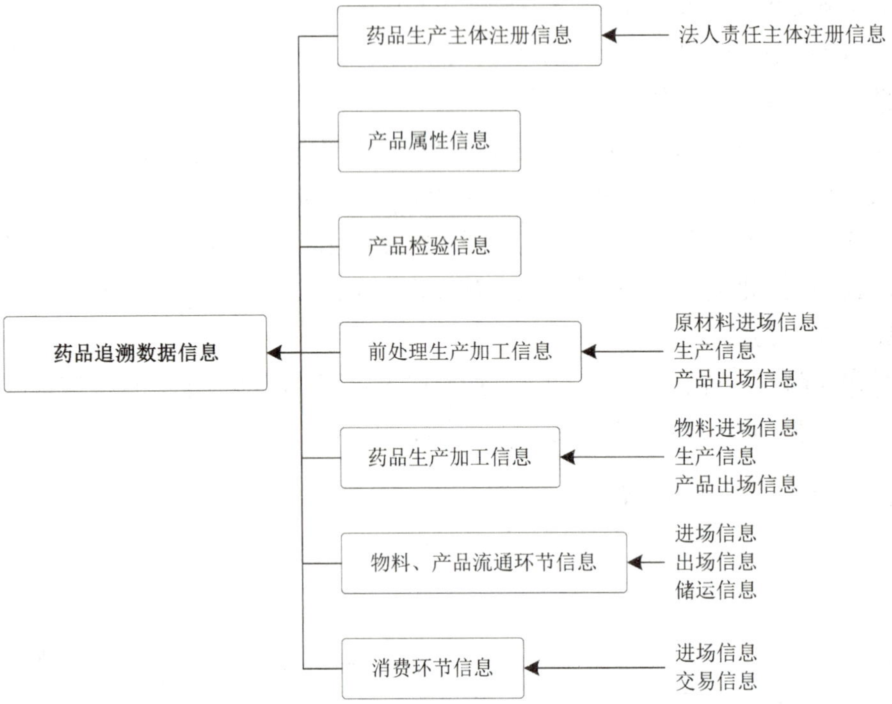


**图 10－5　药品生产追溯核心元数据构成**

# 任务十一　产品质量的回顾分析

产品质量回顾是运用统计技术对生产的每种产品相关内容与数据进行回顾，如物料、中间产品、中间控制结果、产品检验结果、稳定性考察以及产品生产过程中的偏差处理、质量体系绩效、控制手段等信息数据进行定期回顾，形成书面报告，以此评价现行的生产工艺及控制方法是否有效、可控，并发现产品生产系统的改进机会，制定预防措施，不断提高产品质量。

## 一、产品质量的审计内容

（1）产品所用原辅料的所有变更，尤其是来自新供应商的原辅料。

（2）关键中间控制点及成品的检验结果。

（3）所有不符合质量标准的批次及其调查。

（4）所有重大偏差及相关的调查，所采取的整改措施和预防措施的有效性。

（5）生产工艺或检验方法等的所有变更。

（6）已批准或备案的药品注册所有变更。

（7）稳定性考察的结果及任何不良趋势。

（8）所有因质量原因造成的投诉、退货、召回及调查。

（9）与产品工艺或设备相关的纠正措施的执行情况和效果。

（10）新获批准和有变更的药品，按照注册要求上市后应当完成的工作情况。

（11）相关设备和设施，如空气净化系统、水系统、压缩空气等的确认状态。

（12）委托生产或检验的技术合同履行情况。

## 二、产品质量回顾的工作流程

产品质量回顾主要包括以下流程：制定产品质量回顾计划；信息数据收集与汇总整理；会议分析与讨论；总结报告审批与分发；纠正和预防措施的实施与跟踪。

质量审计工作每年审计一次，质量审计计划由质量审计负责人制定，报企业负责人批准后组织实施。质量审计过程应从原料供应到成品放行，对产品生产的全过程各环节进行客观的评价。

# 任务十二　投诉与药物警戒的管理

## 一、投诉管理

投诉是用户或其他人员提供口头或书面方式所报告的生产企业所售药品可能的或事实上的质量缺陷或药品不良反应。

投诉可分为：①重大投诉，也称紧急投诉，是有可能对用药者造成伤害的产品质量问题或严重不良反应所引起的用户投诉；②一般投诉，不对用户造成伤害，但会对企业形象带来负面影响。

投诉大多来源于患者、医生、医院、药店、经销商、医药代表，投诉的方式可以是电话、传真、电子邮件等。

保护用药者的生命安全、身体健康及合法权益是企业应尽的责任，企业应建立操作规程，规定投诉登记、评价、调查和处理的程序，并规定因可能的产品缺陷发生投诉时所采取的措施，包括考虑是否决定从市场召回药品，所有投诉、调查、处理的信息应向质量受权人通报。

## 二、药物警戒管理

### 1. 药物警戒的有关术语

（1）药物警戒活动　指对药品不良反应及其他与用药有关的有害反应进行监测、识别、评估和控制的活动。

（2）药品不良反应　指合格药品在正常用法用量下出现的与用药目的无关的有害反应。

（3）严重药品不良反应　指因使用药品引起以下损害情形之一的反应：①导致死亡；②危及生命（指发生药品不良反应的当时，患者存在死亡风险，并不是指药品不良反应进一步恶化才可能出现死亡）；③导致住院或住院时间延长；④导致永久或显著的残疾或功能丧失；⑤导致先天性异常或出生缺陷；⑥导致其他重要医学事件，若不进行治疗可能出现上述所列情况的。

（4）信号　指来自一个或多个来源的，提示药品与事件之间可能存在新的关联性或已知关联性出现变化，且有必要开展进一步评估的信息。

### 2. 药物警戒活动的管理

持有人的法定代表人或主要负责人对药物警戒活动全面负责，应当建立药品安全委员会，指定药物警戒负责人，负责人应当是具备一定职务的管理人员，应当具有医学、药学、流行病学或相关专业背景，本科及以上学历或中级及以上专业技术职称，三年以上从事药物警戒相关工作经历。企业设置专门的药物警戒部门，配备足够数量且具有适当资质的人员，提供必要的资源并予以合理组织、协调，保证药物警戒体系的有效运行及质量目标的实现。

持有人应当在国家药品不良反应监测系统中完成信息注册。药物警戒负责人应当在国家药品不良反应监测系统中登记。

持有人应当与医疗机构、药品生产企业、药品经营企业、药物临床试验机构等协同开展药物警戒活动，可采用电话、传真、电子邮件以及通过药品说明书、包装标签、门户网站公布的联系电话或邮箱等多种方式收集企业、机构、患者和其他个人报告的疑似药品不良反应信息，保证收集途径畅通。

持有人应当定期对学术文献进行检索，制定合理的检索策略，根据品种安全性特征等确定检索频率，检索的时间范围应当具有连续性。

持有人在药物警戒中开展信号检测时，应当重点关注以下信号：①药品说明书中未提及的药品不良反应，特别是严重的药品不良反应；②药品说明书中已提及的药品不良反应，但发生频率、严重程度等明显增加的；③疑似新的药品与药品、药品与器械、药品与食品间相互作用导致的药品不良反应；④疑似新的特殊人群用药或已知特殊人群用药的变化；⑤疑似不良反应呈现聚集性特点，不能排除与药品质量存在相关性的。

持有人在首次获知疑似药品不良反应信息时，应当尽可能全面收集患者、报告者、怀疑药品以及不良反应发生情况等。收集过程与内容应当有记录，原始记录应当真实、准确、客观。持有人应当对药品不良反应监测机构反馈的疑似不良反应报告进行分析评价，并按要求上报。

持有人向国家药品不良反应监测系统提交的个例药品不良反应报告，应当至少包含可识别的患者、可识别的报告者、怀疑药品和药品不良反应的相关信息。

持有人应当报告患者使用药品出现的怀疑与药品存在相关性的有害反应，其中包括可能因药品质量问题引起的或可能与超适应症用药、超剂量用药等相关的有害反应。

严重不良反应尽快报告，不迟于获知信息后的 15 日，非严重不良反应不迟于获知信息后的 30 日。跟踪报告按照个例药品不良反应报告的时限提交。报告时限的起始日期为持有人首次获知该个例药品不良反应且符合最低报告要求的日期。

# 实践实训

## 实训四 硬胶囊剂批生产记录填充装囊工序生产记录表格的编制

### 一、实训目的

1. 掌握制剂生产工序批生产记录的表格编制方法，计算机绘制文件图表的方法及要求。

2. 熟悉编制批生产记录表格所需工艺规程或操作规程、产品质量标准、检查方法、胶囊填充设备操作规程或说明书等，技术文件编制方法。

3. 培养和练习计算机办公软件使用技能，利用计算机及互联网检索参考文献技能，练习提升技术文件编制技能。

## 二、实训任务

批生产记录中的填充装囊工序生产记录表格的编制。

## 三、实训方式

本课程授课初始阶段安排实训任务，落实预习教材相关内容，熟悉实训要求，检索所需文献资料，制作草案等相关工作。

结合班级药物制剂工艺与设备实训中的胶囊剂实训，同期开展本实训项目。

根据同学各自填充胶囊实训获得的信息和实验数据为素材，编制填充装囊工序操作的生产记录表格。每位同学提交拓展名为“. pdf”的填充装囊工序操作生产记录表格文档文件即 PDF 文件。

## 四、实训要求

### （一）文件格式要求

编制的填充装囊工序操作生产记录表格应包含以下内容：

**1. 生产处方**　包括：①产品名称和产品代码；②产品规格、理论囊重和批量；③所用原辅料清单，包括生产过程中使用，但不在成品中出现的物料，阐明每一物料的指定名称、代码和用量。如原辅料的用量需要折算时，还应当说明计算方法。

**2. 生产操作过程记录**　包括：①对生产场所和所用设备的说明，如操作间的位置和编号、洁净度级别、必要的温湿度要求、设备型号和编号等；②关键设备的准备，如清洗、组装、消毒等所采用的方法或相应操作规程编号；③详细的生产步骤和工艺参数说明，如物料的核对、预处理、加入物料的顺序、操作时间（开始时间、结束时间）、温度等；④所有中间控制方法及标准；⑤预期的最终产量限度，必要时还应当说明中间产品的产量限度以及物料平衡的计算方法和限度；⑥需要说明的注意事项。

参照项目七 ××××高效液相色谱仪性能确认（PQ）方案示例所附表格格式绘制封闭表格，外框为粗线条，表格内分隔线用细线条绘制。

### （二）排版编辑要求

（1）页面设置可采用 A4 纸张纵向或横向，无论是纵向或横向，表格或文字内容均不得超出版心页边距以外。页边距标准：8mm≤上、下、左、右≤3cm，可根据编辑内容需要在此范围内调整。

（2）无特殊情况，批生产记录表格各单元格边距为 2mm，各要素一般用 5 号宋体字，特定情况可以作适当调整，各表格要素文字行距根据所填写内容确定，应预留足够空格。

（3）批生产记录的每一页应有标注产品的名称、规格和批号标识栏。

## 五、考核与评价标准

根据每位学生实训报告按实训标准中的文件内容标准、排版编辑标准及同学实训的项目结果考核、评价实训成果，百分制计分。

答案解析

# 目标检测

## 一、最佳选择题

1. 有权进入生产区和仓储区，对物料与产品进行取样及调查的人员为（　　）。

A. 技术管理管门的人员　　B. 生产管理部门的人员

C. 供应管理部门的人员　　D. 质量管理部门的人员

2. 留样应当按照注册批准的储存条件至少保存至药品有效期后（　　）。

A. 一年　　B. 两年　　C. 三年　　D. 五年

## 二、配伍选择题

［1～2］

A. 影响因素试验　　B. 短期试验　　C. 加速试验　　D. 长期试验

1. 持续稳定性考察的试验样品放置 10 天观察的为（　　）。

2. 持续稳定性考察的试验样品放置 6 个月观察的为（　　）。

## 三、综合分析选择题

［1～2］

**实例**　近十几年，央视等新闻媒体陆续曝光了一些企业用皮革废料经脱色漂白和清洗后加工制成工业明胶，再销售给药用胶囊生产企业或食品生产企业，以生产药用辅料空心硬胶囊和食品。所用空心硬胶囊或明胶生产的产品检出重金属铬，且含量超出《中国药典》和 GB 国家标准的限度。

1. 物料供应商的确定及变更应当进行质量评估，经批准后方可采购，批准的部门为（　　）。

A. 供应管理部门　　B. 生产管理部门　　C. 质量管理部门　　D. 仓储管理部门

2. 改变主要物料供应商的，除了需要对产品进行相关的验证外，还需要对使用新供应商的制成产品进行（　　）。

A. 毒理试验　　B. 临床试验　　C. 稳定性考察　　D. 动物试验

## 四、多项选择题

1. 企业按规定保存的物料、产品样品留样，主要用于（　　）。

A. 质量追溯　　B. 制定有效期　　C. 质量调查　　D. 产品稳定考察

2. 质量管理部门应当向物料管理部门分发经批准的合格供应商名单，该名单内容至少包括（　　）。

A. 物料名称　　B. 物料规格　　C. 质量标准　　D. 生产商名称和地址

## 五、判断正误题

1. 发现或怀疑某批药品存在缺陷，应当考虑检查其他批次的药品，查明其是否受到影响。（　　）

2. 用于产品稳定性考察的样品属于留样。（　　）

书网融合……

知识回顾　　微课　　习题

（刘莉兰）

# 项目十一 委托生产与委托检验的管理

PPT

## 学习引导

药品上市许可持有人因无生产能力或产能不足，或者由于技术改造暂不具备生产条件的，而采取委托生产以满足市场需求。委托方与受托方的生产规模与条件参差不齐，如何改进和监控以符合法律、法规、GMP、标准和技术规范的要求，是委托生产面临的问题。问题是哪些药品不能委托生产？委托生产的药品出厂由谁放行？

本项目主要介绍委托生产的释义、类型、品种范围、审批流程；委托生产与委托检验的监控；质量协议的要求；委托方与受托方的责任。

## 学习目标

1. **掌握** GMP 带“★”的条款要点；委托生产的释义；不得委托生产的品种范围。

2. **熟悉** GMP 带“▲”的条款要点；委托生产的类型、行政规定；委托生产考察与批准的流程；委托生产与委托检验的监控。

3. **了解** 委托生产的行政审批流程；委托方与受托方的责任。

## GMP
## 第十一章 委托生产与委托检验

### 第一节 原 则

**▲第二百七十八条** 为确保委托生产产品的质量和委托检验的准确性和可靠性，委托方和受托方必须签订书面合同，明确规定各方责任、委托生产或委托检验的内容及相关的技术事项。

**▲第二百七十九条** 委托生产或委托检验的所有活动，包括在技术或其他方面拟采取的任何变更，均应当符合药品生产许可和注册的有关要求。

### 第二节 委托方

**★第二百八十条** 委托方应当对受托方进行评估，对受托方的条件、技术水平、质量管理情况进行现场考核，确认其具有完成受托工作的能力，并能保证符合本规范的要求。

**第二百八十一条** 委托方应当向受托方提供所有必要的资料，以使受托方能够按照药品注册和其他法定要求正确实施所委托的操作。

委托方应当使受托方充分了解与产品或操作相关的各种问题，包括产品或操作对受托方的环境、厂房、设备、人员及其他物料或产品可能造成的危害。

★**第二百八十二条** 委托方应当对受托生产或检验的全过程进行监督。

▲**第二百八十三条** 委托方应当确保物料和产品符合相应的质量标准。

## 第三节 受托方

★**第二百八十四条** 受托方必须具备足够的厂房、设备、知识和经验以及人员，满足委托方所委托的生产或检验工作的要求。

**第二百八十五条** 受托方应当确保所收到委托方提供的物料、中间产品和待包装产品适用于预定用途。

★**第二百八十六条** 受托方不得从事对委托生产或检验的产品质量有不利影响的活动。

## 第四节 合 同

**第二百八十七条** 委托方与受托方之间签订的合同应当详细规定各自的产品生产和控制职责，其中的技术性条款应当由具有制药技术、检验专业知识和熟悉本规范的主管人员拟订。委托生产及检验的各项工作必须符合药品生产许可和药品注册的有关要求并经双方同意。

**第二百八十八条** 合同应当详细规定质量受权人批准放行每批药品的程序，确保每批产品都已按照药品注册的要求完成生产和检验。

▲**第二百八十九条** 合同应当规定何方负责物料的采购、检验、放行、生产和质量控制（包括中间控制），还应当规定何方负责取样和检验。

在委托检验的情况下，合同应当规定受托方是否在委托方的厂房内取样。

▲**第二百九十条** 合同应当规定由受托方保存的生产、检验和发运记录及样品，委托方应当能够随时调阅或检查；出现投诉、怀疑产品有质量缺陷或召回时，委托方应当能够方便地查阅所有与评价产品质量相关的记录。

**第二百九十一条** 合同应当明确规定委托方可以对受托方进行检查或现场质量审计。

**第二百九十二条** 委托检验合同应当明确受托方有义务接受药品监督管理部门检查。

# 任务一 认知委托生产

## 一、委托生产的术语

委托生产指药品上市许可持有人（以下简称委托方）将其持有的药品注册证书的药品委托给其他药品生产企业（以下简称受托方）的全部生产行为，不包括部分工序的委托加工行为。

目前，我国一些药品上市许可持有人因无生产能力或产能不足，或者由于技术改造暂不具备生产条件，而采取委托生产以满足市场需求，既解决了委托企业生产困境，也解决了受托企业药品生产设施闲置和产能过剩的问题。加入世界贸易组织后，国外制药厂商的药品委托生产降低了生产和运输的成本，节约了时间，同时由于先进国家和地区药品生产管理方式和规范要求的引进，促进了我国医药产业的发展。

## 二、委托生产的类型

**1. 产能不足的委托生产**　药品上市许可持有人在自身生产能力不足的情况下，可委托其他药品生产企业代为生产，以满足市场需求。

**2. 异地改造的委托生产**　因药品上市许可持有人异地改造，已无生产能力，或无检验能力，为保证企业品种的市场供应，异地改造期间采取委托生产不失为一种有效的方式。

**3. 境外厂商的委托生产**　生产企业接受境外制药厂商的委托，进行药品加工行为。

**4. 无生产能力的委托生产**　有些不具备相应生产资质的药品上市许可持有人，可将已获注册证书的药品委托给药品生产企业生产。

## 三、委托生产的行政管理规定

药品上市许可持有人可以自行生产药品，也可以委托药品生产企业生产。委托生产的，应当委托符合条件的药品生产企业。药品上市许可持有人和受托生产企业应签订委托协议和质量协议，并严格履行协议约定的义务。

药品上市许可持有人委托符合条件的药品生产企业生产药品的，应当对受托方的质量保证能力和风险管理能力进行评估，根据国家药品监督管理局制定的药品委托生产质量协议指南的要求，与其签订质量协议以及委托协议，监督受托方履行有关协议约定的义务。

受托方不得将接受委托生产的药品再次委托给第三方生产。

经批准或者通过关联审评审批的原料药应当自行生产，不得再行委托他人生产。

血液制品、麻醉药品、精神药品、医疗用毒性药品、药品类易制毒化学品不得委托生产；但是，国务院药品监督管理部门另有规定的除外。

药品上市许可持有人应当建立药品上市放行规程，对药品生产企业出厂放行的药品进行审核，经质量受权人签字后方可放行。不符合国家药品标准的，不得放行。

药品上市许可持有人应当对受托药品生产企业的质量管理体系进行定期审核，监督其持续具备质量保证和控制的能力。

国食药监安［2011］325 号文《关于加强接受境外制药厂商委托加工药品监督管理的通知》规定，境外制药厂商委托生产，须持有该药品境外上市许可，直接与我国药品生产企业签订加工合同。受托方不得接受境外制药厂商委托加工裸包装制剂，加工后成品应完成内包装，并带有标明药品名称和受托加工企业名称的标签。受托加工药品制剂的外标签或说明书必须标注受托加工企业的名称和地址，但不得有我国药品批准证明文号、进口药品注册证书号、委托加工备案号等内容。

原国家食品药品监督管理总局在 2014 年 8 月发布了局令第 36 号文《药品委托生产监督管理规定》，对药品委托生产的管理做出了修改并提出了新的规定。

受托方应是与委托生产药品相适应的且通过了 GMP 的符合性检查的药品生产企业。委托方应当取得委托生产药品的注册证书。委托生产药品的质量标准应当执行国家药品标准，其药品名称、剂型、规格、生产工艺、原辅料来源、直接接触药品的包装材料和容器、包装规格、标签、说明书、批准文号等应当与持有人持有的药品批准证明文件载明的内容和注册核准的内容相同。

在委托生产的药品包装、标签和说明书上，应当标明委托方的名称和注册地址，受托企业的名称和生产地址。

## 四、委托生产的首次申请、延续申请的行政审批流程

委托生产首次申请的审批流程包括：①提出申请；②受理与审查；③现场检查；④连续三批委托生产产品的检验；⑤委托生产审批。

药品委托生产批件有效期不得超过三年。

## 五、委托生产的申报资料

申报资料包括以下文件。

（1）《药品委托生产申请表》。

（2）委托方持有的药品注册批准证明文件。

（3）受托方持有的《药品生产许可证》和《营业执照》复印件。

（4）委托方拟委托生产药品的包装、标签和使用说明书实样和委托生产药品拟采用的包装、标签和使用说明书式样及色标。

（5）委托方对受托方的生产条件、技术水平和质量管理情况的考核报告。

（6）委托生产合同。

（7）受托方生产的连续三批药品检验报告书原件。

## 六、委托生产的延续申报资料

延续委托生产药品的，除提交与首次申请相同资料外，还需提交下列资料。

（1）前次批准的《药品委托生产批件》复印件。

（2）前次委托生产期间，生产、质量情况的总结。

（3）拟延续委托生产与前次《药品委托生产批件》生产条件发生变化的证明文件。

（4）委托生产合同。

（5）前次委托生产期间，药品监管部门对委托生产双方现场检查的报告或记录的复印件。

（6）同一受托方，受托生产地址不变但生产线发生变化的，除按延续申请要求提交申请材料外，还应提交补充材料。

（7）变更委托方和受托方企业名称，需提交申请报告及相关材料。

**即学即练**

答案解析

配伍选择题

［1～2］

A. 外用药品　B. 中药注射剂　C. 滴眼剂　D. 医疗用毒性药品

1. 不得委托生产的药品为（　　）。

2. 属于特殊管理的药品为（　　）。

# 任务二　委托生产与委托检验的考察及批准

委托方应当对受托方的条件、技术水平、质量管理情况进行现场考察，确认其具有完成受托工作的能力，并能保证符合 GMP 的要求，对受托方进行评估，评估方式根据质量风险评估规程进行操作。

## 一、考察组织及成员

委托方应对受托企业进行全面考察，成立委托生产考察小组，由质量管理、生产技术管理、工程设备管理、生产车间等部门的业务骨干组成，指定负责人并由其对小组成员的工作进行协调管理。

## 二、考察的程序

（1）成立考察小组。

（2）制定考察方案。

（3）考察小组成员的选择和确定。

（4）确定考察的范围和重点。

（5）现场考察的确认程序及方法。

（6）委托生产与委托检验的确定及受托方需改进的项目和措施。

## 三、考察的内容

受托企业质量体系考察的主要内容包括生产条件、质量体系、技术水平、检验能力和管理水平，以及受托方的产品质量及委托生产试制产品的质量考察。

### （一）委托生产的考察

**1. 受托方的资质**　受托生产企业应持有《药品生产许可证》并通过 GMP 的符合性检查，委托品种的剂型须在其生产范围内。

**2. 受托方的质量体系**

（1）人员及培训。

（2）厂房、设施、设备的条件。

（3）生产能力。

（4）如由受托方备料，其主要原材料来源及质量控制。

（5）技术水平。

（6）检验仪器条件及检验水平。

（7）质量保证体系。

（8）管理水平。

（9）受托企业的产品质量稳定，近三年内无产品不合格质量公告记录和质量事故。

（10）企业信誉良好，近三年无生产销售假劣药行为的处罚记录。

（11）合作态度诚恳，积极配合改进自身缺陷，并承诺尊重委托方知识产权包括商标权，为生产受托产品完善生产厂房、设施、设备，并对生产工艺改进，加强管理。

## 四、委托生产与委托检验的批准

符合药品上市许可持有人委托生产和委托检验要求的，经企业负责人批准后确定为企业委托生产与委托检验的合作企业。药品委托生产双方签订委托合同，合同应符合委托生产质量协议指南的要求。

双方指派专人负责办理申请《药品委托生产批件》相关事宜。

# 任务三　委托生产与委托检验的质量协议管理

委托方与受托方签订的委托生产的质量协议，应涵盖以下内容。

（1）应当明确规定委托方或者受托方负责物料的采购，如受托方采购物料，应在质量协议中进行约定。

（2）应当明确规定委托方或者受托方负责物料的验收、取样、留样、检验和放行。规定由委托方或者受托方负责原辅料、包装材料、中间产品、成品的取样。任何一方在检验和放行完成后，均应当将检验报告书和物料放行审核单，以复印件或者其他方式移交给另一方。另一方是否需要再行检验，应当在质量协议中约定。

（3）应当明确物料和产品运输的过程及储存方的责任、储存条件的维护措施，明确双方职责，确保物料和产品在运输过程中质量可控。

（4）应当明确由委托方或者受托方进行留样，留样的储存条件和数量必须符合 GMP 的要求。留样地点、管理责任应当予以明确。受托方进行成品、物料留样都必须经委托方审核批准。

（5）应当明确规定委托方或者受托方负责持续稳定性考察工作。当由受托方负责时，持续稳定性考察的方案和报告必须经双方审核批准。任何一方所进行的稳定性考察数据和评价结果，均应及时告知对方，评价应当包括与历史批次的数据对比和分析，以便及时发现稳定性的不良趋势。

（6）应当规定若出现与委托生产产品相关的偏差、检验结果超标、投诉、变更和产品质量回顾分析发现的问题等，需要进行调查并采取必要的纠正和预防措施，调查的深度与形式应当与风险级别相适应，纠正和预防措施应当经委托方审核批准。

（7）应当明确委托方与受托方均应当按 GMP 的要求，保存所有与委托生产品种直接相关的生产质量文件和记录。双方应当对委托生产品种建立覆盖全过程的 GMP 文件体系，用于实际生产全过程控制，防止出现职责交叉或者职责不清、文件系统遗漏等问题，导致不能对全过程有效实施 GMP。应明确如何在符合 GMP 的要求下，确保所有记录和文件可方便随时查询，以及如何在受控程序下进行文件复制。

（8）应当明确规定委托方或者受托方按照 GMP 的要求进行产品质量回顾分析，分析报告应当经委托方审核批准。

（9）应当明确规定，委托方应当建立药物警戒体系，按照要求开展药物警戒工作。委托方和受托方应当经常考察本单位的药品质量、疗效和不良反应，发现疑似不良反应的，应当及时按照要求报告。质量投诉由委托方负责，受托方应当协助配合，受托方在收到投诉后，应当及时告知委托方。

# 任务四 委托生产与委托检验的监控

## 实例分析

**实例** 2016年11月，广西某集团下属公司A与公司B签订协议委托生产包括小柴胡颗粒等产品。

2018年7月，国家药品监督管理局（以下简称“药监局”）对A和B实施药品飞行检查，发现A未按法定处方工艺及擅自使用黄芩提取物自行生产及委托B生产小柴胡颗粒。2018年8月，该辖区药监局立案审查，A出具《黄芩提取物购买及使用说明》，2018年12月B出具受A委托生产小柴胡颗粒及加工费用相关情况汇总表。2019年2月该辖区药监局作出行政处罚决定书，认定A自行生产及委托B生产假药小柴胡颗粒，并对A、B双方处罚，处罚依据为药品管理法第四十八条第三款、第七十三条、第七十五条第二款、第七十八条的规定及参照药监局办药化监函［2013］399号复函。A、B提起行政诉讼，对处罚有异议，其中之一就是生产假药的事实是否清楚，适用法律是否正确。查明的证据之一为该受托生产的小柴胡颗粒经三地药品检验所按《中国药典》（2015年版）一部抽样检验，结果均符合规定。一审法院撤销行政处罚，该辖区药监局不服提出上诉。二审期间B当庭提交证明2019年1月至9月无不良反应的受托生产的小柴胡颗粒不良反应说明1份。二审判决为撤销一审判决。

《中国药典》（2015年版）一部载明黄芩提取物、药材及饮片标准，以及处方内载明饮片柴胡、黄芩、姜半夏、党参、生姜、甘草、大枣的小柴胡颗粒质量标准。 微课

**问题** 委托方及受托方如何恪守职责和遵守规范？

答案解析

## 一、委托方的职责

在药品的研制、生产、经营、使用全过程中，须依法对药品的安全性、有效性、质量可控性负责，不得通过质量协议，将法定履行的义务和责任委托给受托方承担。

**1. 供应商的审批管理** 应进行物料供应商的选择、管理和审核，供应商应当符合GMP以及与关联审评审批有关的要求。应将合格供应商目录提供给受托方，经受托方审核合格后，纳入受托方合格供应商目录，用于受托方入厂时的核对验收。

**2. 供应商质量监控** 应对全部有业务往来的生产用物料的供应商进行质量审核，建立合格供应商的档案。受托方建立合格的供应商目录，必要时受托方可以参与质量审核的过程。

**3. 技术资料的管理** 为确保受托方能够全面了解产品的生产工艺、质量特性等，持续稳定地生产出符合预定用途的产品，须向受托方提供必要的技术资料，如为复印件，应当逐页或者骑缝加盖委托方公章。提供的文件至少包括：①药品注册证书；②经药品监督管理部门核准的生产工艺、质量标准、说明书和标签；③药品注册申报时原辅料、包装材料、中间体、成品的质量标准及检验标准操作程序；④企业的内控标准；⑤省级药品监督管理部门备案的药品说明书和包装标签样稿；⑥与清洁验证相关的产品毒性数据资料等。

**4. 过程监控** 应当对委托生产的全过程进行指导和监督，确保受托方能够按照注册工艺生产出符合注册标准的产品，尽可能避免出现任何偏离工艺规程和操作规程的偏差。

**5. 变更控制** 委托方和受托方均须建立变更控制程序，明确发生变更时的工作措施。委托生产产品相关变更的风险程度，由委托方评估确定，受托方在变更实施前，应当经委托方审核批准。

应全面评估、验证变更事项对药品安全性、有效性和质量可控性的影响。应与受托方共同按照药品管理法律法规规章和技术规范开展变更。任何一方进行可能影响药品质量的变更应当及时书面告知对方。

**6. 上市放行的管理** 应当配备质量受权人，负责产品的最终上市放行。不得将产品的上市放行工作授权给受托方完成。

**7. 产品的发运管理** 规定发运的具体承运方，如涉及委托第三方运输，应当符合 GMP 及相关法律法规和规范性文件的要求，并经委托方批准，产品发运过程中的产品质量由委托方负责。

**8. 召回管理** 应当建立药品召回体系，制定药品召回管理程序，需要进行药品召回时，负责召回工作，受托方应当配合。

## 二、受托方的职责

受托方应当严格执行质量协议，确保委托生产药品遵守 GMP，按照国家药品标准和经药品监督管理部门核准的注册标准和生产工艺进行生产，负责委托生产药品的出厂放行。其药品名称、剂型、规格、生产工艺、原辅料来源、直接接触药品的包装材料和容器、包装规格、标签、说明书、药品批准证明文号等，应当与委托方持有的药品批准证明文件载明的内容和注册核准的内容相同。已承接的委托生产，不得将产品转包给其他企业进行生产。

**1. 完善硬件设施** 厂房设施和设备等生产条件和能力，应满足国家药品标准和经药品监督管理部门核准的药品注册标准和生产工艺的要求。

**2. 完善仓储管理** 应确保仓储管理符合相应的要求，包括标签信息准确无误，以及具有为防止混淆、差错、污染和交叉污染而采取的防护措施。

**3. 开展与受托生产相关的确认与验证** 对厂房设施、设备和公用系统等，完成必要的确认和验证并达到预期结果，再进行产品的生产工艺验证。工艺验证和清洁验证的方案和报告必须经双方审核批准。

**4. 完善技术资料** 根据委托方提供的文件资料，根据企业现有的生产技术条件和质量管理情况，制定相应的委托生产技术文件，文件必须经双方审核批准。技术文件至少包括：①原辅料、包装材料、中间体、成品的质量标准；②产品生产工艺规程；③空白批生产记录、批包装记录、批检验记录等。

在质量管理体系文件中，应当对受托产品的生产日期、产品批号、有效期的编制方法进行规定。

**5. 完善特殊操作** 对受托产品进行返工、重新加工和回收活动必须制定针对性的返工、重新加工和回收标准操作程序，文件须经双方审核批准。实际操作时，应当提前告知委托方，并得到书面批准后方可操作。

**6. 完善检验** 如承担原辅料、包装材料和中间产品的检验，应当进行检验方法学的验证、转移或者确认，验证、转移或者确认方案和报告，应当经委托方审核批准。

如负责成品的检验，必须按照注册批准的方法，进行全项检验。并将检验报告书以复印件或者其他方式移交给委托方。

**7. 偏差处理**　任何一方检验发现的，与委托生产产品相关的检验结果超标和检验结果超趋势，应当按照各自处理程序进行处理，并立即通知对方。处理过程中产生的文件记录，应当以复印件或者其他方式移交给对方，以便对产品质量问题进行分析和处理。

应当评估与受托生产产品相关的所有偏差对产品安全性、有效性和质量可控性的影响，可根据偏差的性质、范围及对产品质量的影响程度实施分类管理，并将拟采取的纠正预防措施报告委托方。偏差处理报告应当经委托方审核批准。

**8. 物料放行与产品出厂放行**　如获得委托方授权，负责物料的放行由质量管理部门完成；如获得委托方授权，负责产品的出厂放行由本企业质量受权人完成。

在生产质量管理活动中发生的偏差，应当按照偏差处理程序进行处理。

**9. 委托检验管理**　任何一方涉及原辅料、包装材料、中间产品和成品的委托检验，都必须符合药品法律法规和 GMP 等要求，受托方将检验项目委托第三方检验时，应当经委托方审核批准。

**10. 完善自检和配合受检**　应积极配合委托方，接受相关的审核及 GMP 检查，并按照所有审核和 GMP 检查发现的缺陷，采取纠正和预防措施落实整改。

在自检活动中，发现与受托产品相关的缺陷和采取的纠正和预防措施，应当及时向委托方报告。

## 任务五　委托生产与委托检验的档案管理

委托方及受托方应对委托生产建立档案，将受托方的资质，基本情况调查表，现场考察报告，历次评价结果及出现的质量问题等进行汇总，由专人负责管理，新选择确定的和终止委托生产的受托方资料应当及时收集和整理，保证各项文件及时归档。

答案解析

## 目标检测

### 一、最佳选择题

1. 为确保委托生产产品的质量和委托检验的准确性和可靠性，委托方和受托方必须（　　）。

A. 重新注册　B. 配置新设备　C. 建设新厂房　D. 签订书面合同

2. 在开展委托生产前，委托方应当对受托方进行（　　）。

A. 注资　B. 改造　C. 评估　D. 重新设计

### 二、配伍选择题

[1 ~2]

A. 委托方　B. 受托方

C. 委托方与受托方　D. 委托方或受托方

1. 药品委托生产应当签订委托协议和质量协议，严格履行协议约定的义务的为（　　）。

2. 委托生产的药品须符合国家药品标准方可放行，执行出厂放行的质量受权人隶属（　　）。

### 三、综合分析选择题

[1 ~2]

**实例**　公司 A、B 为药品生产企业，A 委托 B 生产药品 C，公司 B 所在地省级药品监督管理部门在一次不预先告知的检查中，发现公司 A 未按药品监督管理部门批准的生产工艺和国家药品标准，指示公司 B 违规投料生产药品 C，公司 A、B 被认定为生产假药。

1. 委托生产的药品 C 须符合的标准是（　　）。

A. 委托方制定的委托生产的产品标准

B. 委托方与受托方约定的产品标准

C. 国家药品标准

D. 客户要求的产品标准

2. 下列选项中，属于药品 C 的包装上应当专门标明的内容为（　　）。

A. 公司 A 的企业名称　　B. 公司 B 的企业名称

C. 公司 A 和公司 B 的企业名称　　D. 公司 A 或公司 B 的企业名称

## 四、多项选择题

1. 下列药品中，可以委托生产的包括（　　）。

A. 化学药品口服片剂　　B. 疫苗

C. 中药软膏剂　　D. 血液制品

2. 下列关于委托生产和委托检验的表述，正确的包括（　　）。

A. 委托方应当确保物料和产品符合相应的质量标准

B. 委托方应当对受托生产或检验的全过程进行监督

C. 受托方不得从事对委托生产或检验的产品质量有不利影响的活动

D. 受托方不受干预应当自行对受托生产或检验的过程进行监控

## 五、判断正误题

1. 委托生产包括部分工序的委托加工行为。（　　）

2. 受托方不得接受境外制药厂商委托加工裸包装制剂。（　　）

书网融合……

知识回顾　　微课　　习题

（张立婷）

# 项目十二　产品的发运与召回管理

PPT

## 学习引导

药品销售是药品生产企业经营运作的一个环节，涉及药品发运、质量跟踪及不良反应报告、召回工作。其工作对象是客商和药品。各国各地区的GMP都规定药品生产企业要全程保证药品质量，因此药品的销售也纳入规范管理。问题是不得通过网络销售的药品有哪些？主动召回与责令召回有何区别？召回药品如何处置？

本项目主要介绍药品销售管理的相关规定；产品发运要求；药品召回、安全隐患的释义；药品安全隐患调查评估的主要内容；销售管理的内容。

## 学习目标

1. **掌握**　GMP带“★”的条款要点；药品召回、安全隐患的释义；药品安全隐患调查评估的主要内容；产品发运、召回的流程和记录管理要求。

2. **熟悉**　GMP带“▲”的条款要点；药品销售相关规定。

3. **了解**　销售管理的内容，销售管理的意义。

## GMP
## 第十二章　产品发运与召回

### 第一节　原　则

**第二百九十三条**　企业应当建立产品召回系统，必要时可迅速、有效地从市场召回任何一批存在安全隐患的产品。

**▲第二百九十四条**　因质量原因退货和召回的产品，均应当按照规定监督销毁，有证据证明退货产品质量未受影响的除外。

### 第二节　发　运

**★第二百九十五条**　每批产品均应当有发运记录。根据发运记录，应当能够追查每批产品的销售情况，必要时应当能够及时全部追回，发运记录内容应当包括：产品名称、规格、批号、数量、收货单位和地址、联系方式、发货日期、运输方式等。

**★第二百九十六条**　药品发运的零头包装只限两个批号为一个合箱，合箱外应当标明全部批号，并建立合箱记录。

★**第二百九十七条** 发运记录应当至少保存至药品有效期后一年。

## 第三节 召 回

**第二百九十八条** 应当制定召回操作规程，确保召回工作的有效性。

▲**第二百九十九条** 应当指定专人负责组织协调召回工作，并配备足够数量的人员。产品召回负责人应当独立于销售和市场部门；如产品召回负责人不是质量受权人，则应当向质量受权人通报召回处理情况。

**第三百条** 召回应当能够随时启动，并迅速实施。

▲**第三百零一条** 因产品存在安全隐患决定从市场召回的，应当立即向当地药品监督管理部门报告。

▲**第三百零二条** 产品召回负责人应当能够迅速查阅到药品发运记录。

▲**第三百零三条** 已召回的产品应当有标识，并单独、妥善储存，等待最终处理决定。

▲**第三百零四条** 召回的进展过程应当有记录，并有最终报告。产品发运数量、已召回数量以及数量平衡情况应当在报告中予以说明。

**第三百零五条** 应当定期对产品召回系统的有效性进行评估。

# 任务一 认知药品销售的行政管理规定 微课

GMP 规定，药品生产企业应全过程确保药品质量，因此药品销售发运也纳入了 GMP 的管理范畴。在我国，药品生产企业的药品销售必须符合法律法规及规章相关规定。

药品管理法及实施条例对药品购销做出以下规定。

（1）药品上市许可持有人、药品生产企业应当从药品上市许可持有人或者具有药品生产、经营资格的企业购进药品；但是，购进未实施审批管理的中药材除外。

（2）疫苗、血液制品、麻醉药品、精神药品、医疗用毒性药品、放射性药品、药品类易制毒化学品等国家实行特殊管理的药品不得在网络上销售。

（3）已被注销药品注册证书的药品，不得生产、销售。

（4）药品上市许可持有人委托销售的，应当委托符合条件的药品经营企业。药品上市许可持有人和受托经营企业应当签订委托协议，并严格履行协议约定的义务。

（5）药品上市许可持有人、药品生产企业应当建立并实施药品追溯制度，按照规定提供追溯信息，保证药品可追溯。中药饮片生产企业履行药品上市许可持有人的相关义务，对中药饮片生产、销售实行全过程管理，建立中药饮片追溯体系，保证中药饮片安全、有效、可追溯。

（6）药品上市许可持有人、药品生产企业应当经常考察本企业所生产、经营的药品质量、疗效和不良反应。发现疑似不良反应的，应当及时向药品监督管理部门和卫生健康主管部门报告。药品存在质量问题或者其他安全隐患的，药品上市许可持有人应当立即停止销售，告知相关药品经营企业和医疗机构停止销售和使用，召回已销售的药品，及时公开召回信息，必要时应当立即停止生产，并将药品召回和处理情况向省、自治区、直辖市人民政府药品监督管理部门和卫生健康主管部门报告。

（7）药品上市许可持有人应当开展药品上市后不良反应监测，主动收集、跟踪分析疑似药品不良反应信息，对已识别风险的药品及时采取风险控制措施。

（8）国务院药品监督管理部门对其规定的生物制品、首次在国内销售的药品、国务院规定的其他药品，在销售前须经指定药品检验机构进行检验，检验不合格的，不得销售。“首次在中国销售的药品”，是指国内或者国外药品生产企业第一次在中国销售的药品，包括不同药品生产企业生产的相同品种，即药品生产企业生产的首次上市销售的药品须通过药品管理部门指定药品检验机构强制性检验合格方可上市销售。

（9）对短缺药品，国务院可以限制或者禁止出口。

（10）有下列行为之一的，在药品管理法规定的处罚幅度内从重处罚。

①以麻醉药品、精神药品、医疗用毒性药品、放射性药品、药品类易制毒化学品冒充其他药品，或者以其他药品冒充上述药品。

②生产、销售以孕产妇、儿童为主要使用对象的假药、劣药。

③生产、销售的生物制品属于假药、劣药。

④生产、销售假药、劣药，造成人身伤害后果。

⑤生产、销售假药、劣药，经处理后再犯。

⑥拒绝、逃避监督检查，伪造、销毁、隐匿有关证据材料，或者擅自动用查封、扣押物品。

**即学即练**

答案解析

最佳选择题

不得在网络上销售的药品为（　　）。

A. 成方制剂　　B. 单味制剂　　C. 非处方药　　D. 血液制品

# 任务二　销售管理

**实例分析**

**实例**　2020年9月29日，贵州×××制药有限公司向各药品经营企业和使用单位发布公告通知，为控制药品质量安全风险，主动召回其生产的可能存在安全隐患的3个批次的复方对乙酰氨基酚片。

**问题**　什么情况下药品生产企业应召回药品？

答案解析

药品生产企业销售管理的主要内容包括销售人员、客商、销售渠道、销售合同、销售费用、产品发运、退货、产品召回、销售记录等管理。

产品的发运和召回管理是药品销售管理的一部分，也是质量管理不可缺少的部分，是生产过程质量管理的延伸，建立完善的产品发运记录及召回管理程序，能保证在发生紧急情况时及时将产品从流通市场收回，避免或减少对患者造成不必要的伤害及对企业造成的不必要损失。

## 一、销售人员

**1. 销售人员的资质** 药品销售人员须为企业全职员工，不可兼职。销售人员应有高中以上学历，在法律上无不良品行记录。销售人员须经过药品相关法律、法规和专业知识培训，培训合格后才可从事药品销售活动，销售人员培训须建立培训档案，培训档案中应当记录培训时间、地点、内容及接受培训的人员。

销售人员的管理包括：①销售人员的信息管理，（含营销体系所有人员的个人信息）；②个人销售计划与总结管理；③销售任务管理；④知识技能管理，定期对销售人员进行法规、营销和业务培训，帮助营销人员提高管理能力。销售人员应根据销售任务开展业务工作，并统计核算其销售完成率。

**2. 销售人员的行为规范** 销售人员在销售药品时，严格按照企业管理规定销售药品。药品生产企业派出销售人员销售药品时，除提供《药品生产许可证》和《营业执照》复印件等资料。

生产麻醉药品和精神药品的企业销售不得以现金交易。

销售人员不得向个人和无《药品生产许可证》《药品经营许可证》的单位销售药品，不得以各种名义向医疗机构及工作人员、医务人员给予回扣、提成现金、有价证券和支付凭证等。在投标过程中，不得以弄虚作假和不正当手段获得商业机会或商业利益，不得向国家行政工作人员提供现金、有价证券和支付凭证等。

销售人员负责对客商的日常业务管理，严格执行销售环节的管理规程。

## 二、客商

客户是生产企业的一个重要资源，企业应建立详细的经销商信息资料和对应的联系人信息资料，并详细记录销售往来历史、所有沟通信息、订单合同信息和发运药品流向信息。

## 三、销售渠道

销售渠道管理的主要内容包括监控药品出厂后通过各级环节的物流方向，及时掌握系统中各级经销商的销售库存情况，跟踪各经销商进货、产品追溯及回款，分配销售指标，核算各地区及销售人员的销售业绩。

## 四、销售合同

产品销售中涉及产品各种销售价格管理，应制定详细的产品价格管理体系，销售人员在接受订单签订合同时按相应销售的价格销售，企业结合企业管理规程实现订单与合同审批流程，结合财务数据进行信用额度的管控。

## 五、销售费用

生产企业产品销售费用管理包括市场活动管理，计划任务分配，促销活动推行监控，销售预算管理，报销管理，完善费用报销流程，费用分析，销售部门结合销售结果来分析费用，为销售决策提供依据。

## 六、产品发运

发运指企业将产品发送到经销商或用户的一系列操作，包括配货、运输等。

**1. 发运记录的要求**　药品发运过程质量管理的重点是保证能追查到每批药品的出厂情况，在必要时能及时召回售出的药品。每批产品均应当有发运记录。

**2. 药品发运的程序**　药品发运的程序一般应符合下列要求。

（1）药品生产企业的销售部门管理人员凭业务人员发货申请单和合同副本开具发货单。发货单应包括以下内容：发货编号、开票日期、收货单位名称和地址、产品名称、剂型、规格、批号、数量、单价和总额、付款形式、联系方式、运输方式等。如为两个批号的药品合箱时，也应在发货单上注明两个批号，合箱外应当标明全部批号，建立合箱记录，药品发运的零头包装只限两个批号为一个合箱。

（2）发货的成品须为放行药品，发货人员根据发货通知单对所发药品等进行复核，将待发运的药品转送至发货区。

（3）发货人员应复核发货通知单及待发货药品，填写成品发运记录，详细说明发运注意事项，例如需要冷链运输和有避光要求的药品。

## 七、退货

### （一）药品退货的分类

药品退货通常分为质量问题退货和非质量问题退货。

**1. 质量问题退货**　质量问题药品办理退货前，应由质量管理部门、销售部门共同对客商提出退货的成品进行实地取样复验，并与留样检验结果比对无误或实地调查属实后，销售部管理人员办理有关手续。

**2. 非质量问题退货**　由销售人员提出申请，须填写成品退货申请单，由销售部门负责人批准后方可执行。

### （二）退货的处理

**1. 非质量问题退货**　外包装完好的，经共同确认，不必全检，经外观检查合格后，即可将其从退货区转移至合格区，下次销售时先行发行。验收不合格的按退货管理规程处理。

**2. 质量问题退货**　对于质量原因造成的成品退货，质量管理部门应会同销售部门、生产技术管理部门、生产车间有关人员共同进行分析，找出原因。若属质量问题且可能与相关批次有关联时，应执行药品召回管理规程，尽快追回并及时调查处理。

## 八、产品召回

### （一）术语

已识别风险：是指有充分的证据表明与关注药品有关的风险。

潜在风险：是指有依据怀疑与关注药品有关，但这种相关性尚未得到证实的风险。

药品召回：是指药品上市许可持有人按照规定的程序收回已上市的存在质量问题或者其他安全风险

的药品，并采取相应措施，及时消除或降低安全风险的活动。药品生产企业、药品经营企业、使用单位应当协助持有人履行召回义务，都应当保存完整的购销记录，保证上市药品的可溯源。

### （二）药品安全风险的调查与识别

对可能存在质量问题或者其他安全风险的药品进行调查，根据实际情况确定调查的内容，可包括：①已发生药品不良反应事件的种类、范围及原因；②药品处方、生产工艺等是否符合相应药品标准、核准的生产工艺要求；③药品生产过程是否符合 GMP 的要求，生产过程中的变更是否符合药品注册管理和相关变更技术指导原则等规定；④药品储存、运输等是否符合相关的规范要求；⑤药品使用是否符合药品临床应用指导原则、临床诊疗指南和药品说明书、标签规定等；⑥药品主要使用人群的构成及比例；⑦可能存在质量问题或者其他安全风险的药品批次、数量及流通区域和范围；⑧其他可能影响药品质量和安全的因素。

持有人应当对严重药品不良反应报告、非预期不良反应报告中缺失的信息进行随访，持有人应当对药品不良反应的预期性进行评价。

### （三）药品安全风险的评估

持有人应当及时对新的药品安全风险开展评估，分析影响因素，描述风险特征，判定风险类型，评估是否需要采取风险控制措施等。

持有人应当分析可能引起药品安全风险、增加风险发生频率或严重程度的原因或影响因素，如患者的生理特征、基础疾病、并用药品或药物的溶媒、储存条件、使用方式等，为药物警戒计划的制定和更新提供科学依据。

对存在质量问题或者其他安全风险的药品，评估的主要内容包括：①该药品引发危害的可能性，以及是否已经对人体健康造成了危害；②对主要使用人群的危害影响；③对特殊人群，尤其是高危人群的危害影响，如老年人、儿童、孕妇、肝肾功能不全者、外科手术患者等；④危害的严重与紧急程度；⑤危害导致的后果。

对于已识别的安全风险，持有人应当综合考虑药品风险特征、药品的可替代性、社会经济因素等，采取适宜的风险控制措施。

在药品风险识别和评估的任何阶段，持有人认为风险可能严重危害患者生命安全或公众健康的，应当立即采取暂停生产、销售及召回产品等风险控制措施，并向所在地省级药品监督管理部门报告常规风险控制措施，包括修订药品说明书、标签、包装，改变药品包装规格，改变药品管理状态等。

### （四）药品安全风险的沟通

持有人应当向医务人员、患者、公众传递药品安全性信息，沟通药品风险，应当根据不同的沟通目的，采用不同的风险沟通方式和渠道，制定有针对性的沟通内容，确保沟通及时、准确、有效，沟通方式包括发送至医务人员的函，患者安全用药提示以及发布公告，召开发布会等。患者安全用药提示可随药品发送至患者或通过大众媒体进行发布，其内容应当简洁、清晰、通俗易懂。

出现下列情况的，应当紧急开展沟通工作：①药品存在需要紧急告知医务人员和患者的安全风险，但正在流通的产品不能及时更新说明书的；②存在无法通过修订说明书纠正的不合理用药行为，且可能导致严重后果的；③其他可能对患者或公众健康造成重大影响的情况。

### （五）药品召回过程的管理

**1. 药品召回分类**

（1）按药品质量问题或者安全风险的严重程度划分

①一级召回：使用该药品可能或者已经引起严重健康危害的。

②二级召回：使用该药品可能或者已经引起暂时或者可逆的健康危害的。

③三级召回：使用该药品一般不会引起健康危害，但由于其他原因需要收回的。

（2）按持有人对存在质量问题或者其他安全风险的药品实施召回的态度划分

①主动召回：持有人应当对收集的信息进行分析，对存在安全风险的药品按照要求进行调查评估，发现药品存在安全风险的，应当决定召回。

②责令召回：药品监督管理部门经过调查评估，认为存在药品安全风险，持有人业应当召回药品而未主动召回的，应当责令召回药品。

持有人应当根据实际情况及产品的具体特点，对不同级别的召回进行具体的、有针对性的描述，合理设计药品召回计划并组织实施。

**2. 药品召回的程序**

（1）持有人须建立药品召回系统，并能保证实施药品召回时系统的有效运作。

（2）持有人做出药品召回决定后，立即启动药品召回系统，展开召回全过程的决策和异常情况处理，应通过企业官方网站或者药品相关行业媒体向社会发布召回信息。召回信息应当包括药品名称、规格、批次、持有人、药品生产企业、召回原因、召回等级等内容。

一级召回在 1 日内实施；二级召回在 3 日内实施；三级召回在 7 日内发出召回通知。

（3）持有人在实施召回过程中，一级召回每日，二级召回每 3 日，三级召回每 7 日，向所在地省级药品监督管理部门报告药品召回进展情况。

同时向所在地省级药品监督管理部门备案调查评估报告、召回计划和召回通知。召回通知除包含对外发布的召回信息内容外，应当包括召回要求，如立即暂停生产、放行、销售、使用，转发召回通知等；召回处理措施，如召回药品外包装标识、隔离存放措施、储运条件、监督销毁等内容。

持有人对召回药品的处理应当有详细的记录，记录应当保存 5 年且不得少于药品有效期后 1 年。

### （六）召回药品的处理

召回药品需要销毁的，应当在持有人、药品生产企业或者储存召回药品所在地县级以上药品监督管理部门或者公证机构监督下予以销毁，应严格执行报废药品销毁操作规程。

## 九、销售记录

**1. 纸质记录** 药品生产企业在成品销售时，销售部门必须及时按批次准确填写销售记录。

销售记录由销售部门指定专人负责填写，销售记录按企业规程填写。销售记录内容包括品名、规格、批号、数量、收货单位、地址、发货日期、货运方式、发货人、收货或联系人、检验单号等。销售部门管理人员每月对销售记录进行复核，保证无误。销售记录须保存至药品有效期后 1 年，至少保存 3 年。

**2. 电子记录** 生产企业药品销售采用计算机系统管理的，应建立药品销售管理系统，采用计算机化系统管理的，应建立销售管理子系统，均包含药品销售数据库和电子表格等，构成药品销售电子记录。

药品销售管理系统功能包含：销售人员管理、客商管理、销售渠道与药品流向管理、经销商备货管理、销售计划管理、订单与合同管理、药品发运管理、广告推广管理、费用管理、资金回笼管理、财务管理、投诉与不良反应报告管理、退货与召回管理等。药品销售计算机管理系统见图 12 -1。

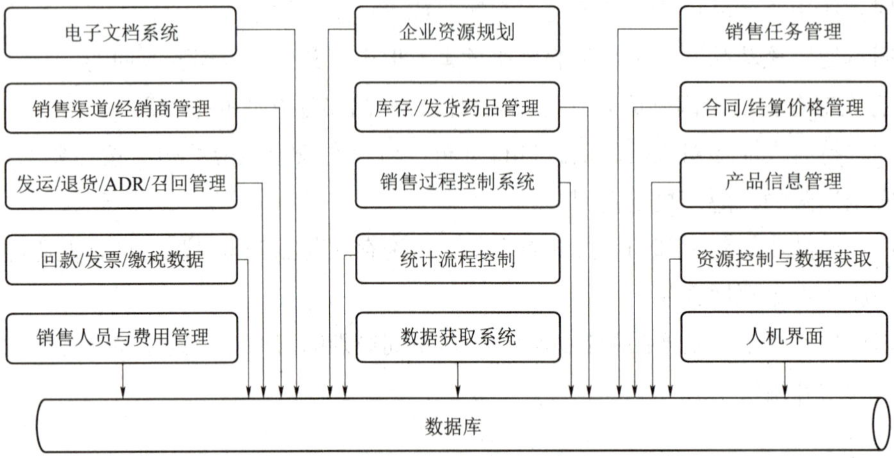


图 12 -1　药品销售计算机系统示意图

## 目标检测

答案解析

### 一、最佳选择题

1. 下列选项中，不属于每批产品发运记录记载内容的为（　　）。

A. 产品名称　　B. 规格　　C. 包装形式　　D. 数量

2. 发运记录应当至少保存至药品有效期后（　　）。

A. 1 年　　B. 2 年　　C. 3 年　　D. 5 年

### 二、配伍选择题

[1 ~2]

A. 口服维生素　　B. 中药注射剂　　C. 抗生素注射剂　　D. 疫苗

1. 不得在网络上销售的药品为（　　）。

2. 生产销售的属于假药，且在药品管理法规定的处罚幅度内从重处罚的药品为（　　）。

### 三、综合分析选择题

[1 ~2]

**实例**　2020 年 9 月 29 日，×××制药有限公司向各药品经营企业和使用单位发布公告通知，为控制药品质量安全风险，主动召回其生产的可能存在安全隐患的 3 个批次的复方对乙酰氨基酚片。

1. 使用该药品可能引起严重健康危害的为（　　）。

A. 一级召回　　B. 二级召回　　C. 三级召回　　D. 四级召回

2. 该三批复方对乙酰氨基酚片的召回属于（　　）。

A. 主动召回　　B. 责令召回　　C. 被动召回　　D. 无责召回

## 四、多项选择题

1. 下列关于药品销售及产品发运及召回的管理的叙述，正确的包括（　　）。

A. 药品发运的零头包装只限两个批号为一个合箱

B. 发运记录应当至少保存至药品有效期后 2 年

C. 应当制定召回操作规程，确保召回工作的有效性

D. 应当指定专人负责组织协调召回工作，并配备足够数量的人员

2. 药品召回报告中必须说明的内容包括（　　）。

A. 产品发运数量　　B. 召回数量

C. 产品生产数量　　D. 发运和召回平衡情况

## 五、判断正误题

1. 已被撤销药品批准证明文件的药品，不得生产销售和使用。(　　)

2. 药品生产企业应建立和保存完整的购销记录，保证销售药品的可溯源性。(　　)

书网融合……

知识回顾　　微课　　习题

（刘小芬）

# 模块四
# 质量体系的监控

# 项目十三　自检管理

PPT

## 学习引导

企业为完善生产质量管理体系进行自我检查，通过 GMP 自检，发现企业执行 GMP 时存在的缺陷项目，并通过纠正和预防措施进行改进，以确保生产管理和质量控制持续符合 GMP 的要求。那么自检人员需具备哪些能力？

本项目主要介绍自检的释义；自检的目的与原则；自检的策划与实施；着重自检的项目等内容。

## 学习目标

1. **掌握**　自检的流程，自检策划、自检实施的主要内容。
2. **熟悉**　自检的释义，自检的目的、原则。
3. **了解**　GMP 条款的内容，自检小组成员的管理，自检的项目，着重自检的项目。

## GMP
## 第十三章　自　检

### 第一节　原　则

**第三百零六条**　质量管理部门应当定期组织对企业进行自检，监控本规范的实施情况，评估企业是否符合本规范要求，并提出必要的纠正和预防措施。

### 第二节　自　检

**第三百零七条**　自检应当有计划，对机构与人员、厂房与设施、设备、物料与产品、确认与验证、文件管理、生产管理、质量控制与质量保证、委托生产与委托检验、产品发运与召回等项目定期进行检查。

**第三百零八条**　应当由企业指定人员进行独立、系统、全面的自检，也可由外部人员或专家进行独立的质量审计。

**第三百零九条**　自检应当有记录。自检完成后应当有自检报告，内容至少包括自检过程中观察到的所有情况、评价的结论以及提出纠正和预防措施的建议。自检情况应当报告企业高层管理人员。

# 任务一　认知自检

## 实例分析

**实例**　一企业某年度的自检中，在中间产品用离子交换树脂脱色的纯化岗位，发现生产记录和操作规程均存在缺陷。离子交换树脂再生用盐水浸泡后用纯化水冲洗的终点被记录为“排出水，口尝不咸”，问及岗位人员，也是如此操作。查阅操作规程，描述为纯化水冲洗以“口尝不咸”为终点。

**问题**　质量保证系统的缺陷能否在自检中被发现？树脂再生后用纯化水冲洗，排出水中是否含盐分，如何正确检测和确认？

答案解析

## 一、自检的术语

自检是指药品生产企业内部组织的，为获取实施 GMP 的证据和信息，对其进行的检查并客观评价，以确定达到 GMP 要求的程度，进行系统的、独立的并形成文件的过程。

自检是药品生产企业执行 GMP 管理工作中的一项重要管理活动，与 GB/T 19011—2013/ISO 19011：2011《管理体系审核指南》的内部审核一样，都是第一方审核，也可理解为自查。通过自检，企业可发现存在的缺陷和质量风险隐患，确认企业在生产管理和质量控制中的合规性、真实性、一致性、持续性，企业标准、规程执行的适用性，记录的完整性，通过自检获取改进信息，实施纠正预防措施和改进措施，进一步提高质量。

## 二、自检的目的

自检的目的归纳如下。

（1）确认企业质量管理体系的有效性。

（2）为质量审计提供真实的证据和信息，为企业管理层的决策提供事实依据。

（3）确认企业生产管理和质量控制与相关法律、GMP、企业标准和规程要求的符合性。

（4）确认企业生产管理和质量控制的标准、规程的执行过程和记录的适用性、完整性、一致性、真实性。

（5）通过自检发现缺陷和识别新的潜在质量风险，采取纠正和预防措施。

（6）通过自检来增进部门及人员之间的沟通。

（7）通过评价部门及人员的工作质量和绩效，有助于强化部门和人员的管理，开展培训并提高技能和业务水平。

（8）对外成为企业自我合格声明的依据。

## 三、自检的原则

自检应遵循以下原则：①公正原则；②独立原则；③客观原则；④适用依据原则；⑤适用程序原则。

# 任务二　自检的管理过程

自检的管理过程包括自检的策划、自检的实施、自检结果的评价与改进。

## 一、自检的策划

自检的策划包括自检的目标、自检的组织、自检的计划与方案。

### （一）自检的目标

由企业负责人确定自检目标，以达到自检的目的。

### （二）自检的组织

**1. 自检小组**　企业成立以企业负责人为首的，由各部门负责人或技术骨干组成的GMP自检小组，企业最高管理者指定一名或多名胜任的人员负责管理自检小组，并制定自检方案。自检小组的负责人负责挑选指定自检小组成员，对企业的质量保证系统和GMP实施的情况进行检查。

**2. 自检小组成员的管理** 微课

（1）确定自检小组成员的自检能力　自检小组成员应具备以下工作能力：①能运用自检原则、程序和方法；②能对工作进行有效地策划和组织；③能按商定的时间表进行自检；④能通过有效的面谈、倾听、观察，对文件、记录和数据的评审来收集信息；⑤能理解并考虑专家的意见；⑥能理解自检中运用抽样技术的适用性及其后果；⑦能验证所收集信息的相关性和准确性；⑧能确认自检证据的充分性和适宜性，以支持自检发现和自检结论；⑨能评定影响自检发现和自检结论的可靠性的因素；⑩能使用工作文件记录自检活动。

（2）制定自检小组成员的评价标准　自检过程能否顺利和达到预定目标，取决于参与策划和实施自检小组成员的能力，应对小组成员能力进行评价，制定评价标准，该评价标准应考虑个人行为表现以及应用知识和技能的能力，还应考虑自检方案及其目标的需要。

自检小组成员评价的具体方法包括：①评审自检小组成员个人履历，获取自检小组成员表现的反馈信息；②通过面谈评价个人行为和沟通技巧，测试其知识与技能，获得更多信息；③通过观察其岗位表现评价个人行为以及运用知识和技能的能力；④通过测试评价个人行为、知识和技能及其应用；⑤通过自检后所提供的有关自检小组成员在自检活动期间的表现信息，识别优势和不足。

当自检小组成员人员不能满足自检要求时，则应增加更多的培训、工作或自检经历，并进行后续的再评价。

（3）保持并提高自检小组成员的自检能力　自检小组负责人和自检小组成员应不断提高自身的能力，自检小组成员应通过定期参加质量管理体系自检和持续专业发展来保持他们的自检能力。

**3. 自检小组的职责**

（1）由企业最高管理者确定自检的目标。

（2）质量管理部门负责人负责编制自检计划、自检报告、整改方案。

（3）规定每次自检的目标、范围和详略要求。

（4）选择自检的方法。

（5）筛选并确定自检项目的检查成员。

(6) 分配自检小组的自检任务。

(7) 管理自检方案、结果。

(8) 管理和保存自检方案记录。

### (三) 自检的计划与方案

(1) 自检小组根据企业最高管理者制定的自检目标制定自检计划。

(2) 确立自检方案的目标。

(3) 制定自检项目计划。

(4) 制定自检方案，方案包括原则、人员、程序、方法等。

(5) 自检计划和方案评审。

(6) 监控自检方案实施。

## 二、自检的实施

自检的实施包括自检的准备、自检的执行、自检结果。

严格执行自检回避管理，与自检有利益关系和责任关系的各部门负责人及人员不能作为自检小组成员参与本部门的文件检查与现场检查。

### (一) 自检的准备

**1. 自检准备阶段受检方的文件评审** 应评审受检方的相关管理体系文件，为制定自检计划做准备，从中发现、收集信息，例如过程、职能方面的信息，以准备适用的自检活动和工作文件，从体系文件的概况以发现可能存在的合规性、完整性、一致性等问题。

**2. 编制项目自检的计划** 自检小组负责人应根据自检方案和受检方提供的文件包含的信息编制自检计划，计划应考虑自检活动对受检方的影响，便于自检活动的日程安排和协调，以有效地达到目标。

**3. 项目自检小组的工作分配** 自检小组负责人可通过内部协商，对自检成员就受检方的具体过程、活动、职能或场所进行任务和职责分配，分配任务时应考虑成员的独立性和能力、资源的有效利用以及成员与技术专家的不同作用和职责。

**4. 准备工作文件** 自检小组成员应通过评审受检方文件或其他资料收集和评审有关的信息，准备必要的用于自检过程中参考和记录自检证据的工作文件，包括：①检查表；②自检抽样计划表；③支持性证据记录表；④自检发现记录表；⑤会议记录表。

记录表格设计自检检查的范围和程度可随自检中收集信息的结果而发生变化，工作文件至少应保存到 GMP 规定的时限或自检完成、自检计划规定的时限，自检小组成员应对涉及保密或知识产权信息的工作文件妥善保管。

### (二) 自检的执行

**1. 举行首次会议** 首次会议的目的是确认所有相关方对自检计划的安排达成一致，介绍自检小组成员，确保自检活动的实施。应与受检方负责人及部门负责人一起召开首次会议，会议期间应提供询问的机会，并可进行简捷的沟通和对自检性质的解释。

首次会议属正式会议，应有会议纪要并保存。会议应由自检小组负责人主持，首次会议应包括以下内容：介绍与会者，包括观察员和向导；明确与会者的职责，确认自检目的、范围和原则；与受检方确认自检计划和其他相关安排；末次会议的日期和时间；自检小组和受检方管理层之间的联络方式及自检活动的变动；自检计划和方案；因自检可能构成风险的管理方法；确认自检小组和受检方之间的正式沟通渠道以及自检所使用的语言；确认自检进展情况与受检方沟通方式；确认有关保密和信息安全事宜，自检组工作时的安全事项、应急和安全程序；自检发现的通报方式，包括任何风险分级的信息，有关自检可能被终止的条件的信息。

**2. 自检实施阶段受检方的文件评审** 自检小组首先按自检计划与方案对受检方的文件进行查阅、审核和评价。

**3. 现场检查** 自检小组按自检计划与方案对受检方的机构与人员职责履行情况、硬件、过程、标准和记录进行观察、查询、评价。

**4. 检查中的沟通** 在自检期间，自检小组应进行内部和与受检方的定期沟通，以便交换信息和审核自检进展情况，调整自检小组成员的工作。自检小组负责人应定期向受检方通报自检进展及相关情况，如收集的证据显示受检方存在危急的和重大的风险，应及时通报受检方，对于超出自检范围的引起关注的问题，应予记录并向自检小组负责人报告，以便向受检方通报。获取证据表明受检方出现与自检目标不符的情况时，自检小组负责人应向受检方通报，可采取重新确认或修改自检计划，调整自检目标、自检范围或终止自检。随着自检活动的进行，出现的任何变更自检计划的需求都应经评审并经自检小组和受检方负责人批准。

**5. 明确受检方陪同人员的职责** 受检方可指派人员陪同自检小组，但不应影响或干扰自检的进行，受检方陪同人员应承担约定的与健康安全、保安和保密相关的义务。

受检方陪同人员应协助自检小组的自检活动，其职责包括协助自检小组成员联络面谈的人员及时间安排，协助联络安排访问自检的特定场所，确保自检小组成员了解和遵守有关场所的安全规则和安全程序。受检方陪同人员应担负代表受检方对自检进行见证的职责，在收集信息的过程中，应对检查事项提供帮助。

**6. 信息的收集和确证** 在自检中，根据自检目标、范围和准则，应采用规定方式收集有关职能、活动和过程相关的信息进行确证，在取证的过程中，自检小组如果发现了新的、变化的情况或风险，应予以关注。

### （三）自检结果

**1. 记录发现的问题** 应对照自检原则评价自检证据以形成自检发现，自检发现能确认是否符合自检目标和要求。

应记录不符合及佐证的自检证据，可对不符合进行分类及分级，应与受检方一起评审不符合结果，以获得受检方承认，确认自检证据的准确性，受检方对不符合结果予以确认。

**2. 自检结论** 自检小组根据检查发现问题结果，依据自检目标、标准和方案，得出自检结论。

**3. 举行末次会议** 由自检小组负责人主持末次会议，公布自检发现和自检结论。参加末次会议的人员包括受检方管理人员，自检小组负责人应通报受检方在自检过程中存在争议的情况，与会者应对自检发现和自检结果达成一致，末次会议属正式会议，应有会议纪要并保存。

## 三、自检结果的评价与改进

（1）自检报告的编制。自检报告应提供完整、准确、简明和清晰的自检记录，应包括自检的目的，自检的范围，自检小组和受检方在自检中的参与人员，实施的日期和地点，自检的依据、原则，自检发现和相关证据，自检结论。

自检报告补充的内容包括确认在自检范围内已达到自检目标，自检结论综述及支持自检结论的自检发现，自检双方之间存在的分歧意见，改进的建议，拟定变更、纠正和预防措施。

（2）自检报告的分发。

（3）自检的完成。

（4）自检后改进措施的实施。

**即学即练**

答案解析

多项选择题

用于自检过程中参考和记录自检证据的工作文件包括（　　）。

A. 检查表　　B. 自检抽样计划表

C. 自检发现表　　D. 支持性证据记录表

## 任务三　自检的内容

自检的内容应覆盖药品生产的全过程，包括质量保证系统与质量控制系统、机构与人员、厂房与设施、设备、物料与产品、确认与验证、文件、生产管理、质量控制与质量保证、产品发运与召回管理的检查，如有委托生产与委托检验，应增加委托生产与委托检验的第二方审核。着重对计算机化系统与电子记录、产品数据追溯系统、冷链储运、确认与验证、质量风险管理的一致性、安全性、完整性的自检，不能有任何的遗漏。

## 目标检测

答案解析

### 一、最佳选择题

1. 自检的实施不包含（　　）。

A. 自检准备　　B. 自检培训　　C. 自检结果　　D. 自检执行

2. 下列选项中，不属于自检应遵循的原则是（　　）。

A. 适用依据原则　　B. 主观原则　　C. 独立原则　　D. 公正原则

### 二、配伍选择题

[1～2]

A. 筛选并确定自检项目检查成员

B. 确认企业内部管理体系的有效性

C. 监控自检方案实施

D. 现场检查

1. 下列选项中，属于自检目的内容的为（　　）。

2. 属于自检执行的是（　　）。

## 三、综合分析选择题

[1～2]

**实例** 一企业某年度的自检中，在中间产品用离子交换树脂脱色的纯化岗位，发现生产记录和操作规程均存在缺陷。离子交换树脂再生用盐水浸泡后用纯化水冲洗的终点被记录为“排出水，口尝不咸”，问及岗位人员，也是如此操作。查阅操作规程，描述为纯化水冲洗以“口尝不咸”为终点。

1. 针对自检小组成员应具备的能力，下列选项中叙述错误的为（　　）。

A. 能运用自检原则、程序和方法

B. 按商定的时间表进行自检

C. 通过有效的面谈、倾听、观察，对文件、记录和数据的评审来收集信息

D. 拒绝受检方辩解和专家的意见

2. 下列关于自检实施表述的选项中，错误的为（　　）。

A. 在自检中，如果收集的证据显示受检方存在紧急的和重大的风险，应及时报告受检方

B. 明确受检方陪同人员的职责

C. 在取证的过程中，自检组如果发现了新的、变化的情况或风险，应予以关注

D. 自检小组按自检计划及方案在现场检查完毕后再对受检方的文件进行查阅、审核和评价

## 四、多项选择题

1. 下列选项中，属于自检内容的包括（　　）。

A. 厂房与设施　　B. 设备　　C. 物料与产品　　D. 确认与验证

2. 自检准备包括（　　）。

A. 自检准备阶段受检方文件评审　　B. 项目自检小组工作分配

C. 编制项目自检计划　　D. 准备工作文件

## 五、判断正误题

1. 自检的策划包括自检的目标、自检的组织、自检的计划与方案。（　　）

2. 自检计划和方案评审是自检准备的工作之一。（　　）

书网融合……

知识回顾　　微课　　习题

（罗文华）

# 项目十四　药品生产行政检查的受检管理

PPT

## 学习引导

药品生产行政检查是药品监管部门依法对药品生产企业进行监督检查的一种手段，是督促企业严格遵守药品监督管理的法律法规、技术规范，加强药品生产管理和质量控制的科学方法，也是检查企业是否做到合规性、真实性、一致性、完整性和可控性的确认。那么常规检查是否属于不预先告知的检查？药品生产行政检查时，监督管理部门选派的检查组有几名成员？

本项目主要介绍GMP的术语释义；药品生产行政检查的方式；现场检查综合评定标准、缺陷分类；药品生产行政检查的缺陷整改等内容。

## 学习目标

1. **掌握**　GMP带“★”的条款要点；药品生产行政检查的术语；药品生产行政检查的种类；现场检查的综合评定标准、缺陷的分类。

2. **熟悉**　药品生产行政检查的意义；药品生产行政检查的频次要求；药品生产行政检查的受检管理。

3. **了解**　药品生产行政检查的流程；产品风险分类；缺陷的整改。

## GMP

## 第十四章　附　则

**第三百一十条**　本规范为药品生产质量管理的基本要求。对无菌药品、生物制品、血液制品等药品或生产质量管理活动的特殊要求，由国家食品药品监督管理局以附录方式另行制定。

**第三百一十一条**　企业可以采用经过验证的替代方法，达到本规范的要求。

**★第三百一十二条**　本规范下列术语（按汉语拼音排序）的含义是：

（一）包装

待包装产品变成成品所需的所有操作步骤，包括分装、贴签等。但无菌生产工艺中产品的无菌灌装，以及最终灭菌产品的灌装等不视为包装。

（二）包装材料

药品包装所用的材料，包括与药品直接接触的包装材料和容器、印刷包装材料，但不包括发运用的外包装材料。

（三）操作规程

经批准用来指导设备操作、维护与清洁、验证、环境控制、取样和检验等药品生产活动的通用性文件，也称标准操作规程。

（四）产品

包括药品的中间产品、待包装产品和成品。

（五）产品生命周期

产品从最初的研发、上市直至退市的所有阶段。

（六）成品

已完成所有生产操作步骤和最终包装的产品。

（七）重新加工

将某一生产工序生产的不符合质量标准的一批中间产品或待包装产品的一部分或全部，采用不同的生产工艺进行再加工，以符合预定的质量标准。

（八）待包装产品

尚未进行包装但已完成所有其他加工工序的产品。

（九）待验

指原辅料、包装材料、中间产品、待包装产品或成品，采用物理手段或其他有效方式将其隔离或区分，在允许用于投料生产或上市销售之前贮存、等待作出放行决定的状态。

（十）发放

指生产过程中物料、中间产品、待包装产品、文件、生产用模具等在企业内部流转的一系列操作。

（十一）复验期

原辅料、包装材料贮存一定时间后，为确保其仍适用于预定用途，由企业确定的需重新检验的日期。

（十二）发运

指企业将产品发送到经销商或用户的一系列操作，包括配货、运输等。

（十三）返工

将某一生产工序生产的不符合质量标准的一批中间产品或待包装产品、成品的一部分或全部返回到之前的工序，采用相同的生产工艺进行再加工，以符合预定的质量标准。

（十四）放行

对一批物料或产品进行质量评价，作出批准使用或投放市场或其他决定的操作。

（十五）高层管理人员

在企业内部最高层指挥和控制企业、具有调动资源的权力和职责的人员。

（十六）工艺规程

为生产特定数量的成品而制定的一个或一套文件，包括生产处方、生产操作要求和包装操作要求，规定原辅料和包装材料的数量、工艺参数和条件、加工说明（包括中间控制）、注意事项等内容。

（十七）供应商

指物料、设备、仪器、试剂、服务等的提供方，如生产商、经销商等。

（十八）回收

在某一特定的生产阶段，将以前生产的一批或数批符合相应质量要求的产品的一部分或全部，加入到另一批次中的操作。

（十九）计算机化系统

用于报告或自动控制的集成系统，包括数据输入、电子处理和信息输出。

（二十）交叉污染

不同原料、辅料及产品之间发生的相互污染。

（二十一）校准

在规定条件下，确定测量、记录、控制仪器或系统的示值（尤指称量）或实物量具所代表的量值，与对应的参照标准量值之间关系的一系列活动。

（二十二）阶段性生产方式

指在共用生产区内，在一段时间内集中生产某一产品，再对相应的共用生产区、设施、设备、工器具等进行彻底清洁，更换生产另一种产品的方式。

（二十三）洁净区

需要对环境中尘粒及微生物数量进行控制的房间（区域），其建筑结构、装备及其使用应当能够减少该区域内污染物的引入、产生和滞留。

（二十四）警戒限度

系统的关键参数超出正常范围，但未达到纠偏限度，需要引起警觉，可能需要采取纠正措施的限度标准。

（二十五）纠偏限度

系统的关键参数超出可接受标准，需要进行调查并采取纠正措施的限度标准。

（二十六）检验结果超标

检验结果超出法定标准及企业制定标准的所有情形。

（二十七）批

经一个或若干加工过程生产的、具有预期均一质量和特性的一定数量的原辅料、包装材料或成品。为完成某些生产操作步骤，可能有必要将一批产品分成若干亚批，最终合并成为一个均一的批。在连续生产情况下，批必须与生产中具有预期均一特性的确定数量的产品相对应，批量可以是固定数量或固定时间段内生产的产品量。

例如：口服或外用的固体、半固体制剂在成型或分装前使用同一台混合设备一次混合所生产的均质产品为一批；口服或外用的液体制剂以灌装（封）前经最后混合的药液所生产的均质产品为一批。

（二十八）批号

用于识别一个特定批的具有唯一性的数字和（或）字母的组合。

（二十九）批记录

用于记述每批药品生产、质量检验和放行审核的所有文件和记录，可追溯所有与成品质量有关的历史信息。

（三十）气锁间

设置于两个或数个房间之间（如不同洁净度级别的房间之间）的具有两扇或多扇门的隔离空间。设置气锁间的目的是在人员或物料出入时，对气流进行控制。气锁间有人员气锁间和物料气锁间。

（三十一）企业

在本规范中如无特别说明，企业特指药品生产企业。

（三十二）确认

证明厂房、设施、设备能正确运行并可达到预期结果的一系列活动。

（三十三）退货

将药品退还给企业的活动。

（三十四）文件

本规范所指的文件包括质量标准、工艺规程、操作规程、记录、报告等。

（三十五）物料

指原料、辅料和包装材料等。

例如：化学药品制剂的原料是指原料药；生物制品的原料是指原材料；中药制剂的原料是指中药材、中药饮片和外购中药提取物；原料药的原料是指用于原料药生产的除包装材料以外的其他物料。

（三十六）物料平衡

产品或物料实际产量或实际用量及收集到的损耗之和与理论产量或理论用量之间的比较，并考虑可允许的偏差范围。

（三十七）污染

在生产、取样、包装或重新包装、贮存或运输等操作过程中，原辅料、中间产品、待包装产品、成品受到具有化学或微生物特性的杂质或异物的不利影响。

（三十八）验证

证明任何操作规程（或方法）、生产工艺或系统能够达到预期结果的一系列活动。

（三十九）印刷包装材料

指具有特定式样和印刷内容的包装材料，如印字铝箔、标签、说明书、纸盒等。

（四十）原辅料

除包装材料之外，药品生产中使用的任何物料。

（四十一）中间产品

指完成部分加工步骤的产品，尚需进一步加工方可成为待包装产品。

（四十二）中间控制

也称过程控制，指为确保产品符合有关标准，生产中对工艺过程加以监控，以便在必要时进行调节而做的各项检查。可将对环境或设备控制视作中间控制的一部分。

**第三百一十三条**　本规范自2011年3月1日起施行。按照《中华人民共和国药品管理法》第九条规定，具体实施办法和实施步骤由国家食品药品监督管理局规定。

# 任务一　认知药品生产行政检查

## 一、药品生产行政检查的术语

**1. 药品生产行政检查**　是药品监督管理部门对药品生产环节中生产企业遵守法律法规、执行药品生产质量管理规范和技术标准等情况进行的检查、调查、取证、处置等行政行为。其中就包括针对生产企业的 GMP 符合性的专门检查。

根据检查性质和目的，药品生产环节的药品检查分为许可检查、常规检查、有因检查、其他检查等。

**2. 药品生产许可检查** 是药品监督管理部门在开展药品生产许可申请审查过程中，对申请人是否具备从事药品生产活动条件开展的检查。

**3. 常规检查** 是药品监督管理部门根据其制定的年度检查计划，对药品上市许可持有人，药品生产企业遵守有关法律、法规、规章，执行相关质量管理规范以及有关标准情况开展的监督检查。其中包括一定比例的 GMP 符合性检查。

常规检查可采取不预先告知的检查方式，可以对某一环节或者依据检查方案规定的内容进行检查，必要时开展全面检查。

**4. 有因检查** 是药品监督管理部门对药品上市许可持有人、药品生产企业可能存在的具体问题或者投诉举报等开展的针对性检查。

**5. 延伸检查** 是药品监督管理部门针对受检企业以外的与药品质量相关单位的检查，属于有因检查。

**6. 其他检查** 是除许可检查、常规检查、有因检查外的检查。

除了生产许可检查外，其他检查均可采取不预先告知的方式。

**7. 告诫信** 是指药品监督管理部门在药品监督管理活动中，对有证据证明企业或生产环节可能存在安全隐患时依法发出的信函。告诫信应当载明存在缺陷、问题和整改要求。

## 二、药品生产行政检查的意义

药品生产行政检查是药品监督管理部门依法对药品生产企业进行监督管理的一种手段，是督促企业加强药品生产管理和质量控制的科学方法，自觉践行药品生产行业精神和职业规范，也是对药品生产企业是否做到合规性、真实性、一致性、完整性和可控性的确认，具有以下意义。

（1）是企业符合 GMP 要求的证明。实施 GMP 是药品生产企业的根本出路，实施规范管理、提高产品质量、增强诚信理念是市场经济条件下药品生产企业的立足之本、发展之路。

（2）是保护用药者合法利益和健康的需求。实施 GMP 确保用药者用药安全有效，同时也是政府和法律赋予制药行业的社会责任。

## 三、药品生产行政检查的原则

国家药品监督管理局和省级药品监督管理部门组织监督检查时，制定检查方案，明确检查事项、时间和检查方式等，检查结论清晰明确，并出具《药品检查综合评定报告书》。

如检查中发现严重缺陷、存在安全风险的，应尽快进行评估并采取风险控制措施，提出处理建议，以书面形式告知受检企业。

现场检查时间原则上按照检查方案要求执行。检查组根据检查情况，以能够查清查实问题为原则。需要整改的，应当提出整改内容及整改期限，必要时对整改后的情况实施现场检查。

药品生产行政检查的原则包括诚信原则、纪律原则、无利害关系原则、保密原则、风险控制原则、信息沟通原则、信息公开原则。检查小组人员对知悉的技术秘密和商业秘密应当保密。

**即学即练**

配伍选择题

答案解析

[1~2]

A. 跟踪检查　B. 延伸检查　C. 常规检查　D. 有因检查

1. 药品监督管理部门对药品生产环节执行药品法律、法规、规章、GMP 及技术标准等过程的合规性的检查为（　）。

2. 药品监督管理部门针对受检企业以外的与药品质量相关单位的检查为（　）。

# 任务二　认知药品生产行政检查的流程

## 一、药品生产行政检查的范围和管辖

国家药品监督管理局审核查验中心承担疫苗、血液制品的巡查。

省级药品监督管理部门负责对本辖区内药品上市许可持有人以及药品生产企业的监督管理，必要时开展延伸检查。

药品上市许可持有人和受托生产企业在不同省级管辖区的，由各自的管辖区药品监督管理部门负责监督管理。

## 二、药品生产行政检查的频次要求

（1）麻醉药品、第一类精神药品和药品类易制毒化学品生产企业每季度检查不少于一次。

（2）第二类精神药品生产企业每半年检查不少于一次。

（3）放射性药品、医疗用毒性药品生产企业每年检查不少于一次。

（4）对上述药品以外的药品，根据制定的年度检查计划检查上市许可持有人，药品生产企业遵守有关法律、法规、规章，执行 GMP 以及标准的情况，年度检查计划中确定对一定比例的受检企业开展 GMP 符合性的检查。

## 三、药品生产行政检查的流程

### （一）通用流程

药品检查机构或药品监督管理部门选派的检查组一般由 2 名以上检查员组成，实行组长负责制。检查组中执法人员不足 2 名的，由负责该受检企业的药品监督管理部门派出 2 名以上执法人员参与检查工作。

检查组到达受检企业后，出示执法证明文件或授权证明文件，并告知受检企业的权利和义务。

许可现场检查开始时，检查组召开首次会议，确认检查范围，告知检查纪律、注意事项以及受检企业享有陈述申辩的权利和应履行的义务。

如检查中发现严重缺陷，存在安全风险的，应尽快进行评估并采取风险控制措施，提出处理建议，以书面形式告知受检企业。

检查过程中需要抽样的，应当按照药品抽验有关规定执行，向受检企业支付购买费用。

检查中发现受检企业涉嫌违法的，执法人员立即开展相关调查、取证工作，立即向派出单位通报违法线索和处理建议。案件查办过程中发现受检企业涉嫌犯罪的，按照相关规定，依法及时移送或通报公安机关。

现场检查结束后，检查组对发现的缺陷进行分级，提出处理建议，以书面形式体现并通报受检企业，有异议的可以陈述申辩。检查组应当如实记录，结合陈述申辩内容确定缺陷项目。经检查组成员和受检企业负责人签字确认，由双方各执一份。

检查后召开末次会议，向受检企业通报现场检查情况。不预先告知的检查方式中，没有首次会议和末次会议。

### （二）首次申请药品生产许可和药品上市的 GMP 符合性检查

首次申请《药品生产许可证》的，按照 GMP 有关内容开展现场检查。

原址或者异地新建、改建、扩建车间或者生产线的，应当开展 GMP 符合性检查。

申请《药品生产许可证》重新发放的，结合企业遵守药品管理法律法规，GMP 和质量体系运行情况，根据风险管理原则进行审查，必要时可以开展 GMP 符合性检查。

申请药品上市的，按照《药品生产监督管理办法》第五十二条的规定，根据需要开展上市前的 GMP 符合性检查。

### （三）投产后的常规检查

各省级药品监督管理部门互相通报监督检查信息，将监督检查信息更新到药品安全信用档案中，根据通报情况和药品安全信用档案中监管信息更新情况开展调查，对药品上市许可持有人或者受托生产企业，依法做出行政处理，必要时可以开展联合检查。

常规检查包含以下内容：①遵守药品管理法律法规的合法性；②执行 GMP 和技术标准的规范性；③药品生产、经营、使用资料和数据的真实性、完整性；④药品上市许可持有人质量管理、风险防控能力；⑤药品监督管理部门认为需要检查的其他内容。

### （四）有因检查

有下列情形之一的，药品监督管理部门经风险评估，可以开展有因检查。

（1）投诉举报或者其他来源的线索表明可能存在质量安全风险的。

（2）检验发现存在质量安全风险的。

（3）药品不良反应监测提示可能存在质量安全风险的。

（4）对申报资料真实性有疑问的。

（5）涉嫌严重违反 GMP 要求的。

（6）企业有严重不守信记录的。

（7）企业频繁变更管理人员登记事项的。

（8）生物制品批签发中发现可能存在安全隐患的。

（9）检查发现存在特殊药品安全管理隐患的。

（10）特殊药品涉嫌流入非法渠道的。

（11）其他需要开展有因检查的情形。

### （五）药品生产行政检查的报告和综合评定

检查结束后，检查组应当及时撰写现场检查报告，并于5个工作日内报送组织有因检查的药品监督管理部门。

药品监督管理部门根据《药品检查综合评定报告书》或者综合评定结论，做出相应处理。综合评定结论分为符合、基本符合要求和不符合要求。

# 任务三　认知药品生产行政检查结果的综合评定

药品生产行政检查是依据现场检查风险评定指导原则进行现场检查并做出评定。

## 一、评定标准

在现场检查中，如发现不符合要求的项目统称为“缺陷项目”，检查缺陷的风险评定须综合考虑产品类别、缺陷的性质和出现的次数。缺陷分为严重缺陷、主要缺陷和一般缺陷，其风险等级依次降低。具体如下。

**1. 符合要求**　未发现缺陷或者缺陷质量安全风险轻微、质量管理体系比较健全的，检查结论为符合要求。

**2. 严重缺陷**　发现的缺陷为严重质量安全风险，质量体系不能有效运行，检查结论为不符合要求，包含但不限于以下情形。

（1）对使用者造成危害或者存在健康风险。

（2）与GMP要求有严重偏离，给产品质量带来严重风险。

（3）有编造生产、检验记录行为，药品生产过程控制、质量控制的记录和数据不真实。

（4）发现严重缺陷或者多项关联主要缺陷，经综合分析表明质量管理体系中某一系统不能有效运行。

**3. 主要缺陷和一般缺陷**　发现缺陷有一定质量安全风险，但质量管理体系基本健全，检查结论为基本符合要求，包含但不限于以下情形。

（1）与《药品生产质量管理规范》要求有偏离，可能给产品质量带来一定风险。

（2）发现主要缺陷或者多项关联一般缺陷，经综合分析表明质量管理体系中某一系统不完善。

药品生产行政检查综合评定标准见表14－1。

表14－1　药品生产行政检查综合评定标准

| 序号 | 缺陷级别 | | | 评定结果 |
|---|---|---|---|---|
| | 严重缺陷 | 主要缺陷 | 一般缺陷 | |
| 1 | 无 | 无 | 有 | 符合要求 |
| 2① | 无 | 有 | 有 | 基本符合要求 |
| 3② | 无 | 有 | 有 | 不符合要求 |
| 4 | 无 | 多项 | 从略 | 不符合要求 |
| 5 | 有 | 从略 | 从略 | 不符合要求 |

注：①所有主要缺陷和一般缺陷整改情况证明能够采取有效措施改正。

②主要和一般缺陷整改或计划不能证明采取有效措施改正。

## 二、产品风险的分类

企业所生产的药品，依据风险高低分为高风险产品和一般风险产品。

**1. 高风险产品** 以下产品属高风险产品：①治疗窗窄的药品；②高活性、高毒性、高致敏性药品，包括微量交叉污染即能引发健康风险的药品，如青霉素类、细胞毒性、性激素类药品；③无菌药品；④生物制品，含血液制品；⑤生产工艺较难控制的产品，即参数控制的微小偏差即可造成产品不均一或不符合质量标准的产品，如脂质体，微球，某些长效或缓释、控释产品等。

**2. 一般风险产品** 指高风险产品以外的其他产品。

严重缺陷、主要缺陷、一般缺陷的具体情形示例请查阅《药品生产现场检查风险评定指导原则》附件。

# 任务四 企业的受检管理

微课

### 实例分析

**实例** 某企业向药品监管部门提交了药用辅料注册及 GMP 认证申请。该企业历史悠久，十几年前已实施国际标准化管理和药用辅料 GMP，并通过 ISO 认证，产品质量在国内居前，多次获奖。提交申请后，该省级、市级药监部门安监处负责人突然带领多人包括药检机构人员来到该企业，赴各岗位询问企业员工关于药品 GMP 内容和药品生产专业性问题，员工虽经培训并熟悉药用辅料 GMP，但对所问内容一脸茫然，安监处负责人未取样也未做询问记录即离去。几年后这两名安监处负责人因其他事由均被立案调查。

**问题** 如何判断药品生产行政检查的合规性？

答案解析

药品监督管理部门依法进行检查时，企业及个人应当接受检查，予以配合，由业务骨干作为向导全程陪同，根据需要说明情况并提供真实完整准确的记录、票据、数据、信息等相关资料，不得以任何理由拒绝、逃避、拖延或者阻碍检查。

受检企业及人员不可拒绝、限制检查员进入被检查场所或者区域，不可限制检查时间，或者检查结束时限制检查员离开。无正当理由须如实提供或者延迟提供与检查相关的文件、记录、票据、凭证、电子数据等材料。不可拒绝或者限制拍摄、复印、抽样等取证工作。不可以声称工作人员不在或者冒名顶替应付检查，以故意停止生产经营活动等方式欺骗、误导、逃避检查。

受检企业有上述情形之一的，即视为拒绝、逃避监督检查，伪造、销毁、隐匿记录、数据、信息等相关资料，药品监督管理部门可视为其产品可能存在安全隐患，药品监督管理部门可依据《中华人民共和国药品管理法》第九十九条的规定进行处理。

在检查中发现问题需要采取风险控制措施的，受检企业立即执行。

药品存在质量问题或者其他安全隐患的，根据监督检查情况，应当按告诫信要求，依据风险应采取暂停生产、销售等控制措施，药品上市许可持有人应当依法召回药品。

受检企业应配合药品监督管理部门对药品上市许可持有人及相关方的延伸检查。

# 任务五　缺陷的整改及改进

受检企业如存在缺陷，应在现场检查结束后，20 个工作日内针对缺陷项目进行整改。无法按期完成整改的，应当制定切实可行的整改计划，并将对应缺陷的整改完成情况列入整改报告，整改报告应当提交给派出检查单位。

整改报告应当至少包含缺陷描述、缺陷调查分析、风险评估、风险控制、整改审核、整改效果评价等内容。针对缺陷成因及风险评估情况，逐项描述风险控制措施及实施结果。

企业应按 GMP 的规定，参照《药品生产现场检查风险评定指导原则》附件所列缺陷项目内容进行自检，对自检过程中找出的缺陷和问题进行整改。

整改是反复进行的，要通过“自检（含药品生产行政检查）→发现缺陷（机会）→整改→改进→自检（含药品生产行政检查）→发现缺陷（机会）→整改→改进”的多次循环，努力使企业的硬件系统、软件系统和过程达到 GMP 的要求。

药品生产行政检查整改的重点内容包括：质量保证系统与质量控制系统、机构与人员、厂房与设施、设备、物料与产品、确认与验证、文件、生产管理、质量控制与质量保证、产品发运与召回管理、现场检查存在的缺陷和问题。如有委托生产与委托检验，应增加委托生产与委托检验的相互审核。着重对计算机化系统与电子记录、冷链储运、确认与验证、质量风险管理的同步性、安全性、完整性自检，不可有任何的遗漏。

## 实践实训

### 实训五　因 GMP 检查发现违规拟处罚及行政复议申诉

#### 一、实训目的

1. 掌握药品生产法律、法规、技术规范、标准的要求，确保生产经营行为的合规性、真实性。

2. 熟悉报告等商务文书写作的方法和技巧，法律文书的特点。

3. 培养和练习计算机办公软件使用技能，利用计算机及互联网检索参考文献技能，练习提升技术文件、商务文书的编制技能。

#### 二、实训任务

因 GMP 检查发现违规拟处罚及行政复议申诉

#### 三、实训方式

本课程结束时安排实训任务，每个班同学按学号的单双号分组，单号组同学扮演辖区行政管理主体 C 的角色，双号组同学扮演被查处的企业 A 的角色。根据案情描述，单号组同学撰写分析拟处罚的理由和依据是否适当，双号组同学撰写拟行政复议和即将提起行政诉讼的申诉理由。

**案情描述**　请参阅项目十一任务四项下的实例分析描述。

**间条件设定**　假设此委托生产协议于 2020 年 6 月签订并执行，2021 年 1 月，企业 A 被有因检查发现违规。该辖区药监局着手制作行政处罚决定书，拟认定 A 自行生产的小柴胡颗粒为假药，拟对 A 进行处罚，B 另案处理。

请各位同学结合本课程知识点及事发至今的现行相关法律、法规、GMP 和《中国药典》（2020 年版）等资料信息，撰写分析拟处罚的尺度和依据是否适当，拟行政复议申诉理由和即将提起行政诉讼的辩护理由。每位同学提交拓展名为“. pdf”的处罚依据文件和申诉理由文件文档文件即 PDF 文件。

## 四、实训要求

### （一）文件格式的要求

格式不限。

### （二）排版编辑的要求

（1）页面设置可采用 A4 纸张纵向，表格或文字内容均不得超出版芯页边距以外。页边距标准：8mm≤上、下、左、右≤3cm，可根据编辑内容需要在此范围内调整。

（2）如有表格，各单元格边距为 2mm，各要素一般用 5 号字，特定情况可以作适当调整，各表格要素文字行距根据所填写内容确定。

## 五、考核与评价的标准

根据每位学生实训文件，按实训标准中的文件内容的条理性、逻辑性、排版编辑结果，考核、评价实训成果，按百分制计分。

答案解析

# 目标检测

## 一、最佳选择题

1. 系统的关键参数超出正常范围，但未达到纠偏限度，需要引起警觉，可能需要采取纠正措施的限度标准为（　　）。

A. 放行　　B. 返工　　C. 警戒限度　　D. 纠偏限度

2. 不同原料、辅料及产品之间发生的相互污染为（　　）。

A. 重新加工　　B. 回收　　C. 交叉污染　　D. 阶段性生产方式

## 二、配伍选择题

[1～2]

A. 包装材料　　B. 中间产品　　C. 待包装产品　　D. 成品

1. 尚未进行包装，但已完成所有其他加工工序的产品为（　　）。

2. 已完成所有生产操作步骤和最终包装的产品为（　　）。

## 三、综合分析选择题

[1～2]

**实例**　某企业向主管部门提交了药用辅料 GMP 认证申请。受理的省级、市级药监部门安监处负责人突然带领多人包括药检机构人员来到该企业进行检查，但未出示相关证件和受药品监督管理部门委派开展监督检查的执法证明文件即开展检查，也未取样和做询问记录即离去。

1. 药品监督管理部门实施药品生产行政检查，选派的检查组成员人数一般为（　　）。

A. 2 名以上　　B. 3 名以上　　C. 4 名以上　　D. 5 名以上

2. 药品监督管理部门对药品上市许可持有人、药品生产企业可能存在的具体问题或者投诉举报等开展的针对性检查为（　　）。

A. 许可检查　　B. 专项检查　　C. 有因检查　　D. 飞行检查

## 四、多项选择题

1. 包装材料包括（　　）。

A. 直接接触药品的包装材料　　B. 印刷包装材料

C. 发运用的外包装材料　　D. 与药品直接接触的包装容器

2. 药品监管部门进行的药品生产现场检查，发现不符合要求的项目统称“缺陷项目”，包括（　　）。

A. 严重缺陷　　B. 主要缺陷　　C. 次要缺陷　　D. 一般缺陷

## 五、判断正误题

1. 药品生产行政检查过程中，检查组向申请企业通报现场检查情况，对检查中发现的缺陷内容，经检查组成员和被检查企业负责人签字，双方各执一份。（　　）

2. 药品生产的有因检查的现场检查流程包括首次会议、现场检查、综合评定、末次会议。（　　）

**书网融合……**

知识回顾　　微课　　习题

（马　娟）

# 参考文献


[1] 国家食品药品监督管理局认证管理中心. 药品GMP指南[M]. 北京：中国医药科技出版社，2011.

[2] 梁毅. 新版GMP教程[M]. 北京：中国医药科技出版社，2011.

[3] GB/T 27921—2011 风险管理 风险评估技术

[4] GB 50457—2019 医药工业洁净厂房设计标准

[5] GB/T 13554—2008 高效空气过滤器

[6] GB 19489—2008 实验室 生物安全通用要求

[7] GB 50346—2011 生物安全实验室建筑技术规范

[8] GB 51073—2014 医药工业仓储工程设计规范

[9] GB/T 28842—2012 药品冷链物流运作规范

[10] GB 28670—2012 制药机械（设备）实施药品生产质量管理规范的通则

[11] GB/T 28671—2012 制药机械（设备）验证导则

[12] GB/T 6378.1—2008 ISO 3951—1:2005 计量抽样检验程序 第1部分：按接收质量限（AQL）检索的对单一质量特性和单个AQL的逐批检验的一次抽样方案

[13] GB/T 2828.1—2012 计数抽样检验程序 第1部分：按接收质量限（AQL）检索的逐批检验抽样计划

[14] JJG 705—2014 液相色谱仪检定规程